EN NOMBRE DE LOS QUE NO TIENEN VOZ

EN NOMBRE DE LOS QUE NO TIENEN VOZ

MÁS DE SIETE DÉCADAS DE LUCHA CON CHINA POR MI TIERRA Y MI PUEBLO

SU SANTIDAD EL

DALÁI LAMA

HarperCollins

Editado por HarperCollins Ibérica, S. A.
Avenida de Burgos, 8B - Planta 18
28036 Madrid
www.harpercollinsiberica.com

En nombre de los que no tienen voz. Más de siete décadas de lucha con China por mi tierra y mi pueblo
Título original: Voice for the Voiceless. Over Seven Decades of Struggle with China for My Land and My People
© 2025 Gaden Phodrang. Fundación del dalái lama
© Traducción de Rosana Esquinas López
© 2025, para esta edición HarperCollins Ibérica, S. A.
Publicado por HarperCollins Publishers LLC, Nueva York, U.S.A.

Diseño de cubierta: Anna Dorfan
Fotografía de cubierta: © guvendemir/Getty Images
Fotografía del autor: Tenzin Choejor/Oficina de su santidad el dalái lama
Diseñado por Nancy Singer
Mapa de Alexis Seabrook
Todas las fotografías del interior son cortesía del Museo del Tíbet, Dharamsala
Maquetación: MT Color & Diseño, S. L.

ISBN: 978-84-19802-95-8
Depósito legal: M-14851-2025
Impreso en España por: BLACK PRINT

MIXTO
Papel
FSC   FSC® C159065

Índice

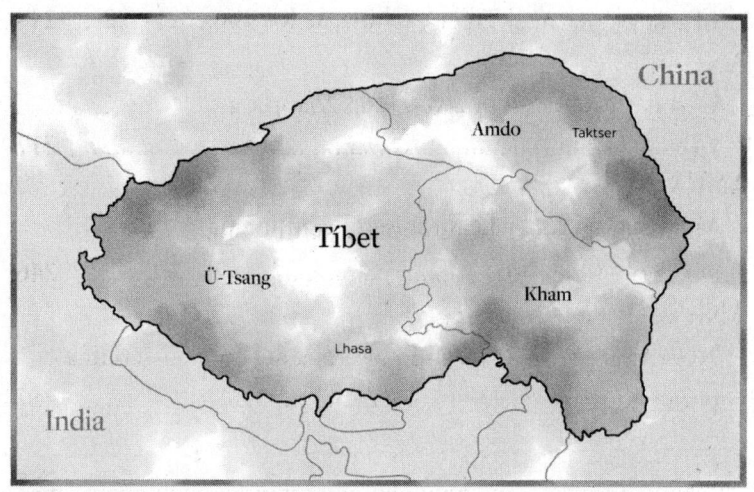

Tradicionalmente, en el Tíbet histórico se incluían las regiones de Ü-Tsang, Kham y Amdo.

Exención de responsabilidad: Este mapa no está hecho a escala y tan solo tiene fines ilustrativos. Los límites mostrados no están verificados ni pretenden reflejar la postura oficial de ningún Gobierno. Para obtener información sobre los límites oficiales, diríjase a Survey of India, organismo oficial encargado de la topografía y cartografía de la India, o a las fuentes autorizadas pertinentes.

PRÓLOGO

✳

El 17 de marzo de 1959, en la oscuridad y el aire helado de la noche, me escabullí por la puerta principal del palacio Norbulingka. Pasé desapercibido al llevar una *chuba*, una prenda cotidiana de la forma de vestir laica. De esta manera, empezaron lo que resultaron ser más de seis décadas de vida en el exilio, lejos de mi tierra natal, el Tíbet. Aunque la semilla que germinó en mi necesidad de huir la sembró la invasión de mi país en 1950 por parte de la China comunista, el detonante más inmediato fue la tensión que se había ido acumulando en Lhasa, la capital tibetana, y que estalló en un levantamiento popular el 10 de marzo de 1959. Durante casi nueve años, después de la invasión, intenté alcanzar algún tipo de acuerdo con los chinos comunistas por el bien de mi pueblo, pero fue una tarea imposible. Pocos días después de mi partida, el Ejército Popular de Liberación de China bombardeó la ciudad. De esta manera empezó a desarrollarse la trágica historia de mi patria y mi pueblo durante la segunda mitad del siglo XX y lo que va del XXI.

Desde que me obligaron a exiliarme en la India, en 1959, mi principal tarea ha sido la causa del Tíbet y su gente. Ahora estoy a punto de empezar mi novena década. La cuestión del Tíbet sigue sin resolverse, mientras que mi patria sigue bajo las garras del represivo Gobierno comunista chino. Dentro del Tíbet, a los tibetanos se les sigue privando de su dignidad como personas y su libertad para vivir su vida según su propia voluntad y su cultura, como ya lo hicieron durante más de un milenio antes de 1950. Hoy en día, dado que los nuevos gobernantes del Tíbet perciben cualquier expresión de identidad tibetana como una amenaza, existe el peligro de que, en nombre de la «estabilidad» y de la «integridad territorial», se puedan hacer intentos para borrar nuestra civilización.

En esencia, este libro es un relato de mis más de siete décadas lidiando con los sucesivos dirigentes de la China comunista en nombre del Tíbet y su pueblo. También es un llamamiento a la conciencia del pueblo chino —muchos de los cuales comparten con nosotros la herencia espiritual del budismo mahayana (al que me refiero como *tradición sánscrita*)—, así como a la comunidad internacional en general, para que se preocupen por la difícil situación del pueblo tibetano. Nuestra causa es una crisis existencial: está en juego la propia supervivencia de un pueblo milenario, así como de su cultura, lengua y religión. A partir de las lecciones aprendidas en mi largo periodo de conversaciones con Pekín, este libro también pretende ofrecer algunas sugerencias sobre cuál podría ser el camino a seguir. Dado que la nuestra es la lucha de un pueblo con una larga historia de civilización propia, dicha lucha continuará, si es necesario, después de mi muerte. El derecho del pueblo tibetano a ser el custodio de su propia patria no puede negarse de forma indefinida, y su aspiración a la libertad no puede aplastarse para siempre mediante la opresión. La historia nos ha enseñado una lección clara: si el descontento del pueblo es permanente, no puede haber una sociedad estable.

INTRODUCCIÓN

✳

A diferencia del resto de mis misiones, las cuales he elegido yo mismo, la responsabilidad de la nación y el pueblo tibetanos recayó sobre mí en el momento en el que fui reconocido como el dalái lama, cuando tenía dos años. En 1950, cuando me convertí en el líder temporal del Tíbet a los dieciséis años, se formalizó dicha responsabilidad.* Desde entonces, siempre he llevado en el alma el deber de proteger al Tíbet y a su pueblo, así como nuestra cultura, y lo seguiré haciendo mientras viva.

Este compromiso principal se suma a otros que he asumido como parte de la misión de mi vida, entre los que se encuentran promover los valores humanos fundamentales basándome en un enfoque ético universal o secular, fomentar el entendimiento y la armonía entre religiones y alentar una apreciación más profunda de la sabiduría y el conocimiento ancestrales de la India. En estos otros aspectos, me alegra haber sido capaz de contribuir de forma

---

* Esta edad se corresponde con el sistema tibetano utilizado para contar la edad. Según el sistema no tibetano, en ese momento el dalái lama tenía quince años. Todas las notas, excepto cuando se exprese otra cosa, así como la bibliografía seleccionada, las ha preparado el editor —Thupten Jinpa, quien ha sido el traductor al inglés del dalái lama durante mucho tiempo—, con el fin de ofrecerle al lector recursos clave y explicaciones adicionales necesarias.

notable gracias a haber mantenido conversaciones muy diversas de gran alcance, haber escrito libros y haber hecho numerosas visitas internacionales.

En el caso del Tíbet, mi principal cargo y el más personal, ha sido mucho más difícil. No he dejado de intentar por todos los medios abrir vías para negociar una solución con los comunistas chinos que invadieron mi país en 1950. Ha habido tres periodos de diálogo intenso: en la década de 1950, cuando residía en el Tíbet y era un dirigente joven; en la década de 1980, cuando el líder chino Deng Xiaoping abrió China, y en la primera década de este siglo. En todos los demás aspectos de mi vida y en todos los demás ámbitos de mi trabajo, me he relacionado con personas que han demostrado estar comprometidas con una visión compartida, estar abiertos a la confianza, tener la honestidad de expresar lo que uno piensa incluso cuando estaban en desacuerdo, y la voluntad de comprometerse y aprender de verdad. Lamentablemente, con los dirigentes comunistas chinos, desde el presidente Mao Zedong hasta el presidente Xi Jinping en la época actual, la situación ha sido muy diferente. Mi queja más recurrente ha sido que los dirigentes comunistas chinos solo tienen boca para hablar, pero no oídos para escuchar.

Pongamos como ejemplo el libro blanco sobre el Tíbet publicado por el Gobierno chino en mayo de 2021. El documento comenzaba con la afirmación de que, tras la invasión china de 1950, el pueblo del Tíbet «se liberó definitivamente de los grilletes del imperialismo invasor y se embarcó en un camino de unidad brillante», y hoy los tibetanos disfrutan de «un entorno social estable y de prosperidad económica y cultural». Según esta declaración, desde la «liberación pacífica» del Tíbet por parte de la China comunista, la nación y el pueblo tibetanos han seguido una trayectoria ascendente hacia la libertad, la prosperidad y la satisfacción dentro de la familia de la República Popular China

(RPC). Si esto hubiera sido cierto en cualquier momento desde la invasión, ¿cómo se explican más de siete décadas de resistencia continuada y resentimiento contra la presencia de China por parte de los tibetanos? Al parecer, la China comunista tiene una respuesta sencilla: se debe a «la actividad separatista de la camarilla del dalái». A lo que se refieren aquí es a nuestra larga campaña no violenta por la libertad de nuestro pueblo y a nuestros esfuerzos por salvar nuestra lengua, cultura, ecología y religión únicas. Los tibetanos somos el pueblo que ha habitado tradicionalmente la meseta tibetana durante milenios, y tenemos todo el derecho a seguir siendo los custodios de nuestra propia patria. La cuestión del Tíbet no tiene que ver con el desarrollo económico, el cual reconocemos que ha mejorado de manera significativa desde la liberalización económica de la República Popular China. Se trata de la necesidad y el derecho de un pueblo a existir con su propia lengua, cultura y patrimonio religioso. Como el pueblo del Tíbet no tiene libertad para expresarse, desde que me exilié en 1959, me ha tocado a mí ser la voz de los que no la tienen.

Si bien es cierto que nuestro objetivo es encontrar una solución negociada de mutuo acuerdo, ese objetivo requeriría que, al final, los tibetanos y los chinos se sentaran a hablar. Hasta que se encuentre dicha solución negociada, los tibetanos que estamos en el mundo libre tenemos la responsabilidad moral de seguir hablando en nombre de nuestros hermanos y hermanas que permanecen en el Tíbet. Hacerlo no es ni antichino ni «separatista». De hecho, lejos de dividir, ser sinceros y abiertos es la única manera de crear la base sobre la cual cada parte pueda entender y dar cabida a las necesidades de la otra. Solo cuando hayamos creado una atmósfera en la que ambas partes puedan hablar y negociar libremente podrá haber un acuerdo duradero.

Hemos tenido la suerte de contar con muchos amigos en todo el mundo que se han solidarizado con nosotros y con nuestra causa. Los Gobiernos, sobre todo a nivel parlamentario, y organizaciones internacionales de todo el mundo libre han apoyado firmemente nuestro planteamiento, el cual busca una autonomía real para el Tíbet, un camino intermedio en el que, por un lado, se encuentra la independencia que desean los tibetanos, y, por el otro, la realidad actual de la zona que niega la gestión o cualquier autogobierno significativo del pueblo tibetano en su propia patria. Se ha aprobado una serie de resoluciones en las Naciones Unidas, en el Parlamento Europeo y en muchos países, en especial en los Estados Unidos, donde, además de resoluciones, se han aprobado leyes importantes.

En concreto, hemos tenido mucha suerte por haber recibido una acogida tan generosa y un apoyo tan constante de la India y su pueblo, incluidos los sucesivos Gobiernos desde que llegué a la India como refugiado. Desde el primero en ocupar el cargo de primer ministro de la India, Pandit Jawaharlal Nehru, hasta el actual primer ministro, Narendra Modi, la India nunca ha flaqueado a la hora de brindarnos hospitalidad, generosidad y apoyo a mí, a los refugiados tibetanos y a nuestros esfuerzos por educar a nuestros jóvenes y reconstruir nuestra cultura e instituciones en el exilio. Para mí, esto ha sido muy reconfortante a nivel personal.

Desde el siglo VII, cuando se tradujeron por primera vez los textos budistas del sánscrito al tibetano, los tibetanos hemos admirado la India por ser «la tierra de los nobles» (Aryavarta). Nuestra tradición budista que tanto apreciamos procede de la India. Nuestra escritura se inventó en el siglo VII y tuvo como modelo el devanagari indio. Nuestras filosofías, psicología, lógica y cosmología proceden de la escuela india de Nalanda. Nuestras ciencias astronómicas y sistemas de calendarios se nutren enormemente del tantra indio de Kalachakra. Nuestra ciencia médica y sus prácticas se han visto influidas por el ayurveda indio. Por lo tanto, haber encontrado en la India mi segundo hogar me ha ofrecido un anclaje poderoso.

He pasado la mayor parte de mi vida en la India. A veces, me describo a mí mismo como un hijo de la India. Mi mente se ha nutrido de la rica tradición filosófica de la India, mientras que mi cuerpo se ha alimentado de arroz y *dal* indios. Cuando viajaba por el mundo, solía presentarme como el mensajero de dos grandes regalos de la India a la humanidad: el pluralismo religioso y la enseñanza de la *ahimsa*, el principio de la no violencia.

Llevo más de siete décadas relacionándome con la República Popular China, desde 1950. Durante este largo periodo, hemos visto al menos cinco épocas diferentes en el liderazgo del país. La primera bajo el presidente Mao, momentos en los que la ideología ocupó un lugar destacado en medio de una vasta y constante agitación social que culminó en la desastrosa Revolución Cultural. Millones de personas murieron y muchas más sufrieron sobremanera. Después, en la era de Deng Xiaoping, la ideología perdió importancia y se hizo hincapié en la creación de riqueza. De hecho, Deng se hizo famoso por su lema «ser rico es glorioso». A esto le siguió la etapa de Jiang Zemin, durante la cual la afiliación al Partido Comunista se amplió para hacer suyos otros sectores de la sociedad china bajo el lema de «la triple representatividad».* A continuación, vino el periodo de Hu Jintao y su lema de la «sociedad socialista armoniosa», en el que, al menos en apariencia, se hizo hincapié en cerrar la creciente brecha de riqueza que se había desarrollado desde la época de Deng. En la

---

* Jiang formuló esta teoría para definir una nueva relación entre el Partido Comunista Chino y el pueblo, en la que era necesario que el partido representara lo que él denominaba: (1) la tendencia de desarrollo de las fuerzas productivas avanzadas de China; (2) la orientación de la cultura avanzada de China, y (3) los intereses fundamentales de la mayoría del pueblo chino.

actualidad, China se encuentra bajo el liderazgo de Xi Jinping, el cual proclamó el lema de «nueva era del socialismo con características chinas». A juzgar por la última década de Xi en el cargo, cuando se trata de la libertad individual y la vida cotidiana, parece ser que China está volviendo a las políticas opresivas de la época de Mao, con la diferencia de que esta vez las ejerce a través de tecnologías digitales de vigilancia y control de última generación. En esencia, lo que hay en China es un capitalismo de mercado unido a una obsesión leninista por el control estatal. Se trata de una paradoja fundamental, profundamente inestable, porque lo esencial del capitalismo es la apertura de la economía, que en última instancia requiere la apertura de la sociedad, mientras que la instauración del control a todos los niveles por parte del partido requiere el cierre de la sociedad. Estas dos fuerzas polares tiran en direcciones opuestas. La cuestión es cuánto tiempo puede durar esta situación.

Incluso dentro de una historia de más o menos setenta y cinco años, se han producido enormes cambios ocultos bajo la aparente continuidad de un único Partido Comunista gobernante. En concreto, entre las épocas de Mao y Deng, el cambio fue fundamental y asombrosamente rápido. Quienes tengan edad suficiente para recordar la Guerra Fría quizá recuerden lo estable y duradera que parecía la Unión Soviética. Sin embargo, cuando llegó el cambio, lo hizo con una rapidez extraordinaria y por medio de formas que muy pocos kremlinólogos habían previsto. No obstante, existe una certeza: ningún régimen totalitario, ya esté dirigido por un individuo o por un partido, puede durar para siempre, porque dichos regímenes abusan de las propias personas que dicen representar y, además, el anhelo de libertad es una fuerza poderosa inherente a la naturaleza humana. Es más, la misma naturaleza de su Gobierno —paranoico, desconfiado y temeroso de los ciudadanos de a pie— hace que los regímenes totalitarios sean intrínsecamente inestables, aunque las armas sean más poderosas a corto plazo. En el caso de la China comunista, el movimiento popular de estudiantes de 1989 de la plaza de Tiananmén demostró la profunda aspiración del pueblo a la libertad individual y a una apertura real. Con independencia de cómo se vea China desde el exterior en la actualidad, lo cierto es que esa aspiración a ser más libres no ha desaparecido.

Gracias al giro de Deng hacia el capitalismo y a la apertura de China al exterior, es innegable que hoy en día China es una gran potencia económica. Naturalmente, el poder económico va acompañado de poder militar e influencia política internacional. La forma en la que el país ejerza estas nuevas fortalezas en las próximas décadas definirá su rumbo en el futuro más inmediato. ¿Elegirá el camino de la dominación y la agresión, tanto interna como externa? ¿O elegirá el camino de la responsabilidad y adoptará un papel de liderazgo constructivo en el panorama mundial para afrontar los retos colectivos de la humanidad, como la paz, el cambio climático y mitigar la pobreza? En la actualidad, China se encuentra en una encrucijada. Si elige este último camino, no solo beneficiará al mundo entero, sino también al propio pueblo chino. En definitiva, se trata de un asunto que afecta a la propia esencia de China como país, así como a la de su pueblo. En este sentido, creo que resolver el eterno conflicto del Tíbet a través del diálogo sería una poderosa señal, tanto para su propio pueblo como para el mundo, de que China está eligiendo el segundo de estos dos caminos. Lo que hace falta por parte de sus dirigentes es visión a largo plazo, valentía y magnanimidad.

CAPÍTULO 1

LA INVASIÓN Y NUESTRO NUEVO JEFE

El 7 de octubre de 1950, unos cuarenta mil soldados del Ejército Popular de Liberación cruzaron el río Drichu (Yangtsé) en Kham (el Tíbet oriental). Cuando llegó el día 19 de ese mes, ya habían tomado Chamdo, así como al gobernador del Tíbet Oriental, Ngabö Ngawang Jigme, al que acababan de nombrar para el cargo. Así comenzó la China comunista la invasión de mi país. La recién independizada India protestó ante la República Popular China, afirmando que la invasión no se producía en interés de la paz en la región. En aquel momento yo solo tenía dieciséis años, según el sistema tibetano utilizado para contar la edad. Para entonces, yo ya sospechaba que se avecinaba algo terrible, pues un día, fisgoneando, había visto una señal de incredulidad en el rostro del regente Tadrak Rinpoche cuando leía una carta que le habían presentado.* Más tarde descubrí que la carta era en realidad un telegrama de Ngabö, el gobernador del Tíbet oriental, en el que informaba de un asalto a un puesto tibetano por parte de soldados chinos.

---

* Por aquel entonces, Tadrak Rinpoche era tanto mentor del joven dalái lama como su tutor principal, responsable de supervisar la educación reglada del mismo.

Pocos minutos después, el regente salió de su habitación y dio órdenes de convocar al *kashag* («gabinete»). El 11 de noviembre, el Gobierno tibetano recurrió a las Naciones Unidas:

> Al secretario general de las Naciones Unidas:
> El mundo está pendiente de Corea, donde tropas internacionales resisten a la agresión. En el remoto Tíbet están ocurriendo hechos similares que pasan desapercibidos. Convencidos de que la agresión no quedará sin control ni la libertad sin protección, en ninguna parte del mundo, hemos asumido la responsabilidad de informarle sobre los recientes acontecimientos en la zona fronteriza del Tíbet [...].
> La conquista china del Tíbet no hará más que ampliar la zona de conflicto y aumentar la amenaza para la independencia y la estabilidad de otros países asiáticos.

Tan solo El Salvador intentó incluir al Tíbet en el orden del día de la Asamblea General de las Naciones Unidas. Por desgracia, ninguna de las grandes potencias apoyó la iniciativa. Dada la implicación histórica de Gran Bretaña en el Tíbet, incluida la firma de acuerdos bilaterales, como los Convenios de Lhasa y Simla (de 1904 y 1914, respectivamente), cabría esperar que Gran Bretaña hubiera sido más solidaria y nos hubiera apoyado, sobre todo, en este momento crucial de la historia del Tíbet. Pareció que el mundo nos había abandonado.

Gran Bretaña y las demás potencias afirmaban que la situación del Tíbet no estaba del todo clara. Sin embargo, sabían perfectamente que en 1950 el Tíbet era una nación independiente. La condición de independencia del Tíbet según el derecho internacional la confirmó más tarde la Comisión Internacional de Juristas en 1959, tras mi huida al exilio. La ironía más sangrienta fue que, en realidad, Gran Bretaña y Rusia, los dos imperios que competían por el poder de Asia Central en lo que se llamó el Gran Juego, se encontraban entre los responsables de enturbiar las aguas de la situación internacional del Tíbet. En concreto, Gran Bretaña había tratado directamente con el Tíbet como una nación independiente capaz de tomar decisiones por sí misma. Incluso había suministrado armas para que el Tíbet pudiera proteger la frontera oriental frente a los chinos. Sin embargo, también había llevado a cabo negociaciones bipartidistas con la China nacionalista como si esta última tuviera algo que reivindicar en el Tíbet al invocar el oscuro concepto de suzeranía* y diferenciarlo de la soberanía. Me gustaría aportar algo de contexto histórico: Gran Bretaña decidió no reconocer la principal diferencia que hay entre el imperio de la dinastía Qing y el Estado nación moderno de China. El primero era un imperio manchú que tuvo, en diversas épocas, varias naciones bajo su protectorado. Por otra parte, la China moderna pretendía ser un Estado multinacional antiimperialista, no un imperio. Por lo tanto, la lógica básica que subyace a la reivindicación china sobre el Tíbet, incluso en términos de suzeranía y no de soberanía, es errónea. El error (o la falta de voluntad política) de ver el asunto a través de esta lógica incorrecta y la negativa a aceptar lo que realmente pasó y que demostraba la independencia del Tíbet, así como los diversos movimientos ya realizados en el Gran Juego, fue lo que había creado la niebla que oscurece el «estatus legal» del Tíbet desde el punto de vista internacional.

La invasión de la China comunista me impactó profundamente a nivel personal. Recuerdo haber oído decir a los barrenderos del palacio de Potala que habían colgado carteles por Lhasa,

---

* Se define «suzeranía» como «condición preeminente atribuida en el pasado a una comunidad política sobre otra, semejante en cierto punto al vasallaje. En ocasiones es identificada con la soberanía».

la capital tibetana, pidiendo que se me concediera pleno poder temporal. Me dijeron que la gente cantaba canciones en la calle en las que imploraban que se le concediera la mayoría de edad al dalái lama. Sin embargo, las opiniones sobre qué hacer estaban divididas: unos decían que el dalái lama era demasiado joven, mientras que otros afirmaban que había llegado el momento de otorgarme poderes. Al final, el gabinete tibetano encabezado por el regente decidió consultarles este asunto a los oráculos del Estado.*

En cierto momento de la ceremonia, cuya atmósfera tensa no pasaba desapercibida, dado lo que estaba en juego, uno de los oráculos, mientras estaba en trance, puso un *kata* (pañuelo blanco ceremonial) sobre mi regazo y gritó «Dü la bab» («Ha llegado el momento»). De esta manera, el 17 de noviembre de 1950, fui entronizado como líder temporal del Tíbet, dos años antes de la edad tradicional necesaria en circunstancias normales. Para celebrar la ocasión, concedí una amnistía general en todo el Tíbet y pedí que se liberara a todos los prisioneros.

La invasión por la fuerza de la China comunista me empujó a asumir este papel de líder. De un plumazo, convirtió a un joven despreocupado en alguien con la gran responsabilidad de dirigir una nación atacada. Por eso suelo decir que a los dieciséis años perdí mi libertad. Mi país también sufrió el mismo destino: a finales de noviembre, unas siete semanas después de la invasión, Kham (el Tíbet oriental) había caído definitivamente.

Como nuevo líder de un pueblo que se enfrentaba a la amenaza de una guerra a gran escala, a finales de año decidí, tras consultarlo con mi gabinete, mandar delegaciones a la India, los

---

* La práctica de consultar oráculos es habitual en el budismo tibetano, y los oráculos del Estado a los que se refiere en este caso son, sobre todo, Nechung y Gadong, los cuales están especialmente asociados al linaje de los dalái lamas.

Estados Unidos, Gran Bretaña y Nepal, con la esperanza de persuadir a estos países para que intervinieran en nuestro favor. También envié una delegación a Chamdo, en el Tíbet oriental, con la esperanza de poder negociar la retirada del Ejército chino de nuestro territorio. Dado que las fuerzas comunistas chinas estaban afianzadas en el este del Tíbet, se decidió que me trasladara con el gabinete de Lhasa a Yadong (Yatung), cerca de la frontera india, por si necesitábamos huir del país. Curiosamente, uno de mis primeros actos importantes como gobernante del Tíbet resultó ser la huida hacia la frontera india. Mi madre aprovechó la ocasión para ir a la India como peregrina. Partió acompañada de mi hermano menor, Tenzin Choegyal.

Mientras tanto, el Ejército Popular de Liberación se detuvo en Gyamda, cerca de las fronteras occidentales de Kham. Aunque el camino a Lhasa estaba abierto, lo que querían era hacerse con el resto del país sin recurrir a la fuerza. No tuvimos más remedio que autorizar que una delegación viajara a Pekín para llevar a cabo una negociación forzada. Fue el mismo gobernador del Tíbet oriental, Ngabö, el elegido para encabezar esta delegación. Le dijimos a Ngabö que podía negociar en mi nombre con la condición de que los chinos no avanzaran más. En abril de 1951, mi delegación llegó a Pekín y comenzaron las conversaciones formales.

Aunque al principio la comunicación por cable con el equipo era esporádica, después reinó el silencio. Mientras tanto, yo esperaba en el monasterio de Yadong. Más tarde, el 23 de mayo de 1951, escuché por mi vieja radio Bush, en la emisión en tibetano de Radio Pekín, que ese día la República Popular China y lo que se describía como «el Gobierno local del Tíbet» habían firmado el Acuerdo de los Diecisiete Puntos para la Liberación Pacífica del Tíbet. Podéis imaginaros mi sorpresa. La emisión continuaba diciendo que el Tíbet había estado ocupado durante los últimos cien años por fuerzas imperiales agresivas responsables de todo tipo de engaños y provocaciones que habían sumido al pueblo en una profunda esclavitud y un sufrimiento profundo. Aquel cóctel de mentiras e insultos me revolvió el estómago.

Hasta que mi delegación no volvió a Lhasa no descubrí lo que de verdad había pasado durante las negociaciones. A mis representantes los coaccionaron, insultaron, vejaron y amenazaron con ejercer violencia contra ellos, además de con emprender acciones militares contra el pueblo del Tíbet. Cuando la delegación se sentó para negociar, les presentaron un texto que ya estaba preparado: el borrador de un acuerdo de diez puntos. Mi delegación señaló que el Tíbet es un país independiente y llevó pruebas que apoyaban esta afirmación. Obviamente, la parte china no aceptó dichas pruebas. Lo que hicieron fue revisar el borrador original de diez puntos, que acabó siendo un documento de diecisiete puntos, el cual presentaron como un ultimátum. Bajo dicha presión, la delegación tibetana no tuvo más opción que aceptar. Ngabö y su grupo no tenían autoridad para firmar ningún documento en nombre del Tíbet sin mi visto bueno o el de mi Gobierno. No obstante, la delegación china preguntó si Ngabö había traído el sello oficial del Gobierno tibetano. Aunque sí llevaba el sello del gobernador del este del Tíbet, Ngabö negó tener sello alguno. Sin inmutarse, los chinos fraguaron sellos nuevos para cada delegado y firmaron el documento el 23 de mayo de 1951 con los nombres de cada uno de los cinco delegados tibetanos.

El 14 de julio, recibí a una delegación de China que vino a entregarme una carta del presidente Mao. Le dije al general chino Chang Ching-wu que mi respuesta a Mao sobre el asunto del Acuerdo de los Diecisiete Puntos le llegaría después de volver yo a Lhasa desde Yadong, tras haberlo consultado con otros oficiales tibetanos. Como era de esperar, en la Asamblea Nacional

Tibetana en Lhasa se produjo una discusión acalorada cuando se trató la cuestión de si yo debería volver a la capital o no. Tras eso, rechacé huir a la India desde Yadong, y también rechacé la oferta de los Estados Unidos de otorgarme la condición de refugiado. Al final, decidí que lo mejor era volver a Lhasa. En septiembre de 1951, la Asamblea Nacional Tibetana celebró una sesión especial. Ngabö hizo una presentación formal del supuesto acuerdo. Después de un gran debate, tuvimos la sensación de que no teníamos opción, dada la gran cantidad de tropas de la China comunista que teníamos a las puertas. En ese momento, todo el Ejército tibetano consistía en aproximadamente 8500 soldados, mientras que más de 80 000 soldados del Ejército para la Liberación del Pueblo preparados para la batalla ya estaban listo para marchar hacia el Tíbet. Por otra parte, gran parte de la pequeña fuerza militar tibetana estaba armada con antiguos rifles británicos Enfield, pistolas y morteros.

El Acuerdo de los Diecisiete Puntos empieza con un preámbulo que presenta una revisión fantasiosa de la historia del Tíbet y su relación con China: «La nacionalidad tibetana es una de las nacionalidades con una gran historia dentro de las fronteras de China, [...] nuestra querida patria». Voy a citar los puntos clave:

- «El pueblo tibetano debe volver a ser parte de la gran familia de la patria que es la República Popular China».
- «El Gobierno local del Tíbet debe ayudar de forma activa al Ejército de Liberación Popular a entrar en el Tíbet y consolidar la defensa nacional».
- «El pueblo tibetano tiene el derecho de ejercer la autonomía nacional regional bajo el mando del Gobierno Popular Central».
- «El Gobierno central no hará ningún cambio respecto al sistema político existente en el Tíbet. Las autoridades

centrales no alterarán el estatus, funciones y poderes del dalái lama que ya están establecidos».

- «Las creencias religiosas, vestimentas y hábitos del pueblo tibetano deberán respetarse, y los monasterios del lama deberán protegerse».
- «El idioma hablado y escrito y la educación escolar de la población tibetana se desarrollarán paso a paso acorde a las condiciones actuales del Tíbet».[*]

Aunque nos obligaron a firmar el acuerdo, el documento deja claro que la República Popular China tiene la responsabilidad de garantizar la autonomía regional y el autogobierno del Tíbet, así como la libertad religiosa, proteger el idioma, custodiar nuestro país y su ecología, y nuestro derecho a existir como un pueblo diferente con cultura y herencia propias. Este acuerdo se convirtió en la base de mi relación gubernamental con China hasta 1959, cuando me escapé. Al parecer, también se convirtió en la base de la postura de algunos miembros de la comunidad internacional acerca del estatus del Tíbet. Llegados a este punto, hay una especie de contradicción. Independientemente de la situación geopolítica del momento, lo cierto es que considerar que el Tíbet pasó a formar parte de la República Popular China a partir de 1950 reconoce la justificación de que la conquista fue algo correcto y la validez de un acuerdo firmado bajo coacción. El Acuerdo de los Diecisiete Puntos se impuso a una delegación coaccionada (la del Tíbet) y ante la amenaza de un ejército descomunal de conquistadores que se abría paso en nuestro territorio.

---

[*] El texto completo del Acuerdo de los Diecisiete Puntos puede consultarse en: International Commission of Jurists, *The Question of Tibet*, pp. 139-142, y en: Tsering Shakya, *Dragon in the Land of Snows*, anexo 1.

Si bien es cierto que más adelante Pekín justificaría su invasión forzosa valiéndose de reivindicaciones históricas sobre la propiedad del Tíbet, lo que está claro es que, al menos para Mao, en el momento de la invasión del Tíbet, aquello fue una flagrante apropiación a la fuerza de tierras de una nación independiente. Su opinión de que el Tíbet era independiente se refleja en una declaración que me contaron que hizo una vez al periodista y escritor estadounidense Edgar Snow. Al referirse a la búsqueda de alimentos que llevó a cabo su Ejército Rojo en zonas tibetanas durante la Larga Marcha, Mao dijo que esa era la única deuda que tenían los comunistas chinos con el exterior, deuda que algún día habría que saldar. Hoy también sabemos, gracias a los archivos, que en enero de 1950 Mao le preguntó a Iósif Stalin si la Unión Soviética le prestaría a China aviones de transporte militar para trasladar tropas chinas en un plan para invadir el Tíbet.

Me han contado que algunos estudiosos de geopolítica e historiadores indican que la invasión del Tíbet perpetrada por Mao inmediatamente después de establecer un Gobierno comunista en Pekín tuvo dos motivos principales. Uno está relacionado con lo que Mao y sus compañeros comunistas veían como la necesidad de restaurar el «honor nacional» de China, sobre todo, tras lo que ellos denominan los «cien años de humillación nacional». Una parte importante de esto, según su punto de vista, era la recuperación de territorios que en el pasado habían formado parte del Imperio manchú Qing. A este respecto, Mao pudo haber sentido que la independencia del Tíbet representaba una «pérdida» o contradicción patente, dada la reivindicación por parte de la China comunista de todos los territorios que en su día habían formado parte del Imperio Qing.

La segunda razón, según los expertos, tiene que ver con la geografía estratégica del Tíbet, cuyas fronteras limitan con el

Turquestán Oriental (Xinjiang), la India, Nepal y Bután y, por supuesto, al este, con China. En 1954, el panchen lama, tres años menor que yo, cuya institución es una de las más destacadas del budismo tibetano y está estrechamente asociada con los dalái lamas, me acompañó en un viaje a Pekín. Mao le dijo lo siguiente: «Ahora que los tibetanos cooperan con los hanes, nuestra línea de defensa nacional no es el río Yangtsé superior, sino las montañas del Himalaya».* Independientemente de sus motivaciones, nos encontramos bajo el control de la China comunista.

---

* Lo que Mao le dijo entonces al panchen lama se cita (traducido al inglés) en: Melvyn C. Goldstein, *A History of Modern Tibet*, vol. 2: *The Calm Before the Storm: 1951-1955* (Berkeley: Universidad de California, 2007), p. 22. «Han» hace referencia al grupo étnico chino que constituye la inmensa mayoría en la República Popular China.

CAPÍTULO 2

✳

EL ENCUENTRO CON EL PRESIDENTE MAO

En calidad de dalái lama, intenté mitigar el desastre para mi pueblo. El 26 de octubre de 1951, aproximadamente tres mil soldados del 8.º Ejército de Ruta entraron en Lhasa. Poco después llegó otro gran destacamento de soldados que, combinado con una gran afluencia de caballos, provocó una grave escasez de alimentos. En 1951, Lhasa tenía una población local de poco más de treinta mil habitantes, por lo que cabe imaginar el impacto de una afluencia tan numerosa de tropas chinas en la ciudad. La situación empeoró aún más con la llegada de miles de tibetanos refugiados del este del Tíbet.

El periodo comprendido entre 1951 y 1959 resultó ser uno de los más complicados de mi vida. En parte, seguía estudiando intensamente para obtener el título final de Geshe Lharam. Geshe Lharam es el grado académico más alto al que se puede optar dentro de la formación académica formal de las grandes universidades monásticas de la escuela Geluk, análogo a un doctorado en divinidad, el cual culminaría en febrero de 1959. En parte, me encontraba en una gran curva de aprendizaje, ya que yo era un joven que se había adentrado en las complejidades de la política sin haberse formado oficialmente en ninguno de estos asuntos. Sin duda, la rigurosa educación que estaba recibiendo en filosofía y psicología budista me fue de gran ayuda para no perder la cabeza, dados los complicados retos políticos a los que no tuve más remedio que enfrentarme como líder del pueblo tibetano. Y mi formación en dicho puesto de trabajo supuso tener que lidiar con los desacuerdos palpables entre mi Gobierno y los generales chinos que estaban afincados en Lhasa y tenían todas las armas. Por un lado, a menudo me encontraba atrapado entre los funcionarios tibetanos, reacios en grado sumo y a veces conflictivos, mientras que, por otro lado, lidiaba con la creciente mano dura y las actitudes altaneras de los generales chinos. Finalmente, en 1952 China obligó a dimitir a mis dos primeros ministros (uno laico y otro monástico). Tomé la decisión de no nombrar sustitutos para estos cargos, ya que no serían más que chivos expiatorios, y era mejor que yo mismo asumiera esas responsabilidades. La situación en Lhasa cada día era más tensa.

También tenía que seguir gobernando, y una de mis prioridades era mejorar nuestro sistema y nuestra sociedad. Constituí un comité de reforma para ayudar a crear un sistema más equitativo que prestara atención explícita a las necesidades de la gente corriente y los pobres. De niño aprendí mucho de los barrenderos de mi residencia, los cuales solían ser mis compañeros de juego, sobre el problema de la injusticia y los abusos de los poderosos. Pero me encontré con grandes obstáculos por parte de los chinos, ya que querían reformas que estuvieran regidas por su propio sistema, al estilo de las emprendidas en la China continental. Probablemente pensaban que, si los cambios los iniciaban los propios tibetanos, ello podría entorpecer sus propios planes.

Por eso, cuando en 1954 el Gobierno chino me invitó a Pekín, sentí que era la única opción que me quedaba para intentar mejorar la deteriorada situación de mi pueblo. En junio recibí un telegrama de Deng Xiaoping. En aquel entonces era el máximo responsable de los asuntos tibetanos en la cúpula china y me invitaba a asistir a la Asamblea Popular Nacional inaugural en Pekín en septiembre de 1954. La misma invitación se extendía al panchen lama. Aunque en Lhasa a los tibetanos les preocupaba mucho mi viaje a Pekín, decidí que lo mejor sería ir por el bien de mi pueblo. Para calmar sus miedos, durante una gran reunión de tibetanos en una ceremonia religiosa en el Norbulingka, mi residencia de verano, los tranquilicé y les prometí que volvería pasado un año.

A día de hoy, recuerdo que cuando salí de Lhasa para ir a Pekín había mucha gente llorando. Oí que algunas ancianas gritaban: «¡Por favor, no vayas! No traerá nada bueno». Como en aquel entonces no había un puente sobre el río Kyichu, tuvimos que cruzarlo en los tradicionales *coracles* tibetanos, hechos de piel de yak estirada sobre un armazón de madera de sauce. En ambas orillas del río había mucha gente llorando; incluso parecía que algunos iban a saltar al río. Luego me enteré de que hubo personas que se desmayaron y hasta murieron.

El 4 de septiembre de 1954, el panchen lama y yo llegamos por fin a Pekín en tren desde Xi'an, acompañados de nuestras delegaciones. Nos recibieron en la estación el primer ministro Zhou Enlai; el vicepresidente Zhu De, el cual también era comandante en jefe del Ejército Popular de Liberación y miembro del comité permanente del politburó, y otros funcionarios chinos. Pocos días después, conocí al propio presidente Mao Zedong. Él tenía sesenta y un años, y yo, diecinueve. Se mostró amable y hospitalario.

Esta reunión, a la que también asistieron otros altos dirigentes, como Zhou Enlai y Liu Shaoqi, tuvo lugar en la casa de recepción, un antiguo jardín imperial adyacente a la Ciudad

Prohibida que posteriormente se transformó en un complejo que alberga oficinas gubernamentales, así como residencias para altos dirigentes. El escenario de esta reunión era bastante majestuoso, dado su opulento legado imperial inconfundible. Allí estábamos nosotros —yo, con tan solo diecinueve años, y el panchen lama, con dieciséis—, en una reunión formal con el mismísimo presidente Mao, flanqueados por los más altos dirigentes de la China comunista. Decir que nos sentíamos sobrepasados y algo nerviosos sería quedarse corto. En esta primera reunión solo hablamos el presidente Mao y yo. Mao dijo que a él y al Gobierno central les alegraba mucho mi primera visita a Pekín, y que la relación entre chinos y tibetanos era muy importante. También me aseguró que en el futuro el Gobierno central haría grandes esfuerzos para contribuir al desarrollo del Tíbet. Por mi parte, le respondí a Mao diciéndole que me alegraba mucho tener la oportunidad de conocerlo a él y a otros líderes del Partido Comunista Chino.

La reunión duró una hora, más o menos. Cuando terminó, Mao y el resto de los líderes nos acompañaron a la salida de la casa, y el mismísimo Mao me abrió la puerta del coche. Cuando me estaba subiendo al coche, Mao me estrechó la mano y me dijo: «Que hayas venido a Pekín es volver a tu propio hogar. Cuando vengas a Pekín, puedes llamarme… Que no te dé reparo. Si necesitas algo, no tienes más que decírmelo».

Me marché de la reunión impresionado por Mao y animado al pensar en la posibilidad de que las cosas pudieran mejorar en el Tíbet. En el coche me acompañaba Phuntsok Wangyal, un comunista tibetano poco común, el cual fue mi intérprete oficial durante mi estancia en Pekín. Me alivió mucho que este primer encuentro con Mao y otros líderes chinos fuera bien; de hecho, abracé a Phuntsok Wangyal y le dije que Mao no se parecía a nadie que yo hubiera conocido. El éxito de este primer encuentro también tranquilizó a mi entorno tibetano, sobre todo, a mi tutor principal, Ling Rinpoche, el cual estaba muy preocupado por mí. Phuntsok Wangyal de verdad creía en el comunismo en su sentido marxista internacionalista original. Y en aquella época creía, aunque posteriormente se decepcionó, que los comunistas chinos también compartían esta visión internacionalista del marxismo. (Décadas más tarde, cuando Phuntsok Wangyal visitó Europa, pude hablar con él por teléfono. Le pregunté: «¿Qué ha sido de tu sueño sobre el verdadero socialismo?». Se limitó a reír).

El 16 de septiembre, me dirigí a la primera Asamblea Popular Nacional, en la que destaqué que el proyecto de Constitución de la República Popular China estipula, en concreto, que todas las nacionalidades pueden elaborar sus normas para el ejercicio de la autonomía y reglamentos separados de acuerdo con las características especiales de su desarrollo para que puedan ejercer su plena autonomía. Para entonces, yo ya había sido nombrado vicepresidente del Comité Directivo de la República Popular China.

Durante mi estancia en Pekín, tuve varias reuniones con Mao y otros líderes; entre ellos, Zhou Enlai y Deng Xiaoping. En Pekín también me presentaron a bastantes líderes internacionales consolidados, como el primer ministro indio Jawaharlal Nehru, el líder soviético Nikita Kruschev y el primer ministro birmano U Nu. Cuando tenía algo de tiempo libre, mi tutor principal, Ling Rinpoche, seguía dándome clases sobre la sección filosóficamente densa de «discernimiento» del *Gran tratado de los estadios en el camino a la iluminación* de Tsongkapa. En teoría, yo seguía siendo estudiante, y me estaba preparando para los exámenes de Geshe Lharam. Una experiencia inolvidable de mi estancia en Pekín fue cuando impartí una formación budista formal —de hecho, fue una importante ceremonia de iniciación de una práctica de meditación conocida como *vajra-bhairava*— a una asamblea de budistas chinos seguidores del budismo tibetano. Mi traductor durante esta formación fue el monje chino Fa-Tsun, quien me informó de que estaba trabajando en la traducción al tibetano de un importante texto filosófico budista, el *Gran tratado sobre la diferenciación (Mahavibhasha)*, una obra del siglo II que solo existe traducida al chino. Para entonces, Fa-Tsun ya había traducido una obra tibetana importante, titulada *Gran tratado de los estadios en el camino a la iluminación*, del maestro Tsongkapa, del siglo XIV.

Después hice un recorrido organizado por varias ciudades de China, como Tianjin, para ver cómo el Gobierno comunista había desarrollado la industria del país. Phuntsok Wangyal fue mi intérprete durante esta gira, y me acompañó también otro dirigente comunista llamado Liu Geping, miembro de la minoría étnica hui (musulmana). Conocí a muchos miembros del partido de diferentes rangos, algunos veteranos de la Revolución y muchos comunistas muy honrados. Uno de ellos era Xi Zhongxun, padre del actual líder chino Xi Jinping. Tenía una personalidad afable y parecía bastante amplio de miras. Me cayó muy bien. (Me contaron que atesoró durante toda su vida un reloj de pulsera que yo le regalé en aquel entonces).

Me impresionó la determinación y dedicación de muchos de estos revolucionarios de primera generación, así como sus evidentes triunfos en su intento de crear una sociedad más igualitaria. Aprendí mucho sobre el marxismo-leninismo, y me llamó especialmente la atención el énfasis de la teoría económica marxista relativa a la distribución equitativa de los recursos en lugar del puro afán de lucro. La idea de ocuparse de los menos privilegiados, de la clase trabajadora, es maravillosa. Oponerse a toda explotación y luchar por una sociedad sin fronteras nacionales son ideales excelentes. Al estar expuesto a estas ideas durante mi juventud, estos aspectos del pensamiento socialista me impresionaron bastante hasta el punto de que a veces me describo a mí mismo como medio budista y medio marxista. Sin embargo, a medida que he reflexionado sobre ello a lo largo de los años, lo que le falta al marxismo es empatía. Su mayor defecto es el olvido total de los valores humanos básicos y la promoción deliberada del odio a través de la lucha de clases. Además, con el paso del tiempo, en el caso de la China comunista, el marxismo parecía haber dado paso al leninismo, en el que el control estatal del pueblo por parte del partido era el objetivo primordial.

Durante esta gira por China, tuve la increíble oportunidad de cruzar a Mongolia Interior para una breve visita.[*] Fue una experiencia conmovedora, dada la larga y estrecha asociación espiritual existente entre tibetanos y mongoles. Aunque para mí este recorrido por varias ciudades chinas fue educativo y agradable, la mayoría de mis funcionarios, incluidos mis dos tutores, no mostraron el más mínimo interés. Por eso, cuando se anunció que no habría más visitas turísticas, hubo un suspiro colectivo de alivio. En concreto, mi madre no disfrutó de su estancia en China, sobre todo, por el ajetreado programa de visitas guiadas. En un momento dado, incluso enfermó de gripe y estuvo grave. Como mi regreso a Pekín tras este *tour* iba a coincidir con el Losar (el Año Nuevo tibetano), decidí organizar un banquete y extender invitaciones al presidente Mao y a los otros tres altos dirigentes chinos: Zhou Enlai, Zhu De y Liu Shaoqi. Todos aceptaron y fue una celebración memorable.

---

* El término «Mongolia Interior» hace referencia a una parte histórica de Mongolia que hoy en día es la Región Autónoma de Mongolia Interior, dentro de la República Popular China. La actual República Popular de Mongolia, independiente de China, abarca la mayor parte del territorio que en su día se conoció como Mongolia Exterior.

Un día, el presidente Mao vino a visitarme al lugar en el que me hospedaba sin previo aviso. Durante el encuentro, me preguntó de forma inesperada si el Tíbet tenía bandera nacional. Algo nervioso, le respondí que sí, y me dijo que no había problema en que la conserváramos. La sorprendente respuesta de Mao implicaba que, al menos en aquel momento, tenía en mente un modelo de las diversas naciones de la República Popular China similar al de las repúblicas de la Unión Soviética. De hecho, sé que Mao dio órdenes a los altos funcionarios chinos destinados en el Tíbet en aquella época —Zhang Jingwu, Zhang Guohua y Fan Ming— para que exhibieran la bandera tibetana junto a la estrella roja de China, así como mi foto junto a la suya. Por eso, más adelante, en el exilio, cuando los tibetanos y los simpatizantes tibetanos internacionales mostraban nuestra bandera nacional en público, sobre todo, cuando me saludaban durante los viajes internacionales, solía decirles que el propio Mao nos había dado permiso para mantener nuestra bandera. En la actualidad, por desgracia, la bandera tibetana es ilegal en el Tíbet, y cualquiera que sea sorprendido en posesión de ella irá a la cárcel.

Antes de marcharme de Pekín, tuve una última reunión con Mao. Parecía muy contento y me dijo que me comunicara directamente con él a través del telégrafo, y que debía entrenar a algunos tibetanos de confianza para que lo hicieran. Luego se acercó a mí y me dijo: «Tienes una mente científica, y eso está muy bien. He observado tu pensamiento y tus actividades durante todos estos meses. Tienes una mente muy revolucionaria». Me dio consejos prácticos muy buenos sobre el gobierno y tomé notas.

Cuando la reunión tocaba a su fin, Mao me dijo: «Tienes buena actitud, la verdad. La religión es un veneno. Reduce a la población porque los monjes y monjas deben permanecer célibes, además de negar el progreso material». Me estremecí e intenté ocultar mis sentimientos inclinándome hacia delante como si fuera a escribir algo. Fue entonces cuando supe que, a pesar de todas las insinuaciones de diálogo positivo, él era el destructor del *dharma* de Buda.

Cuando me preparaba para regresar a casa, a Lhasa, en marzo de 1955, a pesar del último y desconcertante comentario de Mao sobre la religión, aún tenía esperanzas de salvar a mi pueblo de las peores consecuencias de la ocupación china. Pensaba que mi visita a China, que había durado seis meses, había sido de ayuda por dos motivos. Este viaje me enseñó de forma clara a qué nos enfrentábamos, y parecía haber convencido a los dirigentes chinos de que no siguieran adelante con su plan original de gobernar el Tíbet directamente desde Pekín por medio de un comité militar y político —parecía que teníamos una promesa firme de autonomía—. De hecho, de regreso al Tíbet me encontré con el general chino Zhang Guohua, el cual estaba destinado en Lhasa, pero se dirigía a Pekín. Le dije que en el trayecto del viaje de ida a China tenía mucha ansiedad, pero que ahora, de vuelta a casa, tenía más esperanzas y confianza. Por eso tenía cierta fe en que pudiéramos trabajar con los chinos. El Tíbet podría modernizarse y mi pueblo viviría en una especie de igualdad de condiciones con la mayoría de los chinos de la República Popular China.

Trabajé con ahínco para llegar a un acuerdo duradero que salvara a mi nación y a mi pueblo dentro de los límites del Acuerdo de los Diecisiete Puntos. Intenté implementar algunas reformas, sobre todo, para establecer un órgano judicial independiente, fomentar propuestas para el desarrollo de un programa de educación moderna y construir carreteras nuevas. Fue un esfuerzo inútil, una tarea constantemente socavada por los oficiales militares y los civiles comunistas chinos afincados en el Tíbet con un creciente resentimiento por la represión y el riesgo de que se produjeran disturbios espontáneos. Los funcionarios y militares chinos bloquearon mis esfuerzos en todo momento. El Comité Preparatorio de la Región Autónoma del Tíbet (PCART, por sus siglas en inglés), cuyo propósito era dar a los tibetanos autonomía sobre el proceso de reforma y que yo presidía, resultó ser solo un espectáculo, ya que el verdadero poder cayó en manos de los chinos.

La promesas y garantías que recibí en Pekín se revelaron vacías; mis mensajes a Mao no tenían respuesta. Durante los numerosos desastres y actos indescriptibles contra los tibetanos que iban a cometerse en el futuro, le escribí tres veces al presidente Mao y en la tercera ocasión me aseguré de que mi carta se le entregara en persona. Nunca hubo respuesta. Cualquier atisbo de esperanza que tuviera en Mao y en los líderes comunistas se hizo añicos. Los compromisos que el Partido Comunista Chino había asumido en el acuerdo que nos impuso al final no tuvieron ningún significado real.

CAPÍTULO 3

✳

UNA VISITA A LA INDIA

A finales de 1955, recibí una invitación formal del príncipe heredero de Sikkim en calidad de presidente de la Sociedad Maha Bodhi de la India para participar en las celebraciones del 2500 aniversario del Buda Jayanti («el nacimiento de Buda»). Inicialmente, Fan Ming, un alto funcionario político del Ejército Popular de Liberación radicado en Lhasa, me instó a rechazar la invitación. Me dijo que el príncipe heredero no tenía un rango lo bastante alto como para que yo aceptara una invitación tan formal. Entonces, envié discretamente un mensaje a la misión india en Lhasa para explicarles la situación, lo que llevó a la llegada de una segunda invitación, esta vez del vicepresidente de la India, Sarvepalli Radhakrishnan. Después de varios meses, me informaron de que Pekín había aprobado mi viaje a la India.

Antes de partir, el general Chang Ching-wu me advirtió: «Tenga cuidado. Hay muchos elementos reaccionarios y espías en la India. Si intenta hacer algo con ellos, quiero que sepa que lo que ha sucedido en Hungría y Polonia sucederá en el Tíbet». Se refería a la represión de las protestas de Poznań en Polonia en junio de 1956, cuando tanques y tropas dispararon contra civiles que protestaban, y a la brutal represión del levantamiento popular en

Hungría por parte de tanques y tropas soviéticas el 4 de noviembre de 1956, unas semanas antes de mi viaje. A pesar de sus advertencias, me hacía ilusión tener la oportunidad de visitar la tierra sagrada de la India y los lugares relacionados con la vida de Buda.

No obstante, yo en ese momento también era muy consciente de cómo había empeorado la situación en el Tíbet, sobre todo, lo era de la creciente arrogancia y beligerancia de las autoridades chinas en Lhasa. Por ejemplo, para 1956, cuando los intérpretes chinos venían a verme, llevaban pistolas debajo de los abrigos, algo que antes no ocurría. Un día, vi claramente cómo asomaba la boca de una pistola. La situación en Lhasa también seguía deteriorándose, y había una tensión creciente debido a la presencia de un gran número de soldados del Ejército Popular de Liberación, así como al aumento de refugiados que huían de las aterradoras condiciones de vida en la parte oriental del Tíbet. Entre otras cosas, en marzo de 1956, el Ejército Popular de Liberación atacó el monasterio de Litang, en el este del Tíbet —una institución importante asociada con el tercer dalái lama—, bombardearon el monasterio, mataron a cientos de personas y capturaron a su abad.

En noviembre de 1956, por fin pude visitar la India. Me acompañó mi hermano en el *dharma*, el panchen lama, a quien también habían invitado oficialmente. Mis dos hermanos mayores, Taktser Rinpoche y Gyalo Thondup, que vivían fuera del Tíbet en ese momento, se reunieron conmigo en la frontera de Sikkim. Las primeras palabras que dijeron, antes de cualquier saludo, fueron: «No debes regresar». Lo cierto es que su urgencia me conmovió, y entendí que había motivos suficientes para decirme aquello, teniendo en cuenta lo que acabo de describir. Me encontré sumido en una profunda duda sobre si debía regresar después de la celebración. No obstante, en aquel momento seguimos adelante y volamos a Deli el 25 de noviembre, donde nos recibieron el primer ministro Jawaharlal Nehru, el vicepresidente Radhakrishnan y el presidente del Parlamento indio, M. A. Ayyangar. Luego nos llevaron a la residencia oficial del presidente para que nos encontráramos con Rajendra Prasad. Después de esto, a la mañana siguiente, el primer evento en mi programa fue rendir homenaje en Raj Ghat, el lugar donde fue incinerado Mahatma Gandhi —quizá el ser más grande de nuestra época—, quien aplicó la antigua filosofía india de la *ahimsa* (el principio de la no violencia) en un movimiento político que fue efectivo a la hora de liberar a su pueblo del dominio colonial británico. En ese lugar, afirmé con más fuerza que nunca jamás podría involucrarme en actos violentos.

Las celebraciones formales del Buda Jayanti tuvieron lugar en Bodh Gaya, el lugar más sagrado en todo el mundo para los budistas. La gran estupa de Mahabodhi en Bodh Gaya marca el lugar donde Buda alcanzó la iluminación bajo un árbol *pipal*, el cual más adelante sería conocido como el árbol Bodhi. El árbol que se encuentra allí hoy en día es una continuación del árbol original, gracias a un retoño traído de Sri Lanka en el siglo xix, que a su vez provenía del árbol bajo el cual Buda se sentó hace más de 2600 años. En mi autobiografía de 1962, describí cómo me sentí al ver por primera vez el sagrado árbol Bodhi:

> Todo budista devoto siempre asociaría Bodh Gaya con lo más noble y elevado de su herencia religiosa y cultural. Desde mi más temprana juventud, había pensado en esta visita y soñado con ella. Ahora me encontraba en presencia del espíritu sagrado que había alcanzado la iluminación en este lugar sagrado y había encontrado para toda la humanidad el camino hacia la salvación. Mientras estuve allí, un sentimiento de fervor religioso impregnó mi corazón y me dejó sobrecogido

ante el conocimiento y el impacto del poder divino que reside en todos nosotros.

En el discurso que pronuncié en la celebración, hablé de la larga historia del budismo en la India, de cómo este llegó al Tíbet desde la India y de los profundos lazos históricos y espirituales que están en el corazón de dicha transmisión, como ya he señalado anteriormente. En concreto, hice hincapié en la enseñanza de la no violencia del Buda y en cómo esta enseñanza podría contribuir a inaugurar una nueva era de paz en el mundo. Expresé mi profunda admiración por la adopción del *dharma chakra* («rueda de la fortuna») de Ashoka como símbolo nacional de la India cuando logró su independencia, ya que refleja la gran estima del país por los valores universales que promueve el budismo. Cuando finalizaron las celebraciones formales, aproveché la oportunidad para hacer una peregrinación a otros lugares sagrados de los alrededores de Bodh Gaya y Sarnath asociados con la vida del Buda: las ruinas de Nalanda, en Bihar, que fue la universidad monástica budista más importante de la India, así como los antiguos monumentos budistas de Sanchi y Ajanta.

El primer ministro Nehru me acompañó en mi visita a Rajgir, un sitio asociado con la vida del Buda y especialmente sagrado para el budismo mahayana, ya que fue allí donde se impartieron las escrituras de la *Perfección de la sabiduría*. Aquello fue inolvidable. En Rajgir, se inauguró formalmente un monumento en honor al viajero chino del siglo VII Xuanzang, en un evento en el que el primer ministro Zhou Enlai debía representar a la República Popular China. Sin embargo, Zhou no pudo asistir, por lo que me pidieron que entregara yo el cheque que representaba un obsequio del Gobierno chino. Estas visitas a lugares budistas sagrados me ofrecieron algunos de los momentos más alegres y memorables, raros destellos de luz en el camino, a pesar de las oscuras nubes que nos rodeaban a mí y a mi patria.

Durante mi estancia en la India, varios tibetanos destacados que vivían allí acudieron a pedirme que no regresara a casa. Expresaron opiniones muy tajantes en contra de la firma del Acuerdo de los Diecisiete Puntos. También tuve reuniones importantes con el primer ministro Nehru, quien entonces tenía poco más de sesenta años y era el primero en ocupar el cargo de primer ministro desde que su país se independizó. Durante nuestro primer encuentro, aproveché la oportunidad para explicarle en detalle toda la historia de la invasión china: lo desprevenidos que estábamos y cómo me esforcé por encontrar una vía de entendimiento con los comunistas, tan pronto como me di cuenta de que nadie en el mundo exterior estaba dispuesto a reconocer nuestro legítimo derecho a la independencia. Después le conté cuán desesperada se había vuelto la situación en el este del Tíbet tras el bombardeo del monasterio de Litang y le expresé mi temor de que los chinos realmente tuvieran la intención de destruir nuestra religión y costumbres para siempre. Le expliqué que quería quedarme en la India hasta que pudiéramos recuperar nuestra libertad de forma pacífica.

Nehru estuvo de acuerdo conmigo en que era inútil luchar contra los chinos. Sin embargo, fue terminante al decir que la India no podía apoyarnos y me aconsejó que regresara a mi país e intentara trabajar con los chinos sobre la base del Acuerdo de los Diecisiete Puntos. Cuando protesté diciendo que las autoridades chinas habían quebrantado mi confianza y que no creía que pudiéramos seguir trabajando en ese acuerdo, me dijo que hablaría personalmente con el primer ministro chino Zhou Enlai. En una de mis reuniones con Nehru, él llevaba una copia del acuerdo en sus propias manos. Punto por punto, me mostró cómo podría servir como base para un verdadero modelo de autonomía y autogobierno. Nehru me informó de las conversaciones que había tenido con Zhou Enlai y, en concreto, de la garantía inequívoca que Zhou le había dado acerca de la autonomía del Tíbet dentro de la República Popular China.

El viaje a la India también fue una oportunidad para mantener varias reuniones con el primer ministro chino Zhou Enlai. En aquel entonces, con poco más de cincuenta años, Zhou era todo sonrisas y amabilidad, un hombre cortés con una gran agilidad intelectual; en resumen, astuto y elocuente. En mi primera reunión con él, en noviembre, en Deli, le expresé de forma directa mis preocupaciones sobre el este del Tíbet, el comportamiento de las autoridades chinas y, en particular, la brutal represión y el asesinato de personas inocentes tras el bombardeo del monasterio de Litang. También le pregunté qué había sucedido durante sus reformas en esa región y en la del nordeste del Tíbet (Amdo), reformas que habían obligado a miles de personas a huir como refugiados hacia el Tíbet Central.

Zhou hizo un intento serio de tranquilizarme al admitir que los directivos locales habían cometido grandes errores en el este del Tíbet y que los principales líderes también debían asumir su responsabilidad, ya que deberían haber intervenido antes. Me aseguró que las reformas en el Tíbet no se llevarían a cabo hasta que mi Gobierno considerara que las condiciones eran adecuadas. También compartí con él que me había dado cuenta del contraste entre el Parlamento de la India y la Asamblea Popular de China. En la India, los parlamentarios son libres de expresarse y criticar al Gobierno cuando lo consideran necesario. En Pekín, observé que la mayoría de los miembros de la asamblea apenas se atrevían a hablar. Incluso cuando lo hacían, sus intervenciones se limitaban a pequeñas correcciones en la redacción, sin abordar cuestiones de fondo. Zhou respondió que yo solo había estado en la primera asamblea en Pekín y que, en la segunda, las cosas habían cambiado mucho y para mejor. Zhou también se tomó la molestia de reunirse con mis hermanos y con ministros clave de mi Gobierno, incluido Ngabö, al cual habían obligado a firmar el Acuerdo de los Diecisiete Puntos en Pekín en nombre de mi Gobierno.

La última vez que me reuní con Zhou en Deli fue después de su regreso de un viaje a Pakistán. El 30 de diciembre de 1956, recibí un mensaje de la Embajada de China en el que se me informaba de que Zhou había vuelto a la India y quería verme. Me apresuré a viajar a Deli en tren, donde encontré al embajador chino, Pan Zili, esperándome en la estación. Insistió en que viajara con él en su coche. Con la ayuda de funcionarios de protocolo y seguridad de la India, nos dirigimos directamente a la Embajada de China, donde me reuní con el embajador, Zhou Enlai y el mariscal He Long. Para cuando llegó mi equipo a la embajada, yo ya estaba en la reunión. No sabían con certeza si yo estaba dentro o no, e incluso algunos llegaron a preguntarse si me habrían secuestrado. En algún momento, alguien me trajo un chal y dijo que mi equipo quería asegurarse de que no tuviera frío. Cuando todo esto pasó, me contaron que estaban preocupados y querían hacerme saber que ellos también habían llegado a la Embajada de China.

Debo admitir que aquella reunión me pareció intimidante: tres líderes políticos y militares chinos experimentados —un primer ministro, un mariscal y un embajador— rodeando a un joven monje tibetano inexperto. Al menos, el hecho de que estuviéramos en Deli y no en Pekín me hizo sentir seguro. Me mantuve firme y expresé mi temor de que el Partido Comunista pudiera imponer reformas inaceptables en el Tíbet. Para ese momento, parecía evidente que Zhou Enlai había consultado con Mao Zedong, ya que repitió todas las palabras tranquilizadoras que este me había dicho anteriormente sobre cómo abordar los excesos de la represión en el este del Tíbet y posponer las reformas. Me transmitió la promesa de Mao de que el plan de reforma comunista en el Tíbet se retrasaría al menos seis años y de que, incluso después de ese periodo, sería yo quien decidiría si se implementarían las reformas o no. Sin embargo, añadió que el Gobierno chino no toleraría ni el más mínimo atisbo de insurrección armada en el Tíbet e insistió en que yo debía regresar a Lhasa lo antes posible. Zhou concluyó aconsejándome que no visitara Kalimpong, una ciudad india cerca de la frontera del Tíbet donde había una comunidad de tibetanos, algunos de los cuales ya habían huido al exilio.

En relación con este último punto, le dije a Zhou que pensaría en su sugerencia. A la mañana siguiente de nuestra reunión, el mariscal He Long vino a verme. Me repitió el consejo de Zhou de que regresara a Lhasa y luego citó el dicho: «El león de las nieves parece digno si permanece en las nieves, pero, si desciende a las llanuras, será tratado como un perro». Sin duda, se trataba de una advertencia seria.

Todo esto aumentó la presión sobre la decisión de si debía regresar al Tíbet o quedarme en la India. Lo cierto es que entre los funcionarios tibetanos que estaban conmigo había división de opiniones. También parecía que Pekín intentaba influir en la situación, entre bastidores. Zhou incluso le había insinuado a Nehru la posibilidad de que China respetara los límites establecidos entre la India y el Tíbet, conocidos como la línea de McMahon, si la India me negaba asilo en ese momento. Al final, comprendí que debía tomar la decisión por mí mismo. Hay un refrán tibetano que dice: «Consulta a otros para conocer sus opiniones, pero toma la decisión tú mismo». En mi siguiente reunión con el primer ministro Nehru, le dije que había decidido regresar al Tíbet por dos razones: «Porque usted me ha aconsejado hacerlo y porque Zhou Enlai me ha hecho promesas concretas a mí y a mis hermanos». Como se demostraría más tarde, Nehru era sincero pero idealista al confiar en las promesas chinas; Zhou, en cambio, simplemente mentía.

En enero de 1957, ignorando el consejo del primer ministro Zhou, partí hacia Kalimpong desde Calcuta. En el camino de regreso a casa, me detuve en Gangtok, donde tuve la oportunidad de reunirme con muchos budistas devotos, impartir enseñanzas religiosas formales, realizar ceremonias de bendición y colocar la primera piedra del Instituto Namgyal de Tibetología, por invitación del maharajá de Sikkim.

El plan inicial era quedarme en Gangtok solo unos días. Sin embargo, debido a una fuerte tormenta de nieve, el paso Nathu La se volvió intransitable, lo que significó que, para mi alegría, me quedé atrapado en Gangtok durante unas semanas más. Mientras estuve allí, también extendí una invitación formal a Nehru para que visitara Lhasa. Yo quería estar a la altura de su generosa hospitalidad durante mi estancia en la India y, lo que es más importante aún, brindarle la oportunidad de que se formara su propia impresión sobre lo que realmente estaba sucediendo en el Tíbet. Aunque Nehru aceptó mi invitación y, en un principio, los chinos no se opusieron, estos se retractaron más adelante argumentando que no podían garantizar la seguridad personal de Nehru. Aquello fue una lástima, ya que su visita a Lhasa habría sido de gran ayuda para mí, y habría podido beneficiarme muchísimo de su consejo.

Aunque Nehru no pudo visitar la capital, sí logró pisar suelo tibetano en su viaje de ida y vuelta a Bután, lugar que visitó en septiembre de 1958. Pasó una noche en Yadong, el mismo pueblo donde yo había buscado refugio en 1950 cuando el Ejército comunista chino invadió el este del Tíbet. Se envió una delegación tibetana de alto nivel para dar la bienvenida formal al primer ministro y a su hija, Indira Gandhi, cuando llegaron.

Fue durante esta visita a Bután cuando Nehru aseguró firmemente que el deseo de la India era que Bután siguiera siendo un país independiente, en el que su pueblo eligiera su propio modo de vida y su propio camino hacia el progreso, según su voluntad. Naturalmente, la diferencia entre el trato que el gigante vecino de Bután, la India, le brindaba y el trato que el Tíbet estaba recibiendo en ese mismo momento de su gigante vecino del este, China, era demasiado abismal y dolorosa como para pasarla por alto.

Por fin, a finales de febrero, cuando el clima mejoró y el camino quedó despejado, cruzamos el paso de Nathu La y pisamos suelo tibetano. La despedida antes de cruzar el paso, sobre todo de mi hermano inmediatamente mayor, Lobsang Samten, fue un momento triste. De entre todos mis hermanos, él y yo habíamos sido los más cercanos, ya que habíamos hecho juntos el viaje de diez semanas desde Amdo hasta el Tíbet Central cuando éramos niños. Luego, tras mi reconocimiento formal como el dalái lama, ambos pasamos por los primeros años de formación monástica a la vez. En ese momento, Lobsang Samten no se encontraba bien y se sentía bastante débil, así que le sugerí que nos sentáramos juntos en silencio dentro del coche un momento. Él se puso a llorar, y yo también estaba triste. Toda esta despedida provocó un retraso, lo cual molestó a los funcionarios chinos que me acompañaban de regreso al Tíbet.

CAPÍTULO 4

✳

HUIR DE CASA

De regreso a Lhasa desde Gangtok, me detuve en muchos lugares tratando de tranquilizar a mis compatriotas, pero no dejaba de recibir informes cada vez más inquietantes. Llegué a la capital el 1 de abril de 1957 sabiendo que la situación estaba fuera de control, debido a las acciones del Gobierno chino y a mi propia incapacidad para tener una influencia significativa. Ya en pleno verano, quedó claro que prácticamente todo lo que me había contado Zhou, tanto en su nombre como en nombre de Mao, habían sido falsedades y disimulos. Seguía habiendo un conflicto abierto en Kham y Amdo (esto es, en el este y el nordeste del Tíbet). El Ejército Popular de Liberación no mostró ninguna moderación: bombardeó más pueblos y cometió atrocidades que a mí me resultaban difíciles de creer por sus niveles de depravación, pero que la Comisión Internacional de Juristas acabó confirmando en 1959: esterilizaciones forzadas, crucifixiones, vivisecciones, destripamientos, desmembramientos, decapitaciones, quemas, apaleamientos hasta la muerte, enterramientos en vida, personas que eran arrastradas por caballos galopantes, ahorcamientos cabeza abajo y otros horrores. Otros miles de refugiados de Kham y Amdo huyeron a Lhasa y acamparon fuera de la ciudad.

A lo largo de 1958 y principios de 1959, la situación empeoró aún más. Cada vez más personas se unían a la resistencia tibetana activa, que llegó a tener su base en el sur del Tíbet. Se llamó la Fuerza de Voluntarios para la Protección de la Fe (Tensung Danglang Magmi) y la dirigía el enérgico líder Adruk Gompo Tashi. Para mitigar la tensión, me reuní varias veces con los generales de más alto rango del Ejército Popular de Liberación en Lhasa, sobre todo, con el general Tan Guansan, jefe de los militares chinos en el Tíbet, conocido por su mal carácter. A través de estos generales, el Gobierno chino insistía en que el Gobierno tibetano utilizara a nuestros propios soldados tibetanos contra la guerrilla tibetana. Era impensable enviar tropas tibetanas contra nuestro propio pueblo, sobre todo, cuando luchaban para salvaguardar nuestra tierra y nuestra cultura. Al mismo tiempo, los estadounidenses me insinuaron que, si solicitaba ayuda para el movimiento de resistencia, me la proporcionarían. Por supuesto, como estudiante de Buda y admirador acérrimo de la filosofía de la no violencia de Mahatma Gandhi, no podía imaginarme aceptando semejante petición.

Debo admitir que, en aquel momento, una parte de mí admiraba a los guerrilleros. Eran tibetanos valientes que arriesgaban su vida por el bien de nuestra nación y de la fe budista. También sabía que muchos de ellos luchaban por lealtad a mí como dalái lama. Me preguntaba qué consejo me habría dado Mahatma Gandhi en esta situación. ¿Habría tolerado la violencia? No creo que lo hubiera hecho. En mi caso, desde un punto de vista práctico, yo también estaba convencido de que emplear la fuerza contra los chinos no solo sería inútil, sino incluso suicida. Hacerlo le daría al Ejército chino la excusa perfecta para aplastar con todas sus fuerzas a los tibetanos.

Mientras todo esto sucedía, yo me preparaba para mis exámenes finales de Geshe Lharam, que estaban programados para el Gran Festival de la Oración de 1959. El 22 de febrero de 1959, cuando me presenté formalmente a los debates de mi examen en el gran templo Jokhang de Lhasa, fue un extraño descanso de la incesante y desafiante política. El día en que terminaron los debates formales de Geshe fue, quizá, el día más feliz de mi vida. Fue la culminación de varios discusiones en las que había participado en las «tres grandes sedes del saber» —Sera, Drepung y Ganden—, las tres universidades monásticas principales de la escuela Geluk del Tíbet Central, todas ellas fundadas a principios del siglo XV. Los debates en los grandes centros de enseñanza del Tíbet me entusiasmaban y me ponían nervioso a partes iguales. Pasado un tiempo, me enteré de que quienes habían sido elegidos para interrogarme en esas discusiones también estaban bastante nerviosos, ¡si no más que yo!

Después de los exámenes finales de Geshe en Lhasa, durante las dos semanas siguientes la crisis del país llegó a su punto álgido. La ansiedad de la gente por mi propia seguridad y la presencia de tropas chinas en Lhasa provocaron una situación explosiva en la capital. Con tanta gente reunida en un mismo lugar —varios miles de tibetanos de otras partes de Tíbet, además de los residentes locales— y con un número tan elevado de soldados del Ejército Popular de Liberación afincados en la ciudad, había una sensación generalizada de nerviosismo e inquietud. Muchos pensaban que algo malo estaba a punto de suceder.

El 10 de marzo debía asistir a un espectáculo cultural en la guarnición china de Lhasa, y recibí la preocupante insinuación de que mis guardaespaldas no deberían acompañarme. Se había corrido la voz, y miles de personas abarrotaron la ciudad para impedirme salir de mi residencia en el Norbulingka. La multitud creció a lo largo del día. Había gente gritando consignas antichinas y diciendo que no permitirían que el dalái lama se marchara. La situación no tardó en descontrolarse y se convirtió en una revuelta popular enorme. Durante los días siguientes, la situación cada vez era más tensa y caótica, y la multitud se negaba a dispersarse. El día 12, miles de mujeres tibetanas salieron a la calle y se reunieron frente al palacio de Potala. Quemaron la bandera china, así como fotos y efigies de Mao, Zhou Enlai y Zhu De, y gritaban: «¡El Tíbet siempre ha sido libre! ¡El Tíbet para los tibetanos! ¡Larga vida al dalái lama! Larga vida a Gaden Phodrang». Este último es el nombre del Gobierno tibetano bajo el dalái lama. La líder de esta protesta de mujeres, Gurteng Kunsang, y algunas de sus compañeras acabarían siendo ejecutadas por un pelotón de fusilamiento. El 14 de marzo, me reuní con aproximadamente setenta representantes elegidos por el pueblo con la esperanza de que yo pudiera ayudar a apaciguar la situación. Sin embargo, la tensión siguió aumentando, y la multitud tibetana no dejó de crecer.

Del 10 al 17 de marzo, el Ejército chino permaneció en sus cuarteles mientras yo intercambiaba mensajes con el malhumorado general Tan Guansan, lo que quizá ayudó a ganar tiempo. La última carta se la envié el 16 de marzo. También es posible que el Ejército chino estuviera esperando instrucciones de Pekín. Teníamos informaciones que decían que planeaban atacar a la multitud y bombardear el palacio Norbulingka. Dentro de mi círculo más cercano, muchos me instaban a considerar seriamente la posibilidad de abandonar Lhasa de momento. Pero yo tenía la esperanza de que, si encontrábamos la forma de tranquilizar a la masa de tibetanos de a pie reunidos fuera y preocupados por mi seguridad, podríamos calmar la situación y evitar que acabara estallando.

El día 17, hacia las cuatro de la tarde, dos morteros pesados cayeron justo en el lado norte del Norbulingka. Afortunadamente, no causaron ningún daño. Todo el mundo pensó que el ataque era inminente. Ese mismo día, el oráculo del

Estado Nechung,* en trance, me había instado a marcharme diciendo: «¡Vete! ¡Vete! ¡Vete esta noche!». Esta instrucción era coherente con el resultado de algunas adivinaciones que yo mismo había realizado sobre la cuestión de si quedarme o marcharme.** Por tanto, el que nos hubieran lanzado aquellos dos morteros supuso un refuerzo de lo que el oráculo del Estado me había ordenado hacer, esto es, marcharme inmediatamente. No solo mi vida estaba en peligro, sino también la de miles de los míos. Como todos a mi alrededor también me urgían a seguir el camino de la huida, tomé la decisión de escapar de Lhasa. Fui a la capilla de Mahakala —un importante protector en el budismo tibetano—, a la que siempre iba a despedirme antes de emprender un viaje largo. Los monjes de dicho lugar debieron de sorprenderse un poco cuando ofrecí un pañuelo blanco y largo a la imagen, pero disimularon dicho asombro. Después, tras cambiarme la túnica monástica por la ropa de seglar, me dirigí a mi sala de oración para sentarme un momento en silencio.

Abrí el texto que yacía en la mesita que había delante del trono, que resultó ser la *Perfección de la sabiduría en ocho mil líneas,* una escritura sagrada del budismo mahayana. Abrí el libro por una página al azar y leí desde el principio. La última frase decía: «Ten valor y confianza». Recargado de energía, cerré el libro, bendije la habitación y apagué las luces. Un objeto precioso que me llevé fue un viejo *thangka* (una pintura

---

* Nechung (conocido también como Dorje Drakden) es un oráculo importante, históricamente vinculado con los dalái lamas, el cual se comunica a través de un médium en trance. En el budismo tibetano es habitual consultar a los oráculos.
** La «adivinación» (*mo* en tibetano), normalmente consistente en lanzar dados e interpretar el resultado del lanzamiento, hace referencia a un método para examinar los pros y contras de un determinado procedimiento a seguir.

tradicional tibetana sobre lienzo enmarcada con brocados de seda que podía enrollarse en un pergamino) que había pertenecido al segundo dalái lama.*

Al salir de mi habitación, me envolvió un manto de silencio en el que podía sentir cada paso que daba y el tictac del reloj de pared. Me hice con el fusil de uno de los guardaespaldas que estaba de pie fuera de la sala. Y así, a las diez de la noche del 17 de marzo, me metí las gafas en el bolsillo y salí del palacio Norbulingka vestido de seglar con un rifle al hombro. Fue una experiencia verdaderamente espeluznante. Tenía miedo, pero también una preocupación práctica más inmediata: cómo no tropezar al caminar sin gafas. Cuando salí por la puerta, sentí la presencia de una gran muchedumbre reunida fuera del Norbulingka. Recé pensando en ellos, preocupado por el destino que les aguardaba a esos miles de tibetanos inocentes.

Tras mi marcha, el Gobierno tibetano de Lhasa siguió funcionando como si yo siguiera residiendo allí. Cuando ya nos habíamos alejado de la amenaza inmediata de que nos capturase el Ejército Popular de Liberación, lo que yo sentí con más fuerza fue una sensación de alivio. Junto a esta sensación, estaba la clara percepción de que ahora era libre de decir lo que pensaba y de criticar abiertamente las políticas del Gobierno comunista chino. Esta sensación de libertad era muy vívida y fuerte. Los nueve años de trabajo con los chinos comunistas en el Tíbet y Pekín, durante los cuales tuve que considerar cuidadosamente cada frase que pronunciaba, habían supuesto un gran peso en mi corazón. Ahora podía respirar el aire de la libertad.

---

* El *thangka* representa a Palden Lhamo, una importante deidad protectora femenina relacionada con los dalái lamas desde la época del segundo dalái lama, Gendun Gyatso, en el siglo XV.

A primera hora de la mañana siguiente, mientras cruzábamos el paso de Chela, uno de los guías que orientaba a mi caballo me dijo que ese era el último punto desde el que aún podíamos ver el palacio de Potala con sus llamativas estructuras en forma de fortaleza blanca y roja que cubren toda la cara de una montaña rocosa que domina Lhasa. Me ayudó a girar el caballo para que pudiera echar un último vistazo. Con el corazón encogido, me despedí de Lhasa, la capital del Tíbet, donde había vivido desde que tenía cuatro años. Recé para poder volver algún día.

Pocos días después, el 20 de marzo, el Ejército chino bombardeó el Norbulingka y a la multitud y acabó con la vida de muchas personas. Para entonces, el Ejército Popular de Liberación tenía un plan de ataque bien definido. Cuando me enteré de esta noticia, por un mensajero durante mi huida, recé por mi pueblo. Nadie sabe exactamente cuántas personas fueron asesinadas en Lhasa; me dijeron que se vieron miles de cadáveres dentro y fuera del Norbulingka. Lo que ocurrió en el Norbulingka, en Lhasa, en el Chokpori (una colina que hay frente a Lhasa y sede de la escuela de medicina tibetana) y en el monasterio Sera durante dos días de incesantes bombardeos fue una masacre.

Nos dirigimos al Lhuntse Dzong, en Lhoka (al sur), justo en el lado tibetano de la frontera con la India. En un principio, nuestra intención no era exiliarnos directamente en la India. Mi idea era negociar con China desde un lugar seguro para ver si podía volver para seguir dirigiendo el Gobierno tibetano. Sin embargo, a medida que nos llegaban las noticias de lo ocurrido justo después de mi huida y de lo que seguía ocurriendo, nos fuimos convenciendo de que no tenía sentido hablar con la República Popular China. Además, en Lhasa las autoridades chinas habían anunciado la disolución del Gobierno tibetano.

Más adelante, me enteré de que cuando a Mao le informaron de mi huida, su reacción fue decir: «¡Hemos perdido!».*
Probablemente, Mao se dio cuenta de que, al haber huido yo del Tíbet, a China se le iba a complicar la cuestión de su legitimidad, tanto de su autoridad como de su presencia en el Tíbet. Estaba en lo cierto. La cuestión de la legitimidad sigue estando en el epicentro de la presencia de China en el Tíbet, incluso tras siete décadas de ocupación.

En Lhuntse Dzong hicimos una pausa para evaluar la situación. Echando la vista atrás, al haber pasado más de ocho años desde que se firmó el Acuerdo de los Diecisiete Puntos, y sobre todo desde que volví de visitar China en 1954-1955 y la India en 1956-1957, a pesar de todos los esfuerzos que hice para llegar a un acuerdo, tenía claro que la tarea sencillamente era imposible. Hay un viejo dicho tibetano que capta la esencia de la relación entre los tibetanos y los chinos: «A los tibetanos les pierden sus esperanzas; a los chinos, sus sospechas».

En Lhuntse Dzong, el 26 de marzo de 1959, rechacé formalmente el Acuerdo de los Diecisiete Puntos y anuncié la reconstitución de nuestro Gobierno en el Tíbet como única autoridad legal y constituyente del país. Más de mil personas asistieron a esta ceremonia, en la que Surkhang, uno de los ministros de mi gabinete, leyó el documento en voz alta. Al principio de este documento se anuncia la formación del Gobierno legítimo del Tíbet, y el texto decía lo siguiente:

---

* Jung Chang y Jon Halliday, *Mao: The Unknown Story* (Nueva York: Alfred A. Knopf, 2005), p. 447, señalan que, según una determinada fuente, Mao le envió un telegrama al general chino Tan Guansan en el que ordenaba al Ejército chino que dejara marchar al dalái lama y no lo matara. Le preocupaba que matar al dalái lama pudiera agravar la opinión internacional, sobre todo, la de la India y los países budistas asiáticos, con los que Mao estaba reuniéndose en esos momentos.

En el pasado, durante varios miles de años, esta tierra nevada del Tíbet era ampliamente conocida como un país independiente gobernado por un sistema que combinaba lo religioso y lo laico [...]. Dejando a un lado las diferencias entre un país grande y uno pequeño, tenemos los mismos atributos, grandezas y características para ser un país independiente en el mundo.

La parte final del texto hace el llamamiento de que, «en cuanto la gente vea este edicto que contiene la buena noticia de la creación de un nuevo Estado llamado Gaden Phodrang, debéis darlo a conocer a todos los monjes y personas laicas de vuestra zona y aseguraros de que lo han leído». Por todo el Tíbet circularon copias de la proclamación del Gobierno del Tíbet con mi firma, y se le envió una de ellas al panchen lama.

En ese momento, los avisos de que las tropas chinas andaban cerca precipitaron la decisión de cruzar la frontera con la India. Pasé por el difícil trago de tener que despedirme de los soldados tibetanos y los combatientes de la resistencia que tan fielmente me habían escoltado desde Lhasa y que ahora estaban a punto de volver para enfrentarse al Ejército chino. Sabía que algunos regresaban hacia una muerte segura. Cuando volvieran iban a unirse a la Fuerza de Voluntarios para la Protección de la Fe. Como parte de la estrategia general del Gobierno estadounidense para evitar la propagación del comunismo en Asia, me enteré de que, en realidad, el movimiento de resistencia tibetano liderado por Gompo Tashi recibió ayuda de la CIA, e incluso algunos de ellos se formaron en técnicas de comunicación y combate.

Desde Lhuntse Dzong decidimos dirigirnos a la frontera india. Tras dos días cabalgando sin parar, llegamos a Mangmang, el último pueblo tibetano antes de la frontera con la India. Para mi alegría, allí estaba uno de los funcionarios que había enviado antes para que preguntase si la India nos recibiría a mí y a mi séquito. Nos dio la buena noticia de que el Gobierno de la India estaba dispuesto a concedernos asilo a mí y a mi gente. Aquella noche en Mangmang, me sentí seguro por primera vez en muchos días. Solo había un camino que conducía a este lugar, y dicha ruta estaba bien vigilada por varios cientos de combatientes de la resistencia tibetana. Por eso, a menos que el Ejército chino nos bombardeara desde el aire, yo sabía que estábamos a salvo.

No obstante, el tiempo no fue tan amable: no dejaba de llover y mi tienda tenía goteras por todas partes. Me vi obligado a pasar despierto toda la noche, y el resultado fue que al día siguiente me había resfriado. Al estar enfermo, tuvimos que posponer dos días la caminata de lo que nos quedaba de viaje hasta la frontera. Aún demasiado enfermo como para poder montar a caballo, cuando por fin reanudamos la marcha, me colocaron sobre un *dzo* (un cruce entre un yak y una vaca). De esta forma recorrí el último tramo de mi propia tierra natal. El 31 de marzo de 1959, mi grupo entró en la India. Desde entonces, no he podido volver a mi tierra natal.

CAPÍTULO 5

✳

UNA REFLEXIÓN GEOPOLÍTICA

A los veinticinco años era refugiado en un país nuevo. Como dice un dicho tibetano, «como refugiados, lo único que conocemos es la tierra y el cielo». En ese momento, era imposible entender del todo el verdadero significado de lo que le había pasado a mi patria en el contexto histórico mundial. Como era de esperar, la primera experiencia y la principal para mí y el pueblo tibetano era el impacto del desplazamiento. La tarea más inmediata después de mi huida era lo más opuesto a la reflexión profunda: la urgencia de cuidar a la creciente y desesperada comunidad de decenas de miles de refugiados que lograron seguirme durante varios meses en el exilio. Únicamente más adelante, con el beneficio del tiempo y la perspectiva, me fue posible reflexionar de forma más general sobre el significado de lo que le ha sucedido al Tíbet.

El Tíbet, mi patria, de la que me habían obligado a huir, es un país sin salida al mar, con la enorme cordillera del Himalaya al sur, más allá de la cual se encuentran la India, Nepal y Bután, y los desiertos de Asia Central al norte. Más allá de estos desiertos, se encuentran el Turquestán Oriental* (Xinjiang) y Mongolia,

---

* Aunque Xinjiang (literalmente «nueva frontera») es el nombre más reconocido en la literatura internacional actual para referirse al Turquestán Oriental,

y, al este, las tierras bajas y los campos de arroz habitados por los chinos. Nosotros, los tibetanos, habitantes de la vasta meseta tibetana, somos un pueblo seminómada que se alimenta de *tsampa* (harina de cebada tostada), y ocupamos una extensa meseta de gran altitud bordeada al sur por el imponente sistema de los Himalayas bajo un cielo azul profundo. Los textos antiguos describen esta tierra en términos de «altas cumbres y tierra pura» y remontan el origen de la «raza tibetana de rostro rojo que come carne» a la unión de un mono y una ogresa que vivía entre las rocas, de cuya descendencia nacieron seis hijos. De estos, según esta historia sobre nuestro origen, surgió el pueblo tibetano. Escuché por primera vez este relato cuando era niño, después de llegar a Lhasa. Un monje me lo contó mientras me explicaba un mural del interior del palacio de Potala que representaba al mono. Las historias tibetanas identifican al primer rey del Tíbet como Nyatri Tsenpo, cuyo reinado comenzó en el año 127 a. C. De hecho, uno de los sistemas tradicionales del calendario tibetano, el *bö gyalo* («año real tibetano»), parte de este año para empezar a contar, lo que significa que 1950, el año en que la China comunista invadió el Tíbet, se corresponde con el año 2077 del calendario tibetano. Una crónica antigua relata que este rey descendió del cielo y «fue por su propia voluntad a convertirse en el señor de todo bajo el cielo [...] hasta el centro de la tierra, en el corazón del continente, en el recinto de montañas nevadas, en la cabecera de todos los ríos, donde las montañas eran altas, la tierra pura, el país próspero [...], un lugar donde florecían los caballos veloces».

Dada la excepcional geografía de la meseta tibetana, a la que a menudo nos referimos como «el techo del mundo» (*zamling sayi yangthok*), los tibetanos desarrollaron a lo largo de

---

en realidad es un nombre colonial inventado por China. El pueblo uigur se refiere a la región geográfica que es su hogar como el Turquestán Oriental.

miles de años un estilo de vida y una cultura únicas adaptadas al entorno y a la ecología de gran altitud. Nosotros, los tibetanos, reconocemos al emperador Songtsen Gampo del siglo VII como nuestro mayor rey, al cual le atribuimos una serie de logros históricos importantes que enriquecieron la civilización tibetana. Durante su reinado se inventó el sistema de escritura tibetano actual, y se trajeron los primeros textos budistas desde la India para ser traducidos del sánscrito. El emperador implementó un sistema legal universal, estandarizó las unidades de medida en toda la meseta tibetana y promovió numerosas innovaciones en la agricultura y la artesanía. También fue durante su reinado cuando se construyeron dos de los templos más antiguos del Tíbet, el Jokhang y el Ramoche, para albergar las dos estatuas sagradas de Buda que trajeron desde Nepal y China las dos princesas con las que se casó el emperador Songtsen. Incluso cuando era niño, conocía la historia del antiguo matrimonio entre Songtsen Gampo y la princesa china Wencheng, entregada como esposa por el emperador Taizong de la dinastía Tang. Cada verano esperaba con entusiasmo el festival Shotön en Lhasa, durante el cual se representaban óperas tibetanas en el jardín exterior del palacio Norbulingka. Una de las óperas más famosas cuenta la historia del matrimonio de Songtsen con esta princesa china y también con una princesa nepalí llamada Bhrikuti. Como ocurre con muchos vecinos antiguos que comparten una larga historia, la relación entre el Tíbet y China ha pasado por varios altibajos: periodos de amistad, épocas de tolerancia fría, momentos de disputas y tiempos de conflicto abierto. Sin embargo, la invasión forzosa del Tíbet por parte de la China comunista marcó una tragedia sin precedentes para el pueblo tibetano.

Al mirar atrás he podido entender cómo el Tíbet y su pueblo fueron víctimas de las trágicas circunstancias de la historia.

Las grandes potencias que mantenían conexiones históricas con el Tíbet estaban lidiando con sus propios problemas en ese periodo tan crucial. Gran Bretaña, que había invadido el Tíbet en 1903-1904, acababa de abandonar la India y no tenía interés en la política de Asia meridional y Asia interior. La India se independizó el 15 de agosto de 1947, en medio de una partición traumática, y casi de inmediato, en octubre de ese mismo año, se vio envuelta en una guerra con el recién creado Pakistán que duró hasta el 1 de enero de 1949. No había disposición para otro conflicto con un vecino contiguo al escenario de la guerra anterior. Los Estados Unidos se interesaron por el Tíbet como parte de su preocupación por parar la propagación del comunismo tras el final de la Segunda Guerra Mundial. Lo último que querían era ver una repetición en Asia de lo que había sucedido en Europa del Este inmediatamente después de aquella guerra. Durante la guerra civil de China, de 1946 a 1949, por ejemplo, los Estados Unidos brindaron un apoyo significativo al Gobierno nacionalista perdedor de Chiang Kai-shek. En la guerra de Corea, de 1950 a 1953, los Estados Unidos desplegaron tropas en el terreno de batalla para ayudar a defender a Corea del Sur de la invasión comunista desde el norte, la cual contaba con el respaldo de la Unión Soviética y la China comunista. En gran medida, el escaso apoyo que los Estados Unidos ofrecieron a la resistencia tibetana estuvo motivado por la política más amplia que siguieron para contener la expansión del comunismo en Asia.

Lo que le ocurrió a Mongolia en el mismo periodo es un dato de contraste histórico interesante. Cuando la dinastía manchú Qing cayó en 1911, el estatus político de Mongolia era totalmente similar al del Tíbet. Al igual que la China nacionalista reivindicaba el Tíbet como parte de su territorio, también reivindicaba Mongolia. No es casualidad que Mongolia y el

Tíbet firmaran en 1913 un tratado bilateral en el que reiteraban su independencia. Como la Unión Soviética apoyaba la independencia de Mongolia respecto de China —tras un referéndum celebrado en 1945—, las potencias mundiales persuadieron a Chiang Kai-shek para que aceptara el resultado de esa votación. Como consecuencia, aunque su tamaño se haya visto reducido, hoy en día Mongolia es un país independiente y miembro de las Naciones Unidas.

Nosotros, los tibetanos, no tuvimos tanta suerte. En cierta forma, nosotros mismos tenemos la culpa. Mientras el resto del mundo se daba cuenta de la importancia de un entendimiento global sobre el lugar de las naciones, sobre todo a raíz de la Primera Guerra Mundial, los tibetanos hundíamos la cabeza en un hoyo. Durante este periodo se cometieron errores importantes. Entre otras cosas, se propusieron muy pocas iniciativas sistemáticas para expresar el estatus del Tíbet como país independiente a nivel internacional. Las medidas de reforma del decimotercer dalái lama, sobre todo en materia de educación y defensa, se vieron frustradas prácticamente por diversos intereses sectoriales y elitistas. Tras la muerte del decimotercer dalái lama en 1933, se podría haber trabajado para entrar a formar parte de los foros internacionales, como la Liga de las Naciones, que más tarde se convirtió en las Naciones Unidas. Sencillamente, el aspecto crucial que la élite dirigente del Tíbet no entendió, con la excepción del decimotercer dalái lama, fue que en la nueva realidad política del siglo XX no bastaba con que un país gozara de independencia. Tenía que hacer una serie de gestos internacionales para demostrar su presencia en el tablero mundial como uno más de entre muchos Estados soberanos. Por desgracia, mientras la tormenta se cernía sobre el Tíbet, la élite gobernante, incluidos mis dos regentes sucesivos, estaba muy preocupada por las luchas políticas internas, que llegaron a su clímax en 1947, con la muerte de mi primer regente, Reting Rinpoche. Por eso, cuando el Ejército Popular de Liberación llamó a la puerta, en 1950, el Tíbet estaba totalmente desprevenido y ya era demasiado tarde.

Cuando pienso en la vida política de mi predecesor más próximo, el decimotercer dalái lama, observo un sorprendente paralelismo con mi propio karma. En dos ocasiones se vio obligado a huir al exilio debido a una invasión extranjera: primero, cuando las fuerzas británicas, al mando del coronel Francis Younghusband, invadieron el Tíbet en 1903, y no se marcharon hasta 1909, y, de nuevo, en 1910, cuando los ejércitos de la dinastía manchú Qing atacaron el Tíbet desde el este. Estaba claro que los británicos no habían venido para quedarse; en cambio, es muy probable que la conquista fuera la intención de las fuerzas imperiales manchúes. Sin embargo, la propia dinastía Qing se derrumbó en 1911 y, con la abdicación del último emperador en 1912, el *amban* Qing (el representante imperial) se rindió en Lhasa. Fue tras su regreso en 1913, como ya se ha dicho, cuando el decimotercer dalái lama intentó afirmar la independencia del Tíbet a nivel internacional, con actos como la firma de un tratado con Mongolia en 1913, en el que ambos Estados afirmaban mutuamente su independencia. Esta independencia era el estatus del Tíbet cuando la China comunista lo invadió en 1950. Si los tibetanos hubiéramos interpretado bien las señales durante aquellos años, nos habríamos dado cuenta de que era probable que se produjera otra invasión. Todo ello nos hace pensar que perdimos nuestras oportunidades durante el periodo crucial que abarca desde la muerte del decimotercer dalái lama, en 1933, hasta el nacimiento de la China comunista, en 1949, sobre todo en medio del caos de un Gobierno inestable y la guerra civil en China.

De hecho, poco antes de morir, el decimotercer dalái lama dejó un extraordinario y profético testamento final. Leí este texto cuando era joven. Permitidme citar gran parte del texto porque muestra tanto su previsión como la magnitud del fracaso del Gobierno tibetano a la hora de prestar atención a sus claras advertencias. Así lo escribió:

Ahora tengo casi cincuenta y ocho años, y dentro de poco me será imposible seguir a vuestro servicio. Todo el mundo debería darse cuenta de ello y empezar a pensar en lo que hará en el futuro, cuando yo ya no esté. Entre yo y la próxima encarnación habrá un periodo en el que tendréis que valeros por vosotros mismos.

Nuestros dos vecinos más poderosos son la India y China, y ambos tienen ejércitos muy potentes. Por ello, debemos intentar desarrollar relaciones estables con ambos. También hay varios países pequeños cerca de nuestras fronteras que mantienen un ejército fuerte. Por lo tanto, es importante que nosotros también mantengamos un ejército eficiente de soldados jóvenes y bien entrenados que sea capaz de garantizar la seguridad del país... Si no nos preparamos para defendernos de la violencia desbordada, tendremos muy pocas esperanzas de sobrevivir.

En especial, tenemos que protegernos de los bárbaros comunistas rojos que llevan consigo el terror y la destrucción allá donde van. Son lo peor de lo peor. Ya han arrasado gran parte de Mongolia... Han robado y destruido los monasterios, y han obligado a los monjes a unirse a sus ejércitos, o los han matado directamente. Han destruido la religión dondequiera que la han encontrado... No tardaremos en recibir el ataque rojo en nuestras fronteras. Solo es cuestión de tiempo que nos enfrentemos directamente a ellos [...].

Y cuando esto suceda debemos estar listos para defendernos. De lo contrario, nuestras tradiciones espirituales y culturales serán completamente erradicadas [...]. Los monasterios serán saqueados y destruidos, los monjes y monjas serán asesinados o expulsados, las grandes obras de los nobles reyes del *dharma* de antaño serán destruidas, y todas nuestras instituciones culturales y espirituales serán perseguidas, destruidas y olvidadas. Nos robarán los derechos de nacimiento y las propiedades del pueblo; nos convertiremos en esclavos de nuestros conquistadores y nos harán vagar indefensos como mendigos. Todo el mundo se verá obligado a vivir en la miseria, y los días y las noches pasarán lentamente, y con gran sufrimiento y terror.

Por eso, cuando la fuerza de la paz y la felicidad nos acompañe, mientras el poder de hacer algo para cambiar la situación siga estando en nuestras manos, debemos hacer todo lo posible para protegernos de este desastre inminente. Emplead métodos pacíficos donde sean apropiados; pero, donde no lo sean, no dudéis en recurrir a medios más contundentes. Trabajad con ahínco ahora que aún hay tiempo. Así no habrá que lamentarse.

Por desgracia, la regencia y los dirigentes tibetanos, tras la muerte del decimotercer dalái lama, no entendieron la urgencia y la gravedad de estas advertencias. Casi todos aquellos planteamientos han demostrado ser totalmente ciertos.

Cuando pensamos en la tragedia del Tíbet en un contexto mundial más amplio, percibimos una increíble ironía. Inmediatamente después de la Segunda Guerra Mundial, las naciones imperiales del mundo se desprendían de sus colonias en todas partes: pensemos en el fin de los mandatos británico y francés en Oriente Medio a finales de los años cuarenta y, por supuesto, en especial, en la independencia de la India, en 1947. Cuando todas las demás potencias imperiales se desprendían de sus antiguas colonias, la China comunista adquiría las suyas propias. La nueva China comunista optó por invadir un país independiente, el Tíbet, y convertirlo en una colonia. De todos modos, la inclusión forzosa del Tíbet en la nueva República Popular China de Mao no solo ha sido desastrosa para nosotros, los tibetanos. También ha sido problemática, como poco, para la propia China. Por la imposición de una única identidad nacional china sobre múltiples nacionalidades, incluidos los tibetanos —cada una con su propio idioma, cultura, historia y un pueblo que nunca se ha considerado chino—, se creó un Estado moderno inherentemente inestable, con una amenaza crónica de tensión étnica que requiere una brutal subyugación colonialista constante por parte de Pekín.

Existe una segunda ironía que podría caracterizarse como ética y moral. En diciembre de 1948, las Naciones Unidas adoptaron la Declaración Universal de los Derechos Humanos, un documento fundamental que establece la base sobre la cual las sociedades civilizadas del mundo moderno deben tratar a sus ciudadanos y a los de otros países. Esta declaración adquirió una base legal en 1976 con el Pacto Internacional de Derechos Civiles y Políticos, el cual se volvió a ratificar en 2022. Por el contrario, la China comunista se movió en la dirección opuesta. Casi inmediatamente después de la adopción de la Declaración Universal de los Derechos Humanos, China inició lo que han sido más de setenta años de abusos sistemáticos contra los derechos humanos del pueblo tibetano.

Alrededor del quincuagésimo aniversario de la declaración de la ONU, algunos países liderados por la China comunista argumentaron que los estándares de derechos humanos establecidos en la Declaración Universal no son del todo universales y no pueden aplicarse en Asia debido a las diferencias en cultura, sociedad y economía. Sostuvieron que el concepto de derechos humanos universales debía ser revisado para que incluyan lo que ellos llamaban «valores asiáticos». Yo declaré que no compartía esta opinión y argumenté que, si algún aspecto de una cultura o costumbre tradicional entraba en conflicto con el respeto a los derechos humanos básicos, eran las costumbres tradicionales las que debían modificarse, y no al revés. Afirmé que la mayoría de las personas de Asia estaría de acuerdo conmigo en esto.

A decir verdad, considero que la idea de que, de alguna manera, los pueblos de Asia no valoran los derechos humanos básicos, como la libertad individual y la dignidad, o la idea de que no los necesitan son una falta de respeto hacia los propios pueblos de Asia. De cualquier modo, preocupado por este intento de diluir el espíritu de lo que es un documento fundamental en la historia de la humanidad, no he dejado de defender que los derechos humanos básicos son verdaderamente universales, ya que pertenecen a la naturaleza inherente de todos los seres humanos, los cuales anhelan la libertad, la igualdad y la dignidad, así como su derecho a alcanzarlas. Esto no tiene nada que ver con Occidente u Oriente, el norte o el sur. Estoy totalmente convencido de que los principios expresados en la Declaración Universal de los Derechos Humanos constituyen algo similar a una ley natural que todos los pueblos y Gobiernos deberían seguir.

Los costes de la conquista del Tíbet para la nación tibetana y su pueblo son evidentes. Sin embargo, merece la pena reflexionar más en profundidad sobre los efectos geopolíticos en la región. Para empezar, por primera vez en la historia, las dos naciones más pobladas del mundo compartían una larga frontera que tuvo que ser cada vez más militarizada. Hasta la invasión del Tíbet, solo existía una frontera indotibetana, y no una frontera indochina. En una carta al primer ministro Nehru del 7 de noviembre de 1950, el vice primer ministro de la India, Sardar

Vallabhbhai Patel, poco antes de morir, lamentó la «expansión de China casi hasta nuestras puertas. A lo largo de la historia, rara vez nos hemos preocupado por nuestra frontera nordeste. El Himalaya ha sido considerado una barrera impenetrable contra cualquier amenaza del norte. Teníamos un Tíbet amigo que no nos causaba problemas».

Tal como Patel temía, hubo una guerra sinoindia en 1962, seguida de otro conflicto en 1967. Patel era realista y pragmático, a diferencia de Nehru, el cual era más idealista y visionario. Este último estaba preocupado por la creciente polarización del mundo entre la Organización del Tratado del Atlántico Norte (OTAN) y el Pacto de Varsovia y, en términos económicos, entre el norte y el sur. Su sueño de una colaboración no alineada llevó a la firma del Acuerdo de Panchsheel (literalmente, «Acuerdo de los Cinco Principios») entre la India y China en 1954, el cual establecía un plan basado en el respeto mutuo a la integridad territorial de cada nación, la no agresión entre ambos países, la no injerencia en los asuntos internos del otro, la igualdad y el beneficio recíproco, así como en la coexistencia pacífica. En resumen, la invasión y ocupación forzosa del Tíbet ha generado una inestabilidad a largo plazo en la meseta tibetana que ha afectado a una serie de naciones que tradicionalmente dependía de la paz en su frontera norte, como la India, Nepal, Bután y Birmania. Con esta preocupación por la paz y la seguridad en Asia en mente, más tarde, en mi Plan de Paz de Cinco Puntos, de septiembre de 1987, propuse que la meseta tibetana se convirtiera en una zona de amortiguamiento desmilitarizada entre las dos principales potencias militares asiáticas.

Desde un punto de vista ecológico, la meseta tibetana alberga la fuente de muchos de los ríos más importantes de Asia, incluidos el Yarlung Tsangpo (Brahmaputra) y el Senge Khabab (Indo), que fluyen hacia el sur, y el Dzachu (Mekong), el Machu (río Amarillo) y el Drichu (Yangtsé), que corren hacia el este. La ocupación comunista china del Tíbet ha tenido un efecto devastador en la salud de estos ríos, con importantes consecuencias ambientales para muchos países de Asia. En el futuro, a menos que se garantice una gestión responsable de las fuentes de estos ríos fundamentales, también podrían surgir conflictos importantes en relación con el acceso al agua, un recurso indispensable para la supervivencia de cientos de millones de personas en la India, Pakistán, Bangladés, Birmania, Laos, Tailandia, Vietnam y Camboya. Algunos especialistas ambientales se refieren a la meseta tibetana como el «Tercer Polo», junto con el Polo Norte y el Polo Sur, debido a que es el mayor depósito de agua dulce. Además, el ecosistema de la meseta desempeña un papel crucial en la regulación del monzón en el sur de Asia.

La deforestación masiva que llevó a cabo China en la meseta tibetana, de una manera muy agresiva sobre todo en los años ochenta del siglo pasado, ha destruido, según ciertos informes, más del 50 por ciento de los bosques de Kham (Tíbet oriental), por ejemplo. Los ambientalistas están profundamente preocupados por el impacto negativo a largo plazo de una deforestación tan extensa en la meseta, sobre todo, en relación con el aumento de la temperatura y las inundaciones durante el monzón en las regiones más bajas. En lo que respecta al cambio climático, hace muchos años, un científico ambiental me dijo que, dado que el Tíbet tiene una gran altitud y un clima seco, cualquier daño ecológico en la meseta tardará mucho más en recuperarse. El mismo científico también me explicó cómo las vastas llanuras del norte del Tíbet, Jangthang, desempeñan un papel crucial en la regulación de la temperatura al reflejar la luz del sol en lugar de absorberla.

Una de las mayores preocupaciones es la construcción de megapresas, como la del lago Yamdrok y la presa de Zangmu en la región de Lhoka, cerca de la frontera con Bután. Hoy en día, sabemos por la ciencia ambiental que existe una relación entre los terremotos y la construcción de presas en la meseta tibetana de gran altitud, dado que la región es una de las áreas con más actividad sísmica del mundo. La meseta tibetana también es conocida por sus grandes depósitos minerales. Según la propia Oficina de Estudios Geológicos de China, se calcula que la meseta alberga reservas de entre treinta y cuarenta millones de toneladas de cobre, más de cuarenta millones de toneladas de zinc y miles de millones de toneladas de hierro, además de grandes depósitos de minerales raros, como litio y uranio. De hecho, la traducción literal del término con el que se designa al Tíbet en chino, Xizang, es «casa del tesoro occidental». Si se lleva a cabo la minería en la meseta tibetana, debe ser con la máxima sensibilidad hacia el impacto ambiental. Al final, un enfoque descuidado, meramente instrumental o mercantil de la extracción desencadenará consecuencias a largo plazo que serán notables mucho más allá de los límites de la meseta tibetana.

Por último, ha habido una migración forzada a gran escala de los nómadas desde sus pastizales tradicionales en diversas regiones de la meseta tibetana. Históricamente, las comunidades nómadas del Tíbet han habitado las vastas llanuras, incluidas las praderas, y han establecido una relación simbiótica con su entorno. Su presencia en estos amplios espacios abiertos ha supuesto la mejor forma de preservar el equilibrio ecológico. Sin embargo, el desplazamiento de estas comunidades tradicionales no solo ha sido devastador para los propios nómadas, sino que también ha generado un nuevo ciclo de desequilibrio en el ecosistema.

Yo esperaba que, dado que la salud ecológica es una preocupación que comparten los tibetanos y los chinos, la protección del frágil entorno del Tíbet pudiera ser un ámbito en el que se promovieran esfuerzos conjuntos de manera sistemática y sostenida. Si las autoridades chinas permitieran que los científicos ambientales, especialmente los chinos, trabajaran en colaboración con los tibetanos de la zona, que son los que mejor conocen aquel entorno, pues es el suyo, existiría la posibilidad de desarrollar un enfoque eficaz para minimizar el daño ecológico innecesario en la meseta. Me han contado que un reconocido científico medioambiental chino, que pasó muchos años en el Tíbet, comentó que, en las zonas donde la tradición religiosa es más fuerte, el entorno natural está mejor protegido. Esto es algo que debería hacernos reflexionar.

Históricamente, la cultura y las prácticas religiosas tibetanas han hecho hincapié en vivir en armonía con la naturaleza, lo que permitió que el entorno natural del Tíbet, incluidas su flora y fauna, nunca sufriera abuso a manos de sus habitantes. No obstante, es preocupante en extremo que numerosos informes indiquen que la China comunista ha desplegado misiles nucleares en lo alto de la meseta tibetana. Más allá de lo que esto supone para la estabilidad regional e internacional, el riesgo de fugas o errores representa una amenaza devastadora para este frágil ecosistema. Si las aguas de los ríos llegaran a contaminarse, el impacto destructivo que ello tendría para millones de personas que dependen de esa agua sería incalculable.

Si se tienen en cuenta todos estos aspectos —la militarización de la meseta tibetana con la instalación de armas nucleares; el aumento de las tensiones entre dos de los ejércitos más grandes de Asia a lo largo de más de tres mil kilómetros de frontera, con secciones clave aún en disputa; la destrucción ecológica causada por la deforestación y la explotación minera intensiva, y la gestión impredecible de las fuentes de algunos de los ríos más importantes de Asia, de los cuales dependen cientos de millones de personas—, la invasión del Tíbet ha sido una tragedia de dimensiones históricas. Ha constituido, no solo para los tibetanos, sino para toda la humanidad, una catástrofe cuyas consecuencias devastadoras perdurarán durante siglos.

Si el Tíbet hubiera podido conservar su independencia, estos problemas geopolíticos y ecológicos no existirían. Esta es la simple verdad.

CAPÍTULO 6

✳

DEVASTACIÓN EN CASA Y RECONSTRUCCIÓN EN EL EXILIO

El 31 de marzo de 1959, alrededor de las tres de la tarde, hora estándar de la India, mi grupo llegó a la aldea fronteriza india de Kenzamane, cerca de Tawang. En cuanto crucé la frontera de la India, sentí un inmenso alivio. No importaba que nuestra apariencia le pudiera resultar lamentable al pequeño grupo de soldados indios que custodiaba la frontera. Nosotros éramos unos ochenta, y estábamos físicamente agotados tras el arduo viaje. Incluso mi madre expresó que ya no teníamos que temer a los chinos y que por fin podíamos decir lo que pensábamos. Como es natural, ella también había tenido que medir cada palabra y cada acción por una amenaza constante.

Los habitantes locales nos recibieron con una calidez extraordinaria, junto con un cordial telegrama del primer ministro Nehru:

> Mis compañeros y yo les damos la bienvenida y les enviamos nuestros saludos tras su llegada segura a la India. Nos complacerá brindarles cualquier cosa que usted, sus familiares y su séquito puedan necesitar para residir en nuestro país. El pueblo de la India, el cual le tiene gran veneración, sin duda le brindará el respeto tradicional que corresponde a su persona. Saludos cordiales. Nehru.

Nos recibió oficialmente, en nombre del Gobierno de la India, un rostro conocido: el de P. N. Menon, un funcionario del Ministerio de Asuntos Exteriores de la India, quien tiempo atrás había estado destinado en la misión india en Lhasa. También nos esperaba otro rostro conocido, Kazi Sonam Topgyal, quien me había ayudado como traductor durante mi visita a la India en 1956-1957. Desde la frontera india viajamos a Tawang, ciudad de la región que entonces se conocía como la Agencia de la Frontera del Nordeste (NEFA, por sus siglas en inglés) y que hoy se llama Arunachal Pradesh. El 18 de abril, me llevaron en todoterreno a la ciudad de Tezpur, donde me esperaba la prensa internacional. Me sentí abrumado al encontrar miles de telegramas de buenos deseos en la estación de tren, además de aproximadamente un centenar de periodistas y fotógrafos de todo el mundo que habían acudido para cubrir lo que llamaban «la historia del año». Aproveché la ocasión para emitir un comunicado dirigido al mundo, en el que relaté en detalle las circunstancias que me llevaron a escapar: la insurrección espontánea del pueblo en Lhasa y nuestro prolongado intento pacífico de buscar una solución con los comunistas chinos. También declaré que con mi estancia en la India tenía el propósito de oponerme a la ocupación comunista china de mi país y de hacer un llamamiento a las naciones libres del mundo. Concluí expresando mi ferviente esperanza de que la crisis del Tíbet terminara pronto sin que se derramara más sangre. Dos días después, Pekín emitió un comunicado en el que afirmaba que la «supuesta declaración del dalái lama [...] es un documento burdo, carente de lógica, lleno de mentiras e inconsistencias». Además, ¡alegaban que los rebeldes me habían secuestrado en Lhasa!

Naturalmente, en el Parlamento indio, el Lok Sabha, se llevaron a cabo intensos debates sobre lo ocurrido en el Tíbet, el histórico vecino del norte de la India. Las palabras del político veterano y defensor de la independencia Jaya Prakash Narayan reflejaron el sentimiento de frustración y dilema moral que muchos líderes indios experimentaban en aquel momento:

> Nadie espera que la India entre en guerra con China por el Tíbet. Pero toda persona íntegra, todo individuo que valore la libertad, debe llamar a las cosas por su nombre. No estamos sirviendo a la causa de la paz si pasamos por alto los actos de agresión. No podemos impedir físicamente que los chinos se anexionen el Tíbet y sometan a su valiente y pacífico pueblo, pero al menos podemos dejar constancia de nuestro veredicto claro: se ha cometido una agresión, y la libertad de una nación débil ha sido arrebatada por un vecino poderoso. No debemos vacilar en arrancar el velo que cubre el rostro del comunismo, que, bajo la apariencia amable de los *panchsheel*, esconde el rostro despiadado del imperialismo. En el Tíbet, ahora mismo podemos ver cómo funciona este nuevo imperialismo, mucho más peligroso que el antiguo, pues avanza bajo la bandera de una supuesta ideología revolucionaria.

Desde Tezpur, viajamos a Mussoorie, una hermosa estación de montaña de la época británica situada en las estribaciones del Himalaya, al norte de Deli. En cada una de las principales paradas del tren, miles de indios salieron a darme la bienvenida, gritando: «Dalai Lama ki Jai» («¡Gloria al dalái lama!») y «Dalai Lama Zindabad» («¡Larga vida al dalái lama!»). En Mussoorie, el Gobierno de la India había preparado mi primera residencia en el exilio. Allí, el 24 de abril, Nehru vino a recibirme en persona. Hablamos durante más de cuatro horas. Dado que él había sido una de las voces influyentes que en 1957 me instaron a regresar a Lhasa, le expliqué que, a pesar de mis mejores intentos por tratar de manera justa y honesta con los chinos bajo los términos del Acuerdo de los Diecisiete Puntos, me había sido imposible negociar con ellos. El 20 de junio de 1959, ofrecí mi primera rueda de prensa oficial. Declaré que el Tíbet había sido un país independiente que había ejercido y disfrutado de todos los derechos de soberanía, tanto internos como externos, y que la invasión china representaba un acto de agresión flagrante. Cualquier persona objetiva llegaría a la misma conclusión. En cualquier caso, durante esa conferencia dejé claro que, dado que China había violado cláusulas clave del acuerdo, este había quedado totalmente anulado. Si una de las partes viola un tratado, la otra parte tiene el derecho legal de repudiarlo, lo que significa que deja de estar en vigor. También declaré que, para todos los tibetanos, allá donde mi gabinete y yo estemos, existirá el Gobierno legítimo del Tíbet.

Tras mi huida, miles de tibetanos lograron seguirme al exilio. Mientras tanto, la opresión en el Tíbet se había vuelto insoportable. Al escuchar los relatos de quienes lograban llegar, y ante la destrucción de mi pueblo y de todo lo que representaba su forma de vida, me dediqué en el exilio a las únicas acciones que me quedaban: recordarle al mundo lo que había ocurrido y seguía ocurriendo en el Tíbet, y atender a los tibetanos que escaparon conmigo hacia la libertad. Todo lo que habíamos escuchado de boca de los refugiados —y más— fue confirmado por el informe del Comité de Investigación Legal sobre el Tíbet de la Comisión Internacional de Juristas, informe presentado en Ginebra en julio de 1959 con el título de *La cuestión del Tíbet y el Estado de derecho*. El valor de este informe radica en que lo llevó a cabo un organismo judicial independiente, sin vínculos con ningún Gobierno o parte interesada, lo cual garantizaba su total imparcialidad. El informe concluía que «las pruebas apuntan al menos a un caso *prima facie* de genocidio por parte de la República Popular China», y recordaba que «el genocidio es el crimen más grave reconocido por el derecho internacional». La Convención sobre el Genocidio, de 1948, condena los «actos cometidos con la intención de destruir, total o parcialmente, a un grupo nacional, étnico, racial o religioso como tal». En un segundo informe de la Comisión Internacional de Juristas, titulado *El Tíbet y la República Popular China* y publicado en 1960, el comité concluyó que se habían cometido actos de genocidio en el Tíbet con el propósito de destruir a los tibetanos como grupo religioso, y que «tales actos constituyen genocidio independientemente de cualquier obligación prevista en los tratados».

El 4 de septiembre de 1959, hice un viaje importante a Deli, donde, además de mantener reuniones clave con el primer ministro Nehru, me encontré con otros líderes destacados, en especial, con el presidente y el vicepresidente de la India. También tuve la oportunidad de reunirme con embajadores de diversos países. Para mí, el momento más emotivo de esta visita fue el encuentro con varios miles de indios en un acto organizado por Bharat Tibet Sangh (India Tibet Fraternity), presidido por Acharya Kripalani, un destacado gandhiano y activista social. (Acharya fue un firme defensor de la causa tibetana y un querido amigo hasta su fallecimiento en 1982).

Ahora que me encontraba en un país libre, también empecé a consultar con expertos internacionales sobre la posibilidad de llevar el caso del Tíbet ante la Asamblea General de las Naciones Unidas. De esta manera, en septiembre de 1959, estando yo en Deli, le escribí al secretario general de la ONU, Dag Hammarskjöld: «En vista del trato inhumano y los crímenes contra la humanidad y la religión a los que está siendo sometido el pueblo del Tíbet, solicito la intervención inmediata de las Naciones Unidas». El 21 de octubre de 1959, la Asamblea General adoptó una resolución presentada por Irlanda y Malasia, en la que se pedía «respeto por los derechos humanos fundamentales del pueblo tibetano y por su vida cultural y religiosa distintiva». Además, reconocía que «los derechos y libertades fundamentales a los que el pueblo tibetano tiene derecho, al igual que todos los demás, incluyen la libertad civil y religiosa sin distinción alguna». Continué apelando al secretario general de la ONU y a numerosos Gobiernos, y los mantuve informados sobre el empeoramiento de la situación en el Tíbet. Algo destacable fue lo que ocurrió en 1960, cuando el Gobierno de los Estados Unidos anunció su apoyo al derecho a la autodeterminación del Tíbet. De hecho, recibí dos cartas del secretario de Estado de los Estados Unidos Christian A. Herter, la primera, en febrero de 1960, y la segunda, en octubre del mismo año. En ambas me aseguraba que la postura de los Estados Unidos seguía siendo que «el principio de autodeterminación debe aplicarse al pueblo del Tíbet y que ellos mismos deben tener la voz que determine su destino político». En 1961, durante la decimosexta sesión de la Asamblea General de la ONU, se adoptó una nueva resolución presentada por Malasia, Irlanda, El Salvador y Tailandia. Esta resolución renovó solemnemente el llamamiento de la ONU «para el cese de prácticas que privan al pueblo tibetano de sus derechos y libertades fundamentales, incluido su derecho a la autodeterminación». Otra resolución relacionada con el Tíbet que aprobó la ONU fue la del 18 de diciembre de 1965 en una sesión plenaria. Esta resolución reafirmaba las resoluciones anteriores y expresaba la profunda preocupación de la Asamblea General de la ONU por «la continua violación de los derechos y libertades fundamentales del pueblo tibetano».

En enero de 1960, aproveché la ocasión para visitar Bodh Gaya y Sarnath, dos lugares sagrados del budismo, con el propósito de rendir homenaje. En Bodh Gaya, veneré el templo Mahabodhi y el sagrado árbol Bodhi, mientras que en Sarnath visité el lugar en el que el Buda impartió su primer Giro de la Rueda del Dharma. Esta vez, tenía la mente más serena. (La última vez que visité Bodh Gaya, en 1956, tenía la mente agitada por tener que tomar la decisión de regresar al Tíbet o solicitar asilo en la India). En Sarnath, cerca de Benarés, presidí por primera vez una ceremonia de ordenación monástica completa. Según la tradición, el monje que dirige esta ceremonia debe haber recibido sus votos de ordenación completa al menos diez años antes, o, en circunstancias excepcionales, al menos cinco años antes si posee cualificaciones sobresalientes. Mis dos tutores insistieron en que cumplía con los requisitos y debía oficiar mi primera ceremonia de ordenación en el mismo lugar donde el Buda pronunció su primer sermón público tras alcanzar la iluminación, un sermón conocido como el Primer Giro de la Rueda del Dharma. En aquel entonces yo tenía veintiséis años. Para mí es fundamental mi identidad monástica, y, por ello, esta fue una experiencia de profunda honra y alegría. Reflexioné sobre lo afortunado que era al poder oficiar esta ceremonia de ordenación en un sitio tan sagrado. Entre quienes se ordenaron en Sarnath estaba Dagyab Rinpoche, un alto lama de la tradición Geluk.

También en Bodh Gaya, oficié otra ceremonia de ordenación, en la que uno de los ordenados fue Samdhong Rinpoche, alguien que años más tarde se convertiría en el primer líder político elegido directamente por la comunidad tibetana en el exilio. Allí, en Bodh Gaya, en enero de 1960, tuvimos lo que fue, en efecto, la primera reunión formal del pueblo tibetano en el mundo libre. En este encuentro participaron representantes clave, así como delegados de las tres provincias del Tíbet (Ü-Tsang, Kham y Amdo); miembros importantes de las principales tradiciones budistas del Tíbet; abades de grandes monasterios, y delegaciones de varias partes de la India. Todos ellos se unieron en dicho encuentro para celebrar una gran ceremonia con el fin de desearme una larga vida y buena salud. En esta ceremonia, en representación del pueblo tibetano exiliado, todos hicieron lo que se llamó el «gran juramento de unidad» (Na-gan Thunmoche). Los presentes prometieron que, a partir de ese momento, lucharían por la unidad de los tibetanos de las tres provincias y asumirían la responsabilidad de trabajar por el bienestar común del Tíbet, bajo el liderazgo del dalái lama. También fue en Bodh Gaya donde decidimos que nos esforzaríamos por implementar una forma de gobierno representativa para el futuro Tíbet y, por supuesto, para nuestra comunidad exiliada.

De regreso a Mussoorie, conmemoramos el primer aniversario del Levantamiento Nacional Tibetano del 10 de marzo de 1959. De este modo, iniciamos la tradición de dar un gran discurso al pueblo tibetano cada año el 10 de marzo para recordar este trágico aniversario. En aquel primer aniversario, subrayé la necesidad de adoptar una visión a largo plazo sobre la situación del Tíbet. Dije que, para los que estamos exiliados en un país libre, nuestra prioridad debe ser garantizar la supervivencia de nuestra civilización, en especial, mediante la protección de nuestra lengua y nuestras tradiciones culturales tan distintivas. Le aseguré a mi pueblo que la verdad, la justicia y el valor serían nuestras armas y que acabaríamos triunfando en la lucha por la libertad. Durante nuestra estancia en Mussoorie, pusimos en marcha planes para educar a las generaciones más jóvenes. Para ello, fundamos la primera escuela tibetana de la India, con un número inicial de cincuenta alumnos maduros. Al cabo de un año, pudimos enviar a algunos de estos primeros alumnos a diversas partes de la India, así como a zonas remotas de las regiones fronterizas de Nepal, como el valle de Khumbu, para educar a los niños tibetanos que eran refugiados, a los que también se les impartirían clases de lengua inglesa.

El 30 de abril de 1960, llegué a Dharamsala, el lugar que se convertiría en mi residencia permanente en el destierro. Allí constituimos lo que en realidad era el Gobierno tibetano exiliado. En ese momento recibió el nombre de Secretariado Tibetano Central, y después pasó a llamarse Administración Central Tibetana (CTA, por sus siglas en inglés). Con la ayuda de mis compañeros, inicié una estrategia doble. Lo primero y más importante, después de atender las necesidades inmediatas de más de ocho mil refugiados tibetanos, era organizar reasentamientos para los tibetanos, de forma que pudiéramos preservar nuestra cultura e identidad mientras estuviéramos en el exilio. La segunda era dirigirse a los Gobiernos de todo el mundo, a las Naciones Unidas y a la comunidad internacional para que ayudaran a resolver la cuestión tibetana. Una parte importante de esta estrategia era llamar la atención internacional sobre la difícil situación del pueblo tibetano y la injusta ocupación china de nuestro país. En aquel momento, mi esperanza y mis esfuerzos en este sentido se dirigían hacia el objetivo final, que era restaurar la independencia del Tíbet.

En mi discurso del 10 de marzo de 1961 en mi nueva residencia de Dharamsala, me comprometí a preparar un borrador de la estructura constitucional y económica a la que aspiraba para nuestro país y dije que lo presentaría en breve a los representantes del pueblo tibetano en la India y en los países vecinos para que lo examinaran. Desde mi primera visita a la India, en 1956, especialmente al ser testigo de la democracia en acción en comparación con lo que vi en Pekín, he sido un creyente convencido de que la democracia realmente es la forma de gobierno más adecuada. Por ese motivo, al residir en un país libre, me esforcé por iniciar un proceso de democratización del sistema político tibetano. Mis funcionarios y yo necesitamos dos años, en los que consultamos a varios expertos, estudiamos una serie de Constituciones de todo el mundo libre y mantuvimos muchos debates internos, para terminar un borrador que dimos a conocer el 10 de marzo de 1963. Esta Constitución proyecta una imagen futura del Tíbet como «un Estado democrático unitario fundado sobre los principios establecidos por el señor Buda». Entre las disposiciones clave, se incluyen un poder judicial independiente, una asamblea nacional elegida, la prohibición de «discriminación alguna por motivos de sexo, raza, lengua, religión, origen social, posición económica, nacimiento u otra condición», así como «el derecho a la libertad de pensamiento, conciencia y religión». El documento también incluye, en el artículo 36, sección (e), una cláusula para la posible abolición de la autoridad del dalái lama si así lo votan dos tercios de la mayoría de la Asamblea Nacional. A lo largo de los años, este documento se ha ido revisando hasta convertirse en un modelo totalmente democrático que rige las normas del pueblo tibetano, al menos, en la comunidad en el exilio.

En noviembre de 1963, en mi residencia de Dharamsala, celebramos la primera cumbre representativa de todas las escuelas budistas tibetanas. Asistieron, además de los jefes de los linajes, lamas superiores, *tulkus* reencarnados, *geshes* (equivalentes a los titulares de un doctorado en divinidad) y eruditos, así como altos cargos de la Administración tibetana. Esta reunión de cuatro días supuso la mejor oportunidad para sentar las bases de un fuerte sentimiento de unidad entre las diversas tradiciones del budismo tibetano, así como para fomentar un esfuerzo conjunto a la hora de preservar las ricas tradiciones religiosas tibetanas.

Uno de los temas importantes que el primer ministro Nehru y yo discutimos en los primeros días de mi exilio fue la educación de los niños refugiados. Nehru hizo hincapié en que, para preservar la cultura y la identidad tibetanas, sería necesario tener escuelas específicas para tibetanos. Por ello, se comprometió a crear un organismo autónomo dentro del Ministerio de Educación indio, y el Gobierno de la India correría con los gastos. Además, Nehru me aconsejó que, aunque era muy importante que nuestros jóvenes conocieran a fondo su historia y su cultura, era vital que estuvieran familiarizados con el mundo moderno. Por este motivo, debíamos utilizar el inglés como medio de enseñanza. De ahí surgió una red de escuelas centrales para tibetanos (CST, por sus siglas en inglés) en las que se formaron generaciones de jóvenes tibetanos con una educación moderna.

Durante los años sesenta, volvimos a instaurar en el exilio muchas de las instituciones del Tíbet con importancia cultural y religiosa histórica, entre las que se encontraban, sobre todo, monasterios y universidades monásticas que pertenecían a las principales escuelas del budismo tibetano. Entre las nuevas instituciones fundadas en Dharamsala figuran el templo Thekchen Choeling, la Aldea Infantil Tibetana (TCV, por sus siglas en inglés), el Instituto Tibetano de Medicina y Astrología, el Instituto Tibetano de Artes Escénicas (TIPA, por sus siglas en inglés) y la Biblioteca de Obras y Archivos Tibetanos. Durante esta década crucial, muchos refugiados encontraron trabajo en el gran esfuerzo de construir carreteras a altitudes elevadas. Visité personalmente algunas de estas obras de construcción de carreteras para animar y reconfortar a los muchos tibetanos que llevaban a cabo un trabajo tan duro. Una de las experiencias más inusuales pero increíbles al comprobar la construcción de carreteras fue cuando estuve en el campamento de Chamba, en el norte de la India. Había un número considerable de monjes entre los trabajadores de la carretera, y, como mi visita coincidió con el día de una ceremonia bimensual de confesión obligatoria, dirigí a los monjes en la ceremonia de confesión. Como los monjes solo tenían pantalones y camisas, no tuvieron más remedio que participar en la ceremonia con ropa de seglar. Al ser conscientes de que un empleo como la construcción de carreteras sería algo temporal, se hicieron esfuerzos para buscar formas de sustento a más largo plazo para los refugiados. Gracias a la generosidad de varios estados indios, pudimos establecer más de veinte asentamientos tibetanos durante los años sesenta y a principios de los setenta, sobre todo, en el sur de la India. De esta manera, nos aseguramos de que, incluso estando desterrados, pudiéramos vivir como una comunidad distinta capaz de preservar nuestro idioma y cultura. Además, fuimos los beneficiarios del generoso apoyo de muchas agencias de ayuda internacional y organizaciones no gubernamentales (ONG). Dos países —Suiza a principios de los sesenta y Canadá en los setenta— ofrecieron asilo a cientos de refugiados tibetanos. También pudimos mandar a muchos niños y jóvenes tibetanos al Reino Unido, Francia, Alemania, Suiza, Suecia, Dinamarca, Noruega, Irán y Japón. Muchos de estos refugiados pudieron trabajar después en varios puestos en nuestras oficinas en el exilio. A lo largo de este periodo, no hubo contacto alguno con la República Popular China, sobre todo, porque el Tíbet estaba, al igual que China, sumergido en el caótico periodo de la Revolución Cultural.

El 27 de mayo de 1964 falleció el primer ministro Nehru. Él había sido la cara constante de todas mis gestiones de política internacional desde que lo conocí en Pekín, en 1954, en mi primer viaje a la India, y después, en el exilio. Sin duda, había supuesto una gran ayuda y había sido muy generoso con nuestras iniciativas relacionadas con los refugiados tibetanos. Su sucesor, el primer ministro Lal Bahadur Shastri, siguió con la política de amparo a la comunidad exiliada que había llevado a cabo Nehru. De esta manera, se estableció una postura duradera por parte del Gobierno indio en su protección de los tibetanos de la India. Shastri adoptó una posición más contundente en sus relaciones con China, lo cual se reflejó en el apoyo de la India a la resolución del Tíbet de la ONU en 1965. Desgraciadamente, el primer ministro Shastri murió en 1966 durante una visita a Taskent, en Uzbekistán. El puesto de primer ministro lo ocupó la hija de Nehru, Indira Gandhi, a quien yo ya conocía por mi larga amistad con su padre. Indira conocía la situación del Tíbet y de los tibetanos refugiados. De hecho, en una ocasión formó parte del patronato de la Fundación de Hogares Tibetanos de Mussoorie.

Mientras tanto, dentro del Tíbet, la situación era desalentadora y desastrosa. La respuesta a mi partida había sido brutal, y la represión, terrible. Empezaron a castigar a la gente por mi huida. El testimonio más contundente de lo sucedido en este periodo se encuentra en la petición de setenta mil caracteres escrita en chino por el panchen lama en 1962, la cual Mao Zedong describió como «una flecha envenenada directa al corazón del partido». La petición, presentada al primer ministro chino Zhou Enlai, pero a la cual el mundo exterior solo pudo acceder años después, se titulaba *Un informe sobre los sufrimientos de la gente común en el Tíbet y otras regiones tibetanas y sugerencias para el trabajo futuro a las autoridades centrales a través del respetado primer ministro Zhou*. A diferencia de mí, el panchen lama se había quedado en el Tíbet ocupado, en su base monástica de Tashi Lhunpo, en Shigatsé. Tras una gira por algunas partes del Tíbet, escribió lo siguiente:

Debido a muchos errores y equivocaciones [...] se causó un grave daño a la agricultura y a la producción ganadera [...]. Debido a que la angustia de un hambre tan severa nunca se había experimentado en la historia del Tíbet, y era tal que la gente no podía imaginarla ni siquiera en sus sueños, el pueblo no pudo resistir esta clase de tormento cruel, y sus condiciones de vida empeoraban día tras día. Por lo tanto, en algunos lugares, resfriados y otras enfermedades infecciosas no demasiado graves causaron la muerte de bastantes personas. En algunos lugares, mucha gente murió de hambre porque se quedó sin comida; en algunos lugares, se dio el fenómeno de que varias familias murieran. [...]

No importa si eran hombres o mujeres, mayores o jóvenes, en cuanto me vieron, la gente pensaba en lo agridulce de ese momento y no podía evitar romper a llorar. Algunas personas valientes que había entre ellas dijeron entre lágrimas: «¡No dejen que todas las criaturas vivas mueran de hambre! ¡No destruyan el budismo! ¡No extingan al pueblo de nuestra tierra nevada! Estos son nuestros deseos y nuestras plegarias». Estas son las esperanzas, concisas pero amplias y profundas, más urgentes que desear agua cuando se tiene sed, del común de personas monásticas y laicas, esperanzas nacidas de la amargura provocada por lo que ha sucedido y por la situación existente en las regiones tibetanas.

Una de las principales preocupaciones que expresó el panchen lama en esta petición está relacionada con el problema de proteger la nacionalidad e identidad cultural tibetana dentro de la República Popular China. Sin lugar a dudas, esta preocupación surgió del miedo al chovinismo han.* El panchen lama escribió lo siguiente:

---

* Por «chovinismo han», el panchen lama se refiere aquí a la ideología según la cual la raza han es superior a los demás grupos étnicos dentro de la República Popular China y a la idea de que la cultura han debe asimilar otras culturas, una ideología que Mao atacó de forma explícita.

Cuando desaparecen el idioma, los trajes, las costumbres y otras características importantes de una nacionalidad, la nacionalidad en sí misma también desaparece.

En relación con la destrucción de la religión, el panchen lama declara:

Antes de la reforma democrática, había más de 2500 monasterios grandes, medianos y pequeños en el Tíbet. Después de la reforma democrática, el Gobierno solo ha mantenido la existencia de unos 70 monasterios, lo cual supuso una reducción de más del 97 por ciento [...]. Antes, en todo el Tíbet había un total de 110 000 monjes y monjas aproximadamente [...]. Tras concluir la reforma democrática, el número de monjes y monjas que vivía en monasterios era de unas 7000 personas, lo cual es una reducción del 93 por ciento.

El coraje del panchen lama al escribir de esta manera sobre la situación en medio de la opresión totalitaria más cruel del mundo merece la más profunda de las admiraciones. Todo esto lo expuso basándose en sus visitas a muchas zonas tibetanas como Amdo, así como el Turquestán Oriental (Xinjiang). A nivel personal, pagó un precio terrible. La petición confirmó mi peor pesadilla sobre lo que podría haber sucedido tras el Levantamiento del Pueblo Tibetano de marzo de 1959 y mi propia huida. En 1964, el panchen lama fue declarado enemigo del pueblo tibetano y humillado públicamente a través del ritual de lo que llegó a conocerse como «sesiones de lucha»,* las cuales

---

* Una «sesión de lucha» (*thamzing* en tibetano) era un ritual de humillación pública en el que a la persona objetivo se la obligaba a llevar un sombrero de

más tarde se convertirían en un sello distintivo de la Revolución Cultural. Lo arrestaron y permaneció en prisión hasta 1977, y después estuvo bajo arresto domiciliario hasta 1979.

Tras su liberación, el panchen lama no dejó de hablar en nombre del pueblo tibetano y criticó las políticas chinas en el Tíbet. En concreto, en marzo de 1987, habló con franqueza en la reunión del Comité Permanente de la Región Autónoma del Tíbet en Pekín, durante la Asamblea Popular Nacional, donde criticó las políticas comunistas chinas dentro del Tíbet. Sobre todo, las políticas lingüísticas, así como el chovinismo han. En mi corazón siempre guardaré el recuerdo de esta figura heroica que tanto hizo por proteger al pueblo tibetano en sus momentos más difíciles, en especial, tras su liberación en 1979 y hasta su repentina muerte en circunstancias sospechosas en enero de 1989.

Cinco días antes de su muerte, supe que había hecho la siguiente afirmación:

> Es innegable que tras la liberación ha habido ciertos avances, pero el precio a pagar por dicho desarrollo ha sido mayor que los beneficios obtenidos.

Tuve la suerte de mantener conversaciones telefónicas con él durante sus viajes fuera de la República Popular China. Esto me dio la oportunidad de expresarle personalmente mi agradecimiento y admiración. El panchen lama tenía tres años menos que yo y había sido mi compañero en los viajes a China en 1954-1955 y a la India en 1956-1957. No era un hombre con paciencia para las sutilezas diplomáticas; para él, lo que de verdad importaba era

---

burla y, con la cabeza inclinada, el público «ordinario» la sometía a insultos, gritos y escupitajos.

la honestidad y la integridad. A lo largo de los años, los comunistas chinos intentaron crear y explotar un conflicto entre nosotros bajo el viejo principio colonial de divide y vencerás. Sin embargo, aunque no pudimos estar mucho tiempo en contacto, yo abogué por dar a conocer al mundo exterior el destino del Tíbet, mientras que él, con un inmenso coraje, les presentó la realidad directamente a los líderes de los opresores.

La petición del panchen lama describe la situación antes de la Revolución Cultural que Mao desató en mayo de 1966 y que duró hasta su muerte, en 1976. Reconociendo que China en su conjunto sufrió muchísimo durante esta década tan turbulenta, fue una época desastrosa, sobre todo, para el Tíbet. Comenzó en Lhasa con la invasión del templo Jokhang por parte de los Guardias Rojos, que destruyeron antiguos frescos e imágenes y quemaron escrituras en el patio en nombre de la abolición de «los cuatro viejos», término con el que se referían a la vieja ideología, la vieja cultura, las viejas costumbres y los viejos hábitos. Como mencioné en mi declaración del 10 de marzo de 1967, entre las innumerables imágenes destruidas estaba una de Avalokiteshvara, creada en el siglo VII y considerada una de las iconografías más sagradas del Tíbet. La destrucción se extendió al Norbulingka y a toda la ciudad, y finalmente hubo enfrentamientos callejeros en Lhasa y otras ciudades entre facciones rivales.

En este periodo de caos, no solo murieron miles de personas, sino que se destruyeron muchos monumentos históricos como el monasterio Ganden, fundado por el gran filósofo del Tíbet Tsongkapa en 1409. Básicamente, atacaron todo lo que era tibetano: se prohibió la práctica de la fe budista; se prohibieron la quema de incienso, las ceremonias y los festivales; se prohibieron las canciones y bailes tradicionales. Las sesiones de lucha y las humillaciones públicas se dirigieron a monjes y «enemigos del pueblo». En resumen, el Tíbet experimentó un intento, sistemático y a gran escala, de eliminación de su identidad cultural y memoria colectiva.

Si alguno de mis compañeros que huyeron al exilio conmigo en 1959 tenía dudas sobre si nuestra forma de proceder era correcta, la Revolución Cultural acabó con ellas de un plumazo. Si me hubiera quedado en el Tíbet, no podría haber hecho nada importante contra este ataque desquiciado y sistemático.

En enero de 1976, murió el primer ministro chino Zhou Enlai, seguido por el mariscal Zhu De en julio y el propio presidente Mao el 9 de septiembre. En el legado de Mao se incluye la muerte de más de cuarenta millones de personas, sobre todo, durante la hambruna provocada por su Gran Salto Adelante entre 1958 y 1962. En el ámbito geopolítico, en lugar de descolonizar, como lo hacían los grandes imperios de la época, la China de Mao optó por una política de imperialismo colonialista en relación con el Tíbet, Mongolia y el Turquestán Oriental, envuelta irónicamente en una retórica anticolonialista estridente. Esto ha dejado a sus sucesores una herencia de inestabilidad perpetua, paranoia y represión, sobre todo, contra las nacionalidades diferentes a la china. Como resultado, hoy en día, incluso tras más de siete décadas de ocupación, cualquier expresión de identidad tibetana es vista como una amenaza que cuestiona la legitimidad china en el Tíbet.

La muerte de Mao fue el comienzo de una intensa lucha de poder en el que la mujer de Mao, Jiang Qing, una de los instigadores de la Revolución Cultural y la Banda de los Cuatro, perdió el poder ante la facción liderada por Hua Guofeng. Mientras pasaba todo esto, yo veía cómo se desarrollaban los hechos de la India con interés y algo de esperanza.

Entre los cambios notables estuvo la visita del exsecretario de Defensa de los Estados Unidos, James Schlesinger, quien realizó un recorrido de tres días por el Tíbet poco después de la muerte de Mao. La visita de Schlesinger marcó el comienzo de la oportunidad de tener una imagen más clara de las condiciones internas del Tíbet. Me contaron que describió la presencia de la China comunista allí como opresiva, incluso según estándares coloniales, ya que su objetivo era la dominación absoluta. Hasta entonces, la República Popular China solo había permitido visitas extranjeras al Tíbet de aquellos que se contaran entre sus aliados más cercanos. Poco después, Pekín empezó a permitir la entrada en el Tíbet de periodistas y escritores occidentales simpatizantes. Durante casi dos décadas desde mi huida al exilio en 1959, la meseta tibetana había funcionado como una gran prisión. Nadie podía comunicarse con el mundo exterior, lo que significa que, a excepción de unos pocos mensajes recibidos a través de canales secretos, los tibetanos exiliados no tenían ningún contacto con sus compatriotas y familiares en nuestra patria. En el Tíbet, se les había dicho a los tibetanos que quienes estaban en el exilio vivían en la más absoluta pobreza, ya que solo los países socialistas habían logrado alcanzar la prosperidad económica con éxito.

Cuando se disipó la lucha de poder en el Partido Comunista Chino tras la muerte del presidente Mao, fue mi viejo conocido Deng Xiaoping el que se erigió como líder supremo de China en 1978.

CAPÍTULO 7

*

APERTURA AL DIÁLOGO

Me reuní varias veces con Deng Xiaoping, el entonces líder supremo de China, durante mi visita a Pekín en 1954-1955, y sabía que era una de las figuras chinas más veteranas que había estado más involucrada en asuntos relacionados con el Tíbet. Como un gesto hacia este nuevo régimen en China, en mi declaración oficial del 10 de marzo de 1978, dije lo siguiente:

> Si los seis millones de tibetanos que hay en el Tíbet son más felices y prósperos que nunca, no hay motivo por el que debamos discutir entre nosotros. Si los tibetanos son felices, los chinos deberían permitir que cualquier extranjero interesado en visitar el Tíbet lo haga sin restringir sus movimientos o reuniones con el pueblo tibetano. De esta manera, los visitantes sabrán cómo son las cosas en el Tíbet realmente. Además, China debería permitir que los tibetanos que hay en el Tíbet visiten a sus padres y familiares que ahora están exiliados. De este modo, dichos tibetanos podrán estudiar las condiciones de aquellos de nosotros que vivimos en países libres. Los tibetanos exiliados deberíamos tener una oportunidad similar.

De manera bastante inesperada, a finales de 1978, mi hermano Gyalo Thondup, que en ese momento vivía en Hong Kong, recibió una invitación para reunirse con Deng Xiaoping en Pekín. Sin duda, aquello era un gesto de acercamiento, y Gyalo Thondup me consultó sobre qué hacer. En noviembre de ese año, treinta y cuatro miembros de mi antiguo Gobierno en el Tíbet fueron liberados de prisión con una gran ceremonia pública; aquello era un mensaje claro de esperanza. El 1 de febrero de 1979, el panchen lama hizo su primera aparición pública después de catorce años y pidió mi regreso al Tíbet. A la vez, los Estados Unidos establecieron relaciones diplomáticas formales con la República Popular China, lo que indicaba la posibilidad de un cambio sustancial en la postura de China con respecto a la comunidad internacional.

Le dije a mi hermano que debería aceptar la invitación, pero que, llegados a este punto, lo mejor sería que lo hiciera a título personal más que como mi representante formal. El 12 de marzo de 1979, se reunió con Deng Xiaoping en el Gran Salón del Pueblo. Deng comenzó la reunión preguntándole por mi salud, y después le preguntó cuánto tiempo había pasado desde la última vez que mi hermano había estado en Pekín. Él le contestó que fue en 1949, hacía treinta años. Conforme avanzaba la conversación, Deng le dijo a mi hermano que la independencia total del Tíbet no era negociable. «Menos la independencia, todo es negociable. Todo se puede discutir», dijo. Deng fue extraordinariamente abierto e incluso positivo respecto a una serie de cuestiones que planteó Gyalo Thondup, a pesar de que mi hermano había dejado claro que hablaba a título personal. Deng aceptó abrir la frontera entre el Tíbet y la India para que los miembros de las familias que habían estado separados durante dos décadas pudieran reunirse. También aceptó que enviáramos desde nuestra comunidad en el exilio maestros de lengua tibetana a las regiones tibetanas e incluso accedió a la apertura de una oficina de enlace en Pekín para empezar un proceso de diálogo. Deng le aseguró que las nuevas autoridades chinas estaban comprometidas con un cambio significativo y duradero, y que, si el dalái lama tenía dudas, debíamos enviar personas a investigar la situación dentro del Tíbet. Dijo que es cien veces mejor ver las cosas con nuestros propios ojos que escucharlas de otras personas.

A principios de la década de 1970, después de una profunda y cuidadosa reflexión, llegué a importantes conclusiones sobre la naturaleza de nuestra lucha y sobre cómo sería mejor avanzar. Una de las cosas que comprendí fue que, si nuestro lado insistía en el objetivo de restaurar la independencia del Tíbet, eso conllevaría que los tibetanos tendrían que considerar incluso la posibilidad de una lucha armada prolongada contra la China comunista, lo cual no solo sería poco práctico, sino que, de hecho, sería suicida. Recuerdo con total claridad lo que el primer ministro Nehru comentó acerca de la naturaleza poco realista de nuestro propósito de restaurar la independencia del Tíbet: que los Estados Unidos no iban a entrar en guerra con China por el bien del Tíbet.

Obviamente, al ser una persona que se opone a la violencia de forma categórica, ya no podría liderar el movimiento por la libertad si la lucha tibetana optaba por el camino de la violencia. Además, reconocí que lo más importante para nosotros, los tibetanos, era la protección de un pueblo con un idioma, una cultura y una religión únicos, históricamente vinculados a la singular geografía de la meseta tibetana. Al final, entendí algo fundamental: que, para resolver la cuestión tibetana, tendríamos que sentarnos a dialogar con China. Por ello, a pesar de la verdad histórica de nuestra independencia, del profundo apego del pueblo tibetano a este ideal y de nuestros derechos legítimos, reconocimos que exigir la independencia del Tíbet sería un punto de partida inaceptable para China. Ahora bien, si nuestro problema debía resolverse mediante un proceso de negociación pacífica, era necesario que nos tomásemos en serio la perspectiva del lado chino. Entendí que lo más importante para la República Popular China era la estabilidad y la integridad territorial, mientras que, para nosotros los tibetanos, lo fundamental era la capacidad de sobrevivir y prosperar como un pueblo distinto, con nuestra propia lengua y patrimonio cultural. Así se sembró la semilla de lo que más tarde se conocería como el enfoque del camino medio: no perseguir la independencia, sino una autonomía genuina dentro del marco de la República Popular China.

Entonces, incluso antes de recibir la propuesta de Deng, cuando llegó el año 1974 yo ya había compartido mis pensamientos con un pequeño círculo de líderes clave dentro de nuestra comunidad tibetana exiliada. Discutimos de manera franca los pros y contras de seguir adelante con la intención de restaurar la independencia del Tíbet comparado con el nuevo enfoque que acababa de proponer yo. También debatimos cómo y cuándo podríamos presentar este nuevo enfoque a la comunidad tibetana en el exilio en general, así como a nuestros partidarios internacionales. Tras varias conversaciones serias, todos los principales miembros de nuestra Administración en el exilio, incluido el gabinete, coincidían conmigo. Por eso, cuando Gyalo Thondup trajo el mensaje de Deng de que, excepto la independencia, todo podía discutirse, me convencí de que de verdad había margen para tener una conversación significativa dentro de un marco aceptable para ambas partes.

Deng cumplió con su palabra, al menos en lo que respecta al envío de delegaciones al Tíbet. Entre agosto de 1979 y junio de 1985, pudimos enviar cuatro misiones de investigación al Tíbet. Sorprendentemente, el Gobierno chino accedió a que estas misiones pudieran visitar todas las zonas tibetanas, y no solo lo que los chinos llaman la «Región Autónoma del Tíbet».*

No sé qué impresión esperaba la dirigencia china que se llevara nuestra delegación, ni cómo suponían que los tibetanos dentro del Tíbet reaccionarían ante su presencia. De hecho, al temer que nuestros delegados pudieran recibir ataques físicos por ciudadanos de la zona que tenían una «mentalidad correcta», las autoridades chinas instruyeron a los habitantes para que mostraran cortesía a los delegados visitantes.

Cuando los cinco miembros de nuestra primera delegación, liderada por Juchen Thupten Namgyal (entonces, ministro sénior de mi gabinete en Dharamsala), llegaron a Amdo, mi lugar de nacimiento, fueron aclamados por miles de personas, sobre todo por jóvenes. Aquello alarmó a sus supervisores chinos, quienes enviaron una advertencia anticipada a las autoridades de Lhasa. La respuesta que recibieron decía que los habitantes de Amdo y Kham no eran más que nómadas sin conciencia de clase, pero que, gracias al nivel de formación marxista de la capital, era imposible que se produjera inconveniente alguno. Sin embargo, en Lhasa, las multitudes eran numerosas y estaban eufóricas. Uno de los delegados escuchó a un alto funcionario chino comentar: «¡Los esfuerzos de los últimos veinte años se han ido por la borda en un solo día!». De hecho, en todas

---

* La Región Autónoma del Tíbet (TAR, por sus siglas en inglés) es un concepto moderno creado por la República Popular China tras invadir el Tíbet en 1950 que se implementó formalmente en 1965. Esta región, que abarca la histórica provincia tibetana de Ü-Tsang y el oeste de Kham, corresponde de manera aproximada al territorio que estaba bajo el gobierno del dalái lama en Lhasa en el momento de la invasión comunista china de 1950. Históricamente, el Tíbet está compuesto por *chol-kha-gsum*, «las tres provincias tradicionales»: Ü-Tsang (Tíbet Central, Meridional y Occidental), Kham (este del Tíbet) y Amdo (nordeste del Tíbet).

partes, a los delegados los rodeaban personas que lloraban y les contaban las terribles tragedias que habían sufrido. Se presentó una espantosa letanía de abusos de los derechos humanos, y la destrucción cultural se ilustró gráficamente usando numerosas fotografías de monasterios y conventos reducidos a escombros.

A pesar de la evidente sorpresa y vergüenza de los mandatarios chinos ante la reacción tibetana que suscitó nuestra primera delegación, debo reconocer que fue magnánimo por parte de Deng permitir que hubiera una segunda, tercera y cuarta delegación, aunque, al final, la segunda delegación, liderada por Tenzin Namgyal Tethong (quien en ese momento era mi representante en la Oficina del Tíbet en Nueva York) y compuesta por jóvenes líderes tibetanos, tuvo que volver antes de lo previsto. (La tercera delegación la encabezó Jetsun Pema, mi hermana menor, y la cuarta, el alto exfuncionario tibetano Kundeling Woeser Gyaltsen). Quizá Pekín interpretó la avalancha de dolor expresada por los tibetanos como una reacción inmediata ante los excesos de la Revolución Cultural, en lugar de verlo como un reflejo de sentimientos más profundos contra la ocupación comunista china. Lo que estas visitas nos demostraron fue el enorme apoyo que había dentro del Tíbet a la lucha que estábamos llevando a cabo en el exilio y a mi propio liderazgo.

Uno de los resultados inmediatos de las visitas de nuestras delegaciones fue la inédita misión de investigación que llevaron a cabo el nuevo secretario del partido, Hu Yaobang, y el vice primer ministro, Wan Li, quienes viajaron a Lhasa en mayo de 1980. Se sintieron consternados por lo que vieron y sometieron a la dirigencia china local a una dura reprimenda. Hu Yaobang declaró lo siguiente:

Sentimos que nuestro partido ha defraudado al pueblo tibetano. ¡Nos sentimos muy mal! El único propósito de nuestro Partido Comunista es trabajar por la felicidad del pueblo, hacer cosas buenas para ellos. Hemos trabajado en ello durante casi treinta años, pero la vida del pueblo tibetano no muestra mejoras significativas. ¿Acaso no somos responsables de esto?*

Se dice que Hu comparó la situación del Tíbet con el colonialismo. Anunció una política de seis puntos, entre los que se incluían el pleno derecho de los tibetanos a ejercer la autonomía regional; el desarrollo de la cultura, el idioma y la educación tibetanos de acuerdo con la orientación socialista, y un aumento de la cantidad de funcionarios tibetanos. Esta nueva política, más liberal, derivó en el resurgimiento de prácticas religiosas individuales, la reapertura y reconstrucción de monasterios, la autorización para la entrada de nuevos monjes jóvenes y la reimpresión de textos clásicos tibetanos en formato de libro moderno. El Partido Comunista cumplió con la promesa que le había hecho Deng a mi hermano, Gyalo Thondup, al permitir tanto el regreso temporal de tibetanos exiliados para visitas como la salida de tibetanos residentes al extranjero, especialmente a la India, para reencontrarse con sus familiares.

Entre quienes lograron salir del Tíbet a principios de la década de 1980 estaba Lopon-la, un experimentado monje del monasterio Namgyal, en el complejo del palacio de Potala.

_____

* La declaración crítica de Hu Yaobang remitida a la dirigencia china local en el Tíbet está citada en el artículo de Wang Yao «Hu Yaobang's visit to Tibet, May 22-31, 1980: An important development in the Chinese government's Tibet policy» [La visita de Hu Yaobang al Tíbet, 22-31 de mayo de 1980: Un acontecimiento importante en la política del Gobierno chino sobre el Tíbet], incluido en Robert Barnett y Shirin Akiner (eds.), *Resistance and Reform in Tibet* (Londres: Hurst & Company, 1994). Wang Yao fue miembro de la delegación que acompañó al líder chino Hu Yaobang en su visita al Tíbet.

Tradicionalmente, los monjes de este monasterio han sido responsables de ayudar al dalái lama en rituales y ceremonias oficiales. Tras mi partida de Lhasa en 1959, Lopon-la pasó dieciocho años en prisiones chinas. Después, se reincorporó a su antiguo monasterio, ahora restablecido en Dharamsala, y su figura alta y un poco encorvada se convirtió en una presencia reconocible.

Como había conocido a Lopon-la en el Tíbet y le tenía mucho aprecio, me reuní con él en numerosas ocasiones. Durante una de esas reuniones, mientras tomábamos té, hizo un comentario casual sobre su paso por prisión y mencionó que hubo dos o tres ocasiones en las que sintió un peligro real. Pensé que se refería a una amenaza contra su vida y le pregunté: «¿Qué tipo de peligro?». Él respondió: «El peligro de dejar de sentir compasión por los chinos». Cuando escuché aquello, me limité a inclinar la cabeza en señal de respeto. Más tarde, escuché historias similares por parte de otros tibetanos, especialmente monjes y monjas, los cuales se esforzaban al máximo por no perder de vista la humanidad de los chinos, incluso de aquellos que les infligían tanto sufrimiento y les hacían pasar por tantas dificultades.

En mis esfuerzos por tratar directamente con la dirigencia china, y teniendo en cuenta lo que Deng Xiaoping le había dicho a mi hermano en 1979, le escribí una carta a Deng en marzo de 1981. En ella, expresé mi aprecio por el viaje de Hu Yaobang al Tíbet y sus esfuerzos por corregir los errores del pasado, así como por admitir con franqueza las equivocaciones cometidas. A través de mi hermano, le confirmé que había recibido la invitación de que Deng y yo mantuviéramos el contacto y le agradecí que nos permitiera enviar delegaciones a las regiones tibetanas. Escribí lo siguiente:

Si la identidad del pueblo tibetano se preserva y si son felices de verdad, no hay razón para quejarse. Sin embargo, lo cierto es que más del 90 por ciento de los tibetanos sufren tanto mental como físicamente y viven sumidos en una profunda tristeza. Estas condiciones lamentables no han sido causadas por desastres naturales, sino por acciones humanas. Por lo tanto, deben realizarse esfuerzos genuinos para resolver problemas de manera razonable, de acuerdo con las realidades existentes.

Para conseguirlo, debemos mejorar la relación entre China y el Tíbet, así como entre los tibetanos dentro y fuera del Tíbet. Con la verdad y la igualdad como base, debemos esforzarnos por desarrollar la amistad entre tibetanos y chinos a través de una mejor comprensión en el futuro. Ha llegado el momento de utilizar nuestra sabiduría común con un espíritu de tolerancia y amplitud de miras en aras de alcanzar la felicidad genuina del pueblo tibetano urgentemente.

La respuesta de China no tardó en llegar en la forma de una reunión privada entre mi hermano Gyalo Thondup y Hu Yaobang en julio de 1981. Hu preparó un acuerdo de cinco puntos por el cual la parte china podría reconsiderar su punto de vista.*

---

* Los cinco puntos de Hu Yaobang eran, como después se publicaron en *Beijing Review*, el 3 de diciembre de 1984, los siguientes: (1) el dalái lama no debe dudar de que China ha entrado en una nueva fase de estabilidad política a largo plazo, crecimiento económico estable y de ayuda mutua entre ambas nacionalidades; (2) el dalái lama y sus representantes deben ser sinceros con el Gobierno central y no andarse con rodeos. Se debe debatir más sobre lo sucedido en 1959; (3) las autoridades centrales invitan al dalái lama y a sus seguidores a que vuelvan a vivir aquí. Dicha invitación se basa en la esperanza de que contribuyan a mejorar la unidad de China y a promover la solidaridad entre las nacionalidades han y tibetana, por encima del resto de nacionalidades, así como al programa de modernización; (4) el dalái lama disfrutará

Aquello fue decepcionante porque el foco de atención de dicha propuesta giraba en torno a mi figura personal y a mi regreso al Tíbet y no tanto en torno a la cuestión más importante del bienestar de seis millones de tibetanos. A efectos prácticos, no se ofreció nada significativo, y quedó claro que, pese a lo que le hubiera dicho Xiaoping a mi hermano en 1979, al menos a raíz de esta propuesta, se desmentía aquello de que todo, excepto la independencia, era negociable.

En cualquier caso, tras iniciar conversaciones directas con China, tanto formales como informales, y la apertura de la propia China, así como la del propio Tíbet, quedó claro que estábamos en una fase mucho más compleja en cuanto a nuestra lucha por el Tíbet que la fase anterior. Antes, nuestro papel era hacer visibles los crímenes y la destrucción que se estaban llevando a cabo para reclamar la libertad y nuestros derechos humanos. Ahora necesitábamos idear propuestas significativas por nuestra parte que pudieran llevarnos a un acuerdo aceptable para ambas partes. Por eso, en mi declaración oficial del 10 de marzo de 1981, dije que la historia del pasado se había diluido en el pasado, y que lo más relevante era que en el futuro de verdad hubiera espacio para la paz y la felicidad al desarrollar relaciones amistosas y significativas entre China y el Tíbet. Para que aquello se cumpliera, dije que para ambas partes era importante que se esforzaran por ser tolerantes a la hora de entender a la otra parte y tener la mente abierta.

Decidí mandar una delegación de alto nivel a Pekín, y en abril de 1982 mi delegación exploratoria formada por tres miembros,

---

del mismo estatus político y condiciones de vida que tenía antes de 1959. Se entiende que no se va a trasladar a vivir en el Tíbet, ni va a establecer su dirección postal allí. Sus seguidores no tienen que preocuparse por sus trabajos y condiciones de vida. Estos aspectos no harán más que mejorar, y (5) cuando el dalái lama desee regresar, podrá hacer un comunicado breve a la prensa. De él dependerá lo que quiera expresar en dicho comunicado.

dos de mis *kalons* (ministros del gabinete) —Juchen Thupten y Phuntsok Tashi Takla— y el representante de la Asamblea de Diputados del Pueblo Tibetano, Lodi Gyari, viajaron a Pekín. Les comuniqué mis pensamientos e ideas para una posible resolución. Teníamos la intención de saber si se había producido un cambio real en la posición de la China comunista, y qué significaba exactamente la afirmación de Deng Xiaoping de que, «excepto la independencia, todo es negociable». Entre otras cosas, uno de nuestros negociadores preguntó si los tibetanos, teniendo en cuenta nuestra historia y razas diferentes, no deberían tener los mismos derechos que lo que la República Popular China le ofrecía a Taiwán. Le contestaron que los tibetanos no deberían esperar conseguir lo que ellos estaban dispuestos a ofrecerle a Taiwán porque Taiwán, a diferencia del Tíbet, aún no estaba liberado.

No obstante, cuando mi delegación exploratoria llegó a Pekín, el lado chino esperaba recibir una respuesta a la propuesta de cinco puntos que Hu Yaobang le entregó a mi hermano durante su visita. Los miembros de mi delegación y sus iguales chinos hablaron de malentendidos. Entonces, la parte china entregó una copia de la propuesta y compartió la transcripción oficial de la reunión de mi hermano con Deng Xiaoping en 1979. Al final, los chinos se limitaron a reiterar su posición. Estaba claro que todavía no había espacio para tener una conversación que pudiera cambiar las cosas.

Dicho esto, yo era bastante optimista sobre los cambios que se estaban produciendo en el terreno del Tíbet. Por ejemplo, en una formación budista formal en Bodh Gaya en 1983, cientos de monjes y laicos del propio Tíbet pudieron peregrinar hasta allí. Por lo tanto, hice pública y explicité mi intención de visitar el Tíbet en unos dos años. Propuse mandar previamente una avanzadilla para preparar dicha visita, pero, por desgracia, no respondieron de forma positiva.

En mayo de 1984, celebramos una reunión especial en Dharamsala, a la cual asistieron mi gabinete y representantes de la Asamblea de Diputados del Pueblo Tibetano, así como otros grupos clave, tales como la Asociación de Mujeres Tibetanas y el Congreso de la Juventud Tibetana, para debatir sobre el compromiso que yo estaba desarrollando con Pekín. En octubre de ese año, envié a la misma delegación exploratoria para mantener más conversaciones en Pekín. Allí, nuestra delegación señaló que los cinco puntos propuestos por el Gobierno chino tan solo abarcaban el estatus y la vuelta del dalái lama. Les recordamos a los chinos que el problema principal era el Tíbet y su pueblo, y la delegación volvió a transmitir mi deseo de visitar mi tierra natal.

Una de las principales sugerencias que hicimos fue la idea de un Tíbet desmilitarizado (incluidas las regiones de Kham y Amdo) que tuviera autonomía interna dentro de la República Popular China. Los chinos rechazaron discutir cualquiera de estas propuestas y negaron que existiera nada parecido al denominado «problema del Tíbet»; afirmaron que lo único importante que había que discutir era la posición del dalái lama. Reiteraron los cinco puntos de Hu Yaobang de 1981 y los publicaron por primera vez poco después de que mis representantes volvieran a la India desde Pekín.[*] Tras lo que parecían ser avances, volvíamos a encontrarnos en un callejón sin salida.

---

[*] Como se ha señalado antes, el Gobierno chino publicó estos cinco puntos en *Beijing Review* el 3 de diciembre de 1984.

CAPÍTULO 8

LLEGAR A NUESTRO CUARTO REFUGIO

Aunque no se hicieron progresos significativos con China, los hechos que se estaban desarrollando en el Tíbet empezaban a virar hacia una dirección preocupante. Por un lado, es cierto que el Tíbet se había abierto un poco, y que las cosas estaban mejor que en la época de la Revolución Cultural. Por otro lado, contrariamente a la promesa de Hu Yaobang de reducir el número de funcionarios y ejecutivos chinos, había comenzado una migración masiva de chinos al Tíbet en nombre del «desarrollo». Esto era verdaderamente preocupante porque, si no se supervisaba, alteraría de forma drástica la demografía de la región, y la meseta tibetana acabaría siendo otra provincia china en la que los tibetanos estarían marginados en su propia tierra.

Las pruebas históricas de lo que China había hecho en regiones de otras nacionalidades era un motivo claro por el que estaba justificado tener ansiedad. Desde un punto de vista sociocultural, esta afluencia de chinos al Tíbet podría marcar el inicio de un proceso que podría cambiar el carácter propio de lugares que tanto apreciamos nosotros, los tibetanos, incluida, y en especial, la ciudad santa de Lhasa. A la vez, desde un punto de vista político, la imagen que desprendía el Tíbet empezaba a ser, cuando menos, confusa. Bajo la dirección de Wu

Jinghua, secretario del partido en el Tíbet, parecía haber una nueva política liberal hacia la práctica religiosa, que se ejemplificaba, por ejemplo, en el permiso concedido para recuperar el Gran Festival de la Oración en Lhasa en febrero de 1986, que no se celebraba desde 1967. No obstante, desde el liderazgo más tradicional de Pekín, parecía no haber otra cosa más que intransigencias.

Necesitábamos repensar nuestra estrategia. Tomamos la decisión de hacer propuestas que fueran más sistemáticas y presentarlas en foros internacionales. Nuestras conversaciones con Pekín no nos dejaron otra opción que utilizar algún escenario internacional para hacer nuestras propuestas. Esta estrategia también nos permitió ofrecer a nuestros partidarios de todo el mundo, que habían estado esperando pacientemente a conocer los resultados de nuestras conversaciones, la oportunidad de saber cuáles eran nuestras aspiraciones más profundas. Suelo describir la comunidad internacional como nuestro «cuarto refugio», además del refugio budista tradicional que representan las Tres Joyas: Buda, el *dharma* y la *sangha* (comunidad).

Algunos de nuestros esfuerzos dieron sus frutos. En julio de 1985, noventa y un miembros del Congreso de los Estados Unidos firmaron una carta dirigida al presidente de la República Popular China. La carta expresaba su apoyo al diálogo directo y urgía a China a que «garantizara las aspiraciones tan razonadas y justificadas de su santidad el dalái lama y toda la consideración de su pueblo». Los chinos, preocupados por la creciente atención internacional que recibía el Tíbet, invitaron al expresidente estadounidense Jimmy Carter a visitar Lhasa en junio de 1987, seguido por el canciller alemán Helmut Kohl en julio de ese mismo año.

En junio de 1987, la Cámara de Representantes de los Estados Unidos aprobó un proyecto de ley que condenaba las violaciones de los derechos humanos en el Tíbet e instaba a China a establecer un diálogo constructivo. El 21 de septiembre de ese año, el Comité de Derechos Humanos del Congreso de los Estados Unidos me invitó a dirigirme a ellos. Mi intervención empezó de la siguiente manera:

> El mundo cada vez es más interdependiente. Por eso, la paz duradera —nacional, regional y mundial— solo puede alcanzarse si pensamos en términos de intereses más amplios y no de necesidades provincianas. En este momento, es imperativo que todos nosotros, tanto los fuertes como los débiles, contribuyamos a ese objetivo a nuestra manera. Hoy me dirijo a ustedes como líder del pueblo tibetano y como monje budista devoto de los principios de una religión basada en el amor y la compasión.

Después, procedí a exponer un plan de paz de cinco puntos, como base para una posible negociación con China. Los puntos eran los siguientes:

1. Transformación de todo el Tíbet en una zona de paz, desmilitarizada, para que pudiera haber una zona de amortiguamiento entre los ejércitos de los dos países más poblados de Asia, como son la India y China.
2. Abandono de la política china de transferencia de población, que amenaza la propia existencia de los tibetanos como pueblo.
3. Respeto de los derechos humanos fundamentales y las libertades democráticas del pueblo tibetano.
4. Restauración y protección del entorno natural del Tíbet y abandono de la utilización del Tíbet por parte de China para la producción de armas nucleares y el vertido de residuos nucleares.

5. El inicio de negociaciones serias sobre el futuro estatus del Tíbet y de las relaciones entre los pueblos tibetano y chino.

Poco después, en octubre, el Senado de los Estados Unidos aprobó el proyecto de ley del Congreso que previamente había aprobado la Cámara de Representantes. Además, en diciembre de ese año, el presidente Reagan firmó la Ley de Autorización de Relaciones Exteriores mediante la que se declaraba que los Estados Unidos tendrían en cuenta el trato al pueblo tibetano en sus relaciones con la República Popular China. De esta manera, alentaban al Gobierno chino a respetar los derechos humanos en el Tíbet, a corresponder a los esfuerzos del dalái lama por establecer un diálogo constructivo y pidiendo la liberación de los presos políticos.

Los medios de comunicación estatales criticaron con dureza el Plan de Paz de Cinco Puntos. Este criticismo, dirigido sobre todo a mi persona, hirió profundamente a muchos tibetanos. Cuando había pasado poco después de una semana de mi discurso en Washington, el 27 de septiembre, monjes del monasterio de Drepung protestaron marchando con una bandera nacional tibetana y pidiendo la independencia. Los arrestaron. Cuando me enteré, me quedé muy preocupado. Después, el 1 de octubre, los monjes del monasterio Sera organizaron una segunda manifestación, a la que se unieron grandes multitudes que exigían la liberación de los prisioneros, y comenzó un gran disturbio. Se incendió la comisaría de policía, y los policías chinos abrieron fuego y acabaron con la vida de varias personas. A estos acontecimientos les siguió otra protesta el 6 de octubre. Después de una pausa, en el último día del Gran Festival de la Oración, el 5 de marzo de 1988, estalló otra protesta protagonizada por los monjes del monasterio Ganden. Aquello desencadenó protestas espontáneas en todo el país. Todo esto fue una demostración clara de que las aspiraciones del pueblo tibetano dentro del Tíbet iban mucho más allá de una mera mejora económica, además de expresar un profundo descontento.

Mientras tanto, dado que me habían invitado a dirigirme al Parlamento Europeo a mediados de junio, quise aprovechar esta oportunidad para profundizar formalmente en el Plan de Paz de Cinco Puntos. Para prepararme, convoqué una reunión especial en Dharamsala con el fin de discutir los puntos clave de lo que planeaba presentar en Estrasburgo. Durante tres días, del 6 al 9 de junio, bajo la presidencia de mi *kashag* («gabinete») y con la asistencia de miembros de la Asamblea de Diputados del Pueblo Tibetano, funcionarios públicos, ONG, selectos tibetanos recién llegados, así como invitados especiales y otros representantes de las comunidades tibetanas en la diáspora, debatí en profundidad los puntos clave de mi propuesta. Tras esta discusión y los debates correspondientes, los participantes de esta reunión especial aprobaron por unanimidad la propuesta.

El 15 de junio de 1988, me dirigí al Parlamento Europeo, en Estrasburgo, e incluí estos puntos clave adicionales:

> La totalidad del Tíbet, conocida como Cholka-Sum (Ü-Tsang, Kham y Amdo), debería convertirse en una entidad política democrática y autónoma, fundada en el Estado de derecho, por acuerdo del pueblo, con el fin de garantizar el bien común y la protección de sí mismos y de su entorno, en asociación con la República Popular China.
>
> El Gobierno de la República Popular China podría seguir siendo responsable de la política exterior del Tíbet. Sin embargo, el Gobierno del Tíbet debería desarrollar y mantener relaciones con el exterior, a través de su propia Oficina de Asuntos Exteriores, en los ámbitos del comercio, la educación, la

cultura, la religión, el turismo, la ciencia, el deporte y otras actividades no políticas. El Tíbet debería unirse a organizaciones internacionales relacionadas con dichas actividades.

El Gobierno del Tíbet debería estar basado en una constitución o una ley fundamental. Esta ley básica debería implementar un sistema de gobierno democrático encargado de garantizar la igualdad económica, la justicia social y la protección del medio ambiente. Lo anterior significa que el Gobierno del Tíbet tendría el derecho de decidir sobre todos los asuntos relacionados con el Tíbet y los tibetanos.

Estábamos afirmando de manera efectiva que no íbamos a buscar la independencia; estábamos expresando nuestra disposición a seguir formando parte de la República Popular China, pero solo con la garantía de una autonomía genuina. Esta posición, que más adelante llamé el enfoque del camino medio, representaba un punto intermedio entre la independencia y la realidad actual, que amenazaba la supervivencia del pueblo y la cultura tibetanos. En esencia, lo que les estaba ofreciendo a los líderes de Pekín era lo siguiente: dado que, con la invasión de 1950 y la posterior firma del Acuerdo de los Diecisiete Puntos, la China comunista había forzado la unión del Tíbet con la República Popular China, yo proponía que trabajáramos juntos, con sinceridad y compromiso por ambas partes, para hacer que esta unión fuera verdaderamente viable. Mi intención era buscar la forma en la que ambas partes pudieran lograr que los tibetanos se sintieran como en casa dentro de la familia de la República Popular China. No pretendía hacer retroceder de algún modo el reloj histórico. Miraba hacia el futuro, consciente de la realidad actual de un Tíbet ocupado por China a la fuerza. A la vez, me estaba tomando muy en serio la principal preocupación de Pekín: la integridad y estabilidad territorial.

Mi propuesta tenía como objetivo el beneficio mutuo y la búsqueda de una solución de mutuo acuerdo. Lamentablemente, Pekín decidió no valorar la importancia histórica de lo que ofrecíamos. No creo que esto se deba a que no comprendieran lo que se les ofrecía; mi sensación es que tan solo se debió a la falta de voluntad política de los dirigentes chinos de abordar de forma seria la cuestión de Tíbet. Sigo convencido de que, con voluntad política y visión de futuro por parte de los dirigentes chinos, no sería tan difícil para China satisfacer las necesidades de los tibetanos.

Admití que, cuando la presenté por primera vez, muchos tibetanos, tanto dentro del Tíbet como en el exilio, se sentirían decepcionados por la postura moderada que representaba la Propuesta de Estrasburgo. Pero insistí en que las ideas expuestas en mi discurso de Estrasburgo representaban la forma más realista de restablecer la identidad propia del Tíbet y restaurar los derechos fundamentales del pueblo tibetano, sin dejar de tener en cuenta los propios intereses de China. También declaré que era mi deseo no formar parte activa en ningún futuro Gobierno del Tíbet, pero que seguiría trabajando tanto como fuera necesario por el bienestar y la felicidad del pueblo tibetano. De hecho, el núcleo de lo presentado en la Propuesta de Estrasburgo ya lo había compartido con dirigentes chinos a través de mi delegación exploratoria, que se había reunido con sus homólogos chinos. En Estrasburgo, estábamos dando a conocer estas ideas a la comunidad internacional.

Después de mi discurso en Estrasburgo, visité Suiza, donde me reuní con un gran grupo de tibetanos, y aproveché la ocasión para compartir con ellos mis reflexiones. Sabía que la postura moderada expuesta en la Propuesta de Estrasburgo implicaba cesar nuestra defensa de la independencia total, lo cual podría causar descontento entre muchos tibetanos. En esa reunión con tibetanos, destaqué que la esencia de lo que anhelábamos —la capacidad de proteger nuestro idioma, cultura, religión y nuestra identidad como pueblo— podía lograrse dentro del marco de la República Popular China. También señalé que, dado el estatus del Tíbet como país que carece de salida al mar, desde una perspectiva de desarrollo económico, los tibetanos podríamos beneficiarnos de tal arreglo. También afirmé que, al final, será el pueblo tibetano quien deberá decidir su propio destino.

Si bien entiendo el apego emocional de las personas a las ideas de soberanía e independencia, yo, personalmente, siempre he sido más bien pragmático. Soy un gran admirador de los ideales que hay detrás de la Unión Europea. Hoy en día, naciones como Francia y Alemania, que tradicionalmente se percibían como enemigas, se unen y ceden parte de su preciada soberanía a un organismo europeo colectivo para que los ciudadanos de cada país tengan mayores probabilidades de prosperar. Es un hecho histórico el que, a veces, debido a condiciones geopolíticas, naciones que antes eran independientes se unen para formar una entidad compuesta. Y, en otras ocasiones, también como resultado de cambios en la situación política, algunas naciones logran obtener su libertad, como fue el caso de Timor Oriental.* Para mí, al menos, lo que de verdad importa es la existencia de una estructura y un marco adecuados que garanticen la supervivencia y el crecimiento continuos de un pueblo con su propio idioma, cultura e identidad.

Inmediatamente después de mi Propuesta de Estrasburgo, no solo hubo decepción entre algunos tibetanos, sino que, de

---

* Timor Oriental es una pequeña nación del Sudeste Asiático que ocupa la mitad oriental de la isla de Timor, mientras que la otra mitad forma parte de Indonesia. En el pasado fue una colonia de Portugal y después estuvo bajo la ocupación de Indonesia. En 2002 Timor Oriental consiguió la independencia.

hecho, también surgieron críticas contundentes hacia esta postura. Entre otras cosas, mi propio hermano mayor, Taktser Rinpoche, les envió una carta a tibetanos importantes en la diáspora en la que criticaba la decisión de renunciar a la exigencia de independencia para el Tíbet. Incluso llegó a calificar nuestra propuesta de traición. A la vez, la reacción de figuras clave tibetanas dentro del Tíbet y de China fue alentadora. En palabras de Phuntsok Wangyal, el comunista tibetano que fue mi traductor oficial durante mi visita a Pekín en 1954-1955, «el enfoque del camino medio del dalái lama de "buscar tan solo una autonomía significativa para el Tíbet en lugar de la independencia", en el contexto histórico actual, es una expresión de la gran responsabilidad que asume al reflexionar seriamente sobre cuestiones fundamentales». De manera similar, otro destacado erudito tibetano dentro del Tíbet declaró que, como el enfoque del camino medio era «mutuamente beneficioso» tanto para los tibetanos como para los chinos, era «la única vía [...] para resolver la cuestión del Tíbet de una vez por todas».

Llegados a este punto, permitidme hacer una pausa para abordar una cuestión importante. A veces, las autoridades chinas me critican por «permitir» que los tibetanos, tanto dentro como fuera del Tíbet, hablen sobre la independencia tibetana. Esta crítica se basa en la extraña idea de que, de alguna manera, yo debo o debería tener la capacidad de prohibir a cualquier tibetano incluso mencionar la frase «independencia del Tíbet». Una cosa es que un régimen autoritario prohíba la libertad de expresión y utilice la fuerza cuando considere que alguien ha violado esa prohibición, y otra cosa completamente distinta es cuando se trata de una sociedad libre y abierta, como la comunidad tibetana en el exilio. Uno de los rasgos distintivos de un sistema democrático es la libertad de expresión. Aunque no estoy de acuerdo con aquellos tibetanos que sostienen que abogar por la independencia total del Tíbet es el mejor camino para nuestra lucha por la libertad, siento el mayor respeto por estas personas. El Congreso de la Juventud Tibetana, por ejemplo, tiene como parte de su misión «luchar por la independencia total del Tíbet».

Mi propio objetivo, sin embargo, ha sido asegurarme de que el liderazgo formal del movimiento tibetano, así como la mayoría de los tibetanos que viven en el mundo libre, estén convencidos de la corrección de nuestro enfoque del camino medio, el cual busca una autonomía genuina en lugar de la separación de la República Popular China.

A pesar de mi anuncio público en el que explicité que no estábamos buscando la independencia, cuando la Embajada china de Nueva Deli emitió una respuesta formal el 23 de septiembre de 1988, declaró que «la nueva propuesta presentada por el dalái lama en Estrasburgo no puede considerarse como base para conversaciones con el Gobierno central porque no ha renunciado en absoluto al concepto de "independencia del Tíbet"». No obstante, Pekín aceptó nuestra sugerencia de entablar una serie de conversaciones que comenzarían en Ginebra en enero de 1989. De todas formas, finalmente, los funcionarios chinos presentaron varios pretextos para no iniciar las conversaciones; una de las razones, al parecer, fue que se molestaron porque habíamos hecho pública la composición de nuestro grupo, así como el lugar de las conversaciones. Incluso propusimos realizar una reunión preliminar en Hong Kong en abril para resolver cualquier cuestión o preocupación que pudieran tener en mente, pero fue en vano. Es posible que las nuevas manifestaciones en Lhasa en diciembre de 1988, en conmemoración del Día Internacional de los Derechos Humanos, fueran otra razón por la cual la reunión no llegó a celebrarse.

El 28 de enero de 1989, el panchen lama falleció de repente en su sede monástica de Tashi Lhunpo. Lamentamos su muerte con gran pesar, ya que sabíamos que habíamos perdido a un líder tibetano heroico que había sufrido mucho en nombre de su pueblo. Mientras estuvo con vida, sentí que sus esfuerzos dentro del Tíbet, sobre todo en el ámbito de la protección del idioma, la cultura y la identidad tibetanas, y mis propios esfuerzos como portavoz libre de los tibetanos en el mundo exterior se complementaban muy bien. Por eso, su repentina muerte me entristeció profundamente, y me di cuenta de que había perdido a un aliado poderoso y valiente de verdad dentro del Tíbet. Celebramos oraciones conmemorativas por el panchen lama en el templo Thekchen Choeling de Dharamsala, y se llevaron a cabo ceremonias religiosas similares en muchos monasterios, en especial, en Tashi Lhunpo, el monasterio tradicional del panchen lama restablecido en el sur de la India. Como es costumbre, compuse una oración para su pronto regreso (*nyurjön söldeb*) compuesta por nueve versos que decía así:

Incluso bajo un dosel de densas nubes de constante amenaza,
sin control ni libertad alguna, llevaste
la gran carga de la doctrina de Buda y el bienestar de los seres.
¡Ay! Triste es, de veras, tu repentina partida hacia la paz.
De acuerdo con tu aspiración cultivada durante tanto tiempo,
que la nueva luna de tu reencarnación incuestionable
brille desde los picos nevados del este para la buena fortuna
    [del pueblo
de la Tierra de las Nieves...
¡Que pronto encontremos la dicha de atesorar esta resplande
    [ciente nueva luna!

La Asociación Budista de China, por supuesto, actuando con pleno conocimiento del Gobierno, me invitó a participar en el funeral. Nos tomamos esta invitación muy en serio. No obstante, Pekín acababa de cancelar las conversaciones que se habían planeado en Ginebra, el secretario del partido en el Tíbet, Wu Jinghua, un líder relativamente moderado, había sido destituido a finales de 1988, y la invitación era solo para ir a Pekín, no al Tíbet. No estaba claro si podría reunirme con alguno de los líderes chinos de alto rango o con figuras tibetanas importantes. Con mucha incertidumbre y sin suficiente tiempo para evaluar cuidadosamente las implicaciones de este acto, al final tomamos la decisión de que no iría. La situación general no tardó en descontrolarse poco después.

El 5 de marzo de 1989, en los días previos al aniversario del 10 de marzo, estalló la mayor manifestación contra el régimen comunista chino desde el levantamiento de Lhasa de 1959. Durante tres días, la policía china reprimió ferozmente al pueblo tibetano y dejó a su paso cientos de muertos. El 8 de marzo, los chinos impusieron la ley marcial en Lhasa. En ese momento, la cuestión del Tíbet también se estaba planteando en los Parlamentos de muchos países europeos. Ese mismo año se organizó en Alemania la primera audiencia internacional sobre violaciones de derechos humanos en el Tíbet.

El 15 de abril de ese año, falleció Hu Yaobang, al cual habían destituido del liderazgo del partido en 1987. A partir de ese día, comenzó una serie de protestas encabezadas por estudiantes que continuaron hasta el 4 de junio en la plaza de Tiananmén, en Pekín. Los estudiantes exigían más explicaciones, democracia, libertad de prensa y libertad de expresión. En su punto álgido, se reunieron más de un millón de personas y representaron uno de los mayores desafíos para el Partido Comunista Chino desde que llegó al poder. Al igual que el resto del mundo, estos hechos me cautivaron y los seguí con una mezcla de admiración, ansiedad y esperanza. El 14 de mayo expresé lo siguiente:

Estoy observando con gran interés el movimiento que se da actualmente en China por la democracia y la libertad. El pueblo chino, en especial los jóvenes y los intelectuales, intenta transmitir sus verdaderos sentimientos. [...]. Apoyo sus movimientos y admiro su valentía.

Estos acontecimientos beneficiarán a China. [...] Parece que al menos una sección de las autoridades chinas está tratando de adoptar un enfoque más positivo hacia estos sucesos [a pesar de] la tremenda presión dentro del sistema. Insto a los líderes chinos a que tengan el valor de aceptar la realidad y comprender las aspiraciones de su pueblo.

El 20 de mayo se declaró la ley marcial en Pekín y se movilizaron unos trescientos mil soldados en la ciudad. Mientras la tensión aumentaba y estos trágicos hechos se retransmitían por las televisiones de todo el mundo, sentí que debía expresar mi solidaridad con los estudiantes que protestaban y sus aspiraciones. Muchos dentro de mi círculo me aconsejaron no hacerlo, ya que podría ofender a Pekín, con quien, después de todo, estábamos intentando negociar. Como todos sabemos, el 3 de junio de 1989, las autoridades chinas desataron al Ejército Popular de Liberación contra su propio pueblo, utilizando munición real. El 4 de junio enviaron transportes blindados y tanques a la plaza de Tiananmén. Hasta el día de hoy, no sabemos cuántos fueron asesinados. Me quedé horrorizado. La imagen del Ejército chino matando a su propio pueblo simplemente porque pedían más libertad y una vida mejor fue espantosa.

Llamé a mi secretario, Tenzin Geyche Tethong, y a Lodi Gyari, entonces a cargo de Información y Relaciones Internacionales, para que vinieran a verme de inmediato. Les pedí que elaboraran una declaración expresando una fuerte oposición a la represión del Gobierno chino y mi solidaridad con los jóvenes chinos reunidos en la plaza de Tiananmén. Como era de esperar, les preocupaba que una declaración pública por mi parte pudiera afectar negativamente las conversaciones que estábamos teniendo con los líderes chinos. Pero les dije que, si no hablaba ahora, ¿qué derecho moral tendría algún día para hablar por la libertad y la democracia? Les recordé que los jóvenes chinos de esa plaza no pedían nada más que más libertad.

Hay momentos concretos, sobre todo, cuando se tratan cuestiones fundamentales de la humanidad, en los que no se puede permanecer en silencio por conveniencia o interés propio. Por eso emití una declaración en la que manifestaba de forma categórica mi oposición contra las acciones militares de los líderes chinos; expresé mi profunda decepción por la falta de comprensión del Gobierno chino hacia los verdaderos sentimientos de su pueblo. Lamentando la pérdida de tantas vidas inocentes, expresé cómo compartía el dolor de aquellas familias, parientes y amigos que habían perdido a sus seres queridos. Puedo decir con confianza que ese día, el 4 de junio de 1989, los tibetanos, dondequiera que estuvieran, tanto dentro como fuera del Tíbet, se solidarizaron con el pueblo chino.

Más adelante, cuando acepté formalmente el Premio Nobel de la Paz en Oslo, el 10 de diciembre de 1989, comencé diciendo:

> Acepto este premio con profunda gratitud en nombre de los oprimidos en todas partes y por todos aquellos que luchan por la libertad y trabajan por la paz mundial. Lo acepto como un tributo al hombre que fundó la tradición moderna de la acción no violenta para el cambio —Mahatma Gandhi—, cuya vida me enseñó e inspiró.

Dado que consideraba esencial incluir una declaración sobre los acontecimientos de la plaza de Tiananmén en mi discurso de aceptación, dije lo siguiente:

En China, el movimiento popular por la democracia se vio aplastado por la fuerza brutal en junio de este año. Sin embargo, no creo que las manifestaciones hayan sido en vano, porque el espíritu de libertad se reavivó entre el pueblo chino, y China no puede escapar al impacto de este espíritu de libertad que recorre muchas partes del mundo. Los valientes estudiantes y sus seguidores mostraron a los líderes chinos y al mundo el rostro humano de esa gran nación.

Mientras los movimientos populares por la libertad en la antigua Unión Soviética y Europa del Este tuvieron éxito, como al derribar el Muro de Berlín y desprender así a muchos del totalitarismo comunista, el movimiento de libertad liderado por estudiantes en Tiananmén no logró derribar el telón de bambú de la China comunista. No hace falta decir que los historiadores y los expertos geopolíticos tratarán de entender completamente qué podría explicar esta diferencia. A riesgo de sonar simplista, se me ocurren dos cosas. La primera es que el Ejército Popular de Liberación de China, a pesar de su nombre, estuvo dispuesto a disparar contra su propio pueblo, lo cual no ocurrió en Europa del Este. En segundo lugar, en Europa del Este, cuando el desafío al poder vino en forma de movimientos populares por la libertad, el impulso contaba con el respaldo de casi toda la población. En el caso de la plaza de Tiananmén, aunque las protestas que apoyaban el movimiento que lideraron los estudiantes se extendieron a varios cientos de pueblos y ciudades de China, parece que no alcanzó una masa crítica que habría podido cambiar las cosas de verdad. No dudo en ningún momento que la plaza de Tiananmén marque el fin de la búsqueda del pueblo chino de una mayor libertad, dignidad y democracia.

No es sorprendente que la plaza de Tiananmén, aunque no esté relacionada directamente con el Tíbet, tuviera una repercusión significativa en nuestros intentos de negociar con los chinos. El proceso que había comenzado en 1979 con la declaración de Deng Xiaoping a mi hermano Gyalo Thondup de que todo podía discutirse, excepto la independencia, había llegado a su fin. El liderazgo de Deng, que tanto había prometido, al final demostró ser capaz de actuar con tanta brutalidad como el de Mao.

La ley marcial se impuso en Lhasa el 8 de marzo de 1989 y no se levantó hasta el 1 de mayo del año siguiente.

CAPÍTULO 9

Después de las secuelas de Tiananmén

Un efecto secundario inmediato de la tragedia de Tiananmén fue que, por primera vez, un amplio sector de la población china —sobre todo, numerosos intelectuales y disidentes que habían huido de China tras la represión— empezó a sentir más empatía por la complicada situación del pueblo tibetano. En los años posteriores a 1989, me reuní en numerosas ocasiones con chinos implicados en el movimiento prodemocrático que habían huido al extranjero: a París, Londres, Suiza, Alemania, los Estados Unidos, Canadá, Australia y también Japón.

En septiembre de 1989, varios miembros clave del movimiento de protesta de la plaza de Tiananmén formaron en París una organización llamada Federación por una China Democrática (FDC, por sus siglas en inglés). A petición suya, mantuve una emotiva reunión con sus dirigentes en París en diciembre de 1989. Entre los disidentes que conocí estaba Yan Jiaqi (en su día, asesor político del primer ministro chino Zhao Ziyang y más tarde destacado defensor de una China democrática). Les aplaudí por su valentía y compromiso a la hora de conseguir una democracia real en China. Dado el tamaño de la población china, la misión de una China democrática supone toda una labor noble, y necesitan perseverancia y una determinación inquebrantable si quieren conseguirlo. Compartí con ellos nuestra propia lucha por la libertad y la dignidad tibetanas y les dijimos que permaneceríamos impertérritos y totalmente comprometidos con nuestra causa, por mucho tiempo que necesitáramos para conseguirlo. Aproveché la oportunidad para hacer hincapié en que, con respecto a nuestra propia lucha, habíamos tomado la decisión de seguir el enfoque del camino medio y no buscar la independencia, sino una auténtica autonomía que nos permitiera sobrevivir y prosperar como pueblo con nuestra propia lengua, cultura y religión. Les recordé que, en comparación con nuestra lucha por la libertad, su lucha por una China democrática no había hecho más que empezar.

Tiempo después también conocí a otras personalidades de la disidencia china, entre otras, y en especial, a Wei Jingsheng, el conocido activista de derechos humanos famoso por su ensayo de 1978 titulado *La quinta modernización*, el cual se publicó en el Muro de la Democracia de Pekín, y a Harry Wu, una persona que contribuyó de manera decisiva a sacar a la luz los horrores del sistema de gulags de China. Este último, de hecho, me instó en varias ocasiones a reconsiderar mi postura y a hacer campaña por la plena independencia del Tíbet.

En 1991, en una conferencia sobre derechos humanos en la Universidad de Columbia, en Nueva York, tuve el honor de compartir estrado con el distinguido astrofísico chino Fang Lizhi, que por entonces también vivía en el exilio. También conocí al notable escritor chino Wang Ruowang, que escribió una famosa carta a Deng Xiaoping en apoyo de las manifestaciones estudiantiles de Tiananmén y que ayudó a encabezar una marcha hasta el Ayuntamiento de Shanghái. Lo que hacían estos grandes intelectuales chinos, así como los cientos de líderes estudiantiles que huyeron de China tras lo sucedido en Tiananmén, era luchar por una mayor libertad, dignidad y democracia en China. Independientemente del retrato que hizo de ellos el Partido Comunista, todas estas personas —que pagaron un alto precio personal por su conciencia— eran verdaderos patriotas muy preocupados por el futuro de China y su lugar en el mundo.

Siempre he mantenido que nuestro problema no es con el pueblo chino, sino con un régimen opresivo y que luchamos por los derechos de los tibetanos. Por eso, lógicamente, siento una gran empatía hacia otras personas oprimidas por el régimen comunista chino, lo cual incluye al propio pueblo chino, los mongoles de Mongolia Interior y el pueblo uigur del Turquestán Oriental (Xinjiang). Me he reunido con varios uigures exiliados, en concreto, con Isa Alptekin y su hijo Erkin Alptekin, y más adelante con Rebiya Kadeer y Dolkun Isa, la antigua presidenta y el actual, respectivamente, del Congreso Mundial Uigur. Compartí con ellos la importancia de abrazar de forma estricta la no violencia en la justa lucha de cada uno por la libertad, así como mi convicción permanente de que solo a través de la no violencia y la consideración de las necesidades y preocupaciones de ambas partes puede haber una solución duradera de verdad a cualquier conflicto. Adoptar un enfoque que sea mutuamente beneficioso es clave para encontrar remedios a través del método de la no violencia. Al hablarles de nuestra propia lucha tibetana, repetí lo que suelo decir a nuestros partidarios en la comunidad internacional: que no los considero ni antichinos ni protibetanos, sino prolibertad y proverdad.

La atención sobre la causa tibetana aumentó cuando en octubre de 1989 me concedieron el Premio Nobel de la Paz y acudí a la posterior ceremonia en Oslo. Para los tibetanos de todo el mundo, este premio supuso un reconocimiento importante de nuestro firme compromiso con una lucha pacífica a la hora de recuperar nuestra libertad y dignidad. Para mí, a nivel personal, uno de los aspectos más conmovedores de esta experiencia fue ver las caras de alegría y celebración de tantos tibetanos y de nuestros partidarios internacionales, que han trabajado de manera incansable durante décadas. Aún hoy, recuerdo vívidamente la hermosa y alegre energía de la presencia de tantas personas que habían venido a Oslo para participar en la celebración. Aproveché la oportunidad para darles las gracias a muchos de ellos en persona. Asimismo, supe que también en el Tíbet muchos tibetanos lo celebraron, a pesar de los evidentes peligros que corrían por hacerlo. En todo caso, la situación en el interior seguía empeorando.

En julio de 1990, el entonces secretario general del Partido Comunista Chino, Jiang Zemin, y el jefe del Departamento de Estado Mayor del Ejército Popular de Liberación, Chi Haotian, visitaron el Tíbet. En aquel momento, tenía el control del Tíbet, al igual que de China, una facción mucho más estricta. Las autoridades chinas hacían hincapié en la lealtad a la «madre patria» y en «la lucha contra el separatismo», es decir, la lucha contra mí y la comunidad de exiliados. Aumentaron enormemente los incentivos para la migración china a Tíbet, de tal forma que un trabajador recién llegado de China podía obtener un aumento de salario considerable. Esta creciente migración causó mucho resentimiento entre los tibetanos, incluidos los miembros del Partido Comunista Tibetano. Este clima más duro dentro del Tíbet fue un momento triste y extraño si lo comparamos con lo que estaba pasando en el resto del mundo. Era la época en que olas de libertad recorrían el mundo, con el fin de las dictaduras de Filipinas en 1986 y de Chile en 1990 y, por supuesto, la caída del Muro de Berlín en 1989. También fue una época de auténtica distensión y de importante desarme nuclear entre la Unión Soviética y los Estados Unidos. En cambio, en China, y sobre todo en el Tíbet, fue el comienzo de una nueva era de represión. Mis propios esfuerzos por buscar una solución a través del diálogo chocaban continuamente con un muro de rechazo.

En el frente internacional, en mayo de 1991, la asamblea legislativa estadounidense aprobó una resolución concurrente del Congreso en la que se reconocía al Tíbet como país ocupado ilegalmente y se reafirmaba la postura de los Estados Unidos sobre el Tíbet, declarada por el embajador estadounidense ante las Naciones Unidas en 1961, según la cual los Estados Unidos consideran que sus objetivos deben incluir el restablecimiento de los derechos humanos del pueblo tibetano y su derecho natural a la autodeterminación. La resolución concluía lo siguiente:

> Este congreso considera que el Tíbet, incluidas las zonas incorporadas a las provincias chinas de Sichuan, Yunnan, Gansu y Qinghai, es un país ocupado según los principios establecidos por el derecho internacional, cuyos verdaderos representantes son el dalái lama y el Gobierno tibetano en el exilio, tal y como los reconoce el pueblo tibetano.

Unos años más tarde, en 1997, el Gobierno estadounidense creó la Oficina del Coordinador Especial de los Estados Unidos para Asuntos Tibetanos en el Departamento de Estado. En la actualidad, esta oficina coordina las políticas y programas estadounidenses relacionados con el Tíbet, de acuerdo con la Ley de Política Tibetana de 2002, modificada por la Ley de Política y Apoyo al Tíbet de 2020. He tenido el placer de reunirme con todos los titulares del cargo desde su creación.

Profundamente preocupado por el empeoramiento de la situación en el Tíbet en 1991 y, en concreto, por el estatus atípico de China como agente activo de la represión, ese año acepté una invitación para hablar en la Universidad de Yale. Empecé reconociendo la época trascendental que estábamos viviendo y cómo el mundo había cambiado de un modo radical en los últimos años. Reflexioné sobre cómo la caída del Muro de Berlín y de la Unión Soviética, tras setenta años de control comunista, era una prueba de las aspiraciones de libertad y democracia de los pueblos y naciones. Hablé de cómo me inspiraron profundamente mis recientes visitas a Mongolia y a los países bálticos y Bulgaria, al ver a millones de seres humanos disfrutando de la libertad que se les había negado durante tantas décadas. En especial, me llamó la atención que esta asombrosa transición se produjera sin recurrir a la violencia.

Enfatizando la necesidad de que la comunidad internacional continúe comprometiéndose con China, dije que era un firme creyente de que las relaciones entre las personas y entre las naciones deben basarse en el entendimiento humano. El mundo debería involucrar a China siempre que esté dispuesta a participar en la comunidad internacional de manera constructiva. Sin embargo, cuando persiste en violar normas fundamentales propias de un comportamiento civilizado, no se le debe consentir como a un niño malcriado. China ha de rendir cuentas por sus acciones como miembro responsable de la comunidad internacional. Con respecto a nuestro intento continuo de negociar con China, observé que la negativa del Gobierno chino a corresponder a mis esfuerzos por iniciar negociaciones había hecho que creciera la impaciencia de muchos tibetanos dentro del Tíbet —sobre todo, jóvenes— con el camino no violento que estábamos siguiendo. La tensión aumentaba a medida que China fomentaba una agresión demográfica en el Tíbet, al amenazar con reducir a los tibetanos a una minoría de segunda clase en nuestro propio país. Me preocupaba extremadamente que esta situación explosiva pudiera hacer estallar la violencia. Dije que quería hacer todo lo posible por ayudar a prevenir tal situación.

A continuación, expresé mi deseo de visitar el Tíbet para poder comunicarme directamente con mi pueblo y exhortarlo a no abandonar nuestro camino de no violencia. Mi visita ofrecería la posibilidad de que las autoridades chinas comprendieran los verdaderos sentimientos del pueblo tibetano.

Dado que no había habido ninguna respuesta constructiva por parte de Pekín ni a mi Plan de Paz de Cinco Puntos ni a la posterior Propuesta de Estrasburgo de 1988, en septiembre de 1991 declaré que ya no me consideraba vinculado a ellos. No obstante, destaqué que seguíamos plenamente comprometidos con el camino de negociación. Por supuesto, continuamos con nuestros esfuerzos por mantener abiertas las líneas de comunicación con China. Cuando, en diciembre de 1991, el primer ministro chino Li Peng visitó Deli, intenté reunirme con él, pero no lo conseguí. En junio de 1992, mi hermano Gyalo Thondup se reunió con Ding Guangen, miembro del politburó, quien llevaba un mensaje del Gobierno chino en el que se ofrecía reanudar el diálogo con la condición de que yo renunciara públicamente a la idea de la independencia del Tíbet. Esto resultaba extraño, ya que ya habíamos declarado de forma inequívoca y reiterada que estábamos dispuestos a desistir de nuestra demanda de independencia como parte de una solución negociada. No obstante, el 11 de septiembre de 1992, escribí formalmente tanto al líder supremo Deng Xiaoping como al secretario general Jiang Zemin. Expresé mi disposición al diálogo y, con el fin de situar las cosas en un contexto más amplio, incluí una nota complementaria que resumía la historia de nuestras conversaciones hasta la fecha, desde 1951. La carta fue entregada al embajador chino en Deli junto con una sugerencia para organizar reuniones mensuales con regularidad en la Embajada china para generar confianza. Sin embargo, hasta julio de 1993 el Gobierno chino no permitió que mis representantes presentaran esta carta en persona.

La carta, dirigida a Jiang Zemin, transmitía mi convicción fundamental de que el proceso de negociación es el único medio viable para resolver la cuestión del Tíbet. Escribí lo siguiente:

Me complace que se haya restablecido el contacto directo entre nosotros una vez más. Espero que esto derive en una mejora de las relaciones y el desarrollo de la comprensión y la confianza mutuas.

Se me ha informado sobre las conversaciones que el señor Ding Guangen mantuvo con Gyalo Thondup el 22 de junio de 1992, y sobre la posición del Gobierno de China con respecto a las negociaciones para una solución a la cuestión tibetana. Me decepciona la postura dura e inflexible transmitida por el señor Ding Guangen, especialmente el énfasis en las condiciones previas para entablar negociaciones.

Sin embargo, sigo comprometido con la convicción de que nuestros problemas solo pueden resolverse mediante negociaciones, llevadas a cabo en un ambiente de sinceridad y apertura, en beneficio tanto del pueblo tibetano como del pueblo chino. Para que esto sea posible, ninguna de las partes debe imponer obstáculos ni establecer condiciones previas.

Para que las negociaciones puedan llegar a buen puerto, es esencial que exista confianza mutua. Por ello, creo que es importante que los líderes y el pueblo de China conozcan los esfuerzos que he realizado hasta ahora. Mis tres representantes llevan consigo una carta escrita por mí, acompañada de una nota detallada con mis puntos de vista y mis esfuerzos a lo largo de los años para promover negociaciones en el mejor interés tanto del pueblo tibetano como del chino. Ellos responderán y discutirán cualquier pregunta o asunto que desee plantear. Espero que, al retomar estas conversaciones, podamos encontrar un camino que nos lleve a negociaciones fructíferas.

Por mi parte, he propuesto muchas ideas para resolver nuestro problema. Creo que ahora es el momento de que el Gobierno chino presente una propuesta verdaderamente significativa si desea ver al Tíbet y a China convivir en paz. Por ello, espero sinceramente que respondan con un espíritu de apertura y amistad.

Junto a esta carta, mandé una nota detallada que preparé para los líderes chinos, en la que exponía de manera concisa la historia de mi enfoque respecto a la cuestión del Tíbet, el razonamiento detrás de dicho enfoque y mi propuesta para iniciar un diálogo sustancial. En la conclusión de esa nota, hice la siguiente declaración:

Si China quiere que el Tíbet permanezca con China, entonces debe crear las condiciones necesarias para ello. Ha llegado el momento de que los chinos muestren el camino para que el Tíbet y China vivan juntos en amistad. Debería presentarse un esquema detallado, paso a paso, respecto al estatus del que parte el Tíbet. Si se nos da un esquema claro, independientemente de que se llegue o no a un acuerdo, los tibetanos podremos entonces tomar una decisión sobre si vivir con China o no. Si los tibetanos obtenemos nuestros derechos fundamentales de una manera que nos satisfaga, no somos incapaces de ver las posibles ventajas de convivir con los chinos.

Concluí con una expresión de esperanza, diciendo que confiaba en la visión a largo plazo y la sabiduría de los líderes chinos, y esperaba que tuvieran en cuenta los cambios políticos mundiales actuales y la necesidad de resolver pacíficamente el problema del Tíbet, promoviendo una amistad genuina y duradera entre nuestros dos pueblos.

Mientras tanto, en septiembre de 1992, el Gobierno chino publicó un libro blanco titulado *El Tíbet: Su soberanía y situación de los derechos humanos*. De forma engañosa, el documento se extiende sobremanera contando una historia del Tíbet presentada como si siempre hubiera formado parte de China, lo que revela una actitud defensiva por parte de los líderes chinos respecto a la legitimidad de su presencia en el Tíbet. El documento presenta una serie de argumentos en contra de la independencia tibetana y afirma que «la llamada independencia del Tíbet que propagan "la camarilla del dalái" y las fuerzas antichinas en el extranjero no es más que una ficción de los imperialistas que agredieron a China en la historia moderna». Sorprendentemente, el documento sostiene además que «otra mentira es la afirmación de que un gran número de chinos han emigraron al Tíbet y han convertido a los tibetanos étnicos en una minoría»; esto negaba un hecho reconocido por todos los observadores independientes y considerado una fuente principal del resentimiento del pueblo tibetano.

De regreso en el Tíbet, el 23 de mayo de 1993 estallaron protestas en Lhasa con la participación de más de mil civiles laicos. En un primer momento, las manifestaciones se debían al aumento de los costes de vida, pero rápidamente se transformaron en demandas por la independencia. Estas manifestaciones fueron brutalmente reprimidas y tuvieron como resultado arrestos masivos. Una de las causas evidentes fue el creciente influjo de emigrantes chinos a Lhasa. En 1994, cuando el Comité Central del Partido convocó el Tercer Foro de Trabajo sobre el Tíbet en Pekín, se impuso un conjunto de nuevas políticas represivas. Entre ellas, se incrementó el gasto en mecanismos de control y seguridad, y se lanzó un ataque bastante virulento contra mí a nivel personal. Entre otras cosas, una de sus declaraciones oficiales transmitía la acusación de que, «aunque a veces el dalái habla con suavidad y dice cosas agradables para engañar a las masas, nunca ha cesado sus actividades separatistas». Luego, el documento afirmaba que «el objetivo principal de la lucha de nuestra región contra el separatismo es oponerse a la camarilla del dalái. Como dice el refrán, para matar a una serpiente, primero hay que cortarle la cabeza». Ese mismo documento exhortaba a la comunidad monástica dentro del Tíbet a renunciar al dalái lama. Declaraba que «debemos detener firmemente cualquier influencia de la camarilla del dalái sobre los lamas y monjas del Tíbet». A la emisión de esta declaración le acompañaba una prohibición total de cualquier fotografía o retrato mío, tanto en espacios públicos como en hogares privados dentro del Tíbet. En efecto, se estaba imponiendo en el Tíbet una especie de adoctrinamiento ideológico (sobre todo, en el ámbito educativo) que no se había visto desde la Revolución Cultural. La cúpula del partido en Lhasa afirmó:

> La educación étnica no puede considerarse exitosa si simplemente mantiene la antigua cultura y tradiciones [...]. La esencia del trabajo educativo es formar constructores y sucesores calificados para la causa socialista, y esta es la única misión fundamental de la educación étnica.

Declaraciones oficiales como esta, junto con las políticas represivas dirigidas contra la identidad, la cultura y las tradiciones tibetanas, así como el cambio demográfico a gran escala que estaba ocurriendo en la meseta tibetana, me causaron una gran alarma. Esto me llevó a afirmar que lo que estaba sucediendo en el Tíbet constituía, ya fuera de manera intencionada o no, una especie de genocidio cultural.

CAPÍTULO 10

HÁBITOS QUE ME RESULTARON ÚTILES DE CARA AL SUFRIMIENTO

Llegados a este punto, permitidme hacer una pausa y ofrecer una reflexión sobre cómo podemos mantener nuestra determinación ante situaciones que parecen angustiosas e incluso desesperadas. Es humano sentirse desalentado cuando nos enfrentamos a un sufrimiento terrible sin un final perceptible a la vista. Esta es la experiencia de quienes están en el Tíbet y de tantos otros que han anhelado la libertad bajo regímenes opresivos. Este debió de ser el angustioso sentimiento que experimentaron miles de estudiantes en Pekín en 1989, tras la cruel represión. Muchas veces, desde 1950, yo mismo me he enfrentado a estos sentimientos y he tenido que esforzarme por mantener la esperanza.

He aquí algunos hábitos que me han resultado útiles en la vida. El primero y principal es recordarme a mí mismo que en cualquier viaje importante nos enfrentaremos a dificultades. Por eso, es fundamental estar preparado desde el principio. De este modo, cuando nos enfrentemos a adversidades, estas no nos pillarán por sorpresa ni nos dejarán desprevenidos. Como dice un refrán tibetano, «espera lo mejor, pero prepárate para lo peor».

Los problemas y el sufrimiento son una parte inevitable de la vida del ser humano; lo importante es cómo respondemos ante ellos. Cuando nos enfrentamos al sufrimiento causado por desastres naturales, a pesar de la devastación y la pérdida de vidas humanas, en general, solemos ser capaces de sobrellevar el dolor sin caer en el derrotismo o la amargura. Estas tragedias también sacan a relucir lo mejor de la humanidad, ya que las personas responden de forma espontánea desde la empatía. Sin embargo, existe un tipo de sufrimiento provocado por el ser humano en el cual nosotros mismos somos la causa directa. Este tipo de sufrimiento es más difícil de soportar y se necesita más fortaleza para afrontarlo. Existe el riesgo de sucumbir a la desesperación y el odio, o de responder a la violencia con más violencia. Lamentablemente, los seres humanos tendemos a repetir este ciclo una y otra vez. La clave está en no perder de vista la humanidad que compartimos, algo que tienen en común el agresor y la víctima, y nosotros mismos. Precisamente por esta razón, siempre he instado a mis compatriotas tibetanos a evitar el odio hacia los chinos.

Una vez, al conmemorar el primer aniversario del levantamiento de 1959, les dije a mis compatriotas tibetanos que, a pesar de que debemos oponernos a las acciones de la China comunista, nunca podría permitirme odiar a su pueblo. Dije que, desde la perspectiva de nuestra lucha por la libertad, el odio hacia todo un pueblo sería una debilidad, no una fortaleza. También les recordé que, cuando Buda habló de cómo el odio solo conduce a más odio, no solo nos ofreció una enseñanza espiritual, sino también un consejo práctico. Creo firmemente que un movimiento basado en el odio, por noble que sea su causa, destruirá las bases para una solución duradera. De hecho, en las enseñanzas budistas, hay un énfasis especial en ver a los adversarios —aquellos que nos crean dificultades— como maestros espirituales. Independientemente de su intención, nos brindan la oportunidad de practicar la paciencia y la empatía. Nuestros adversarios son nuestros maestros más valiosos. Esto es un hecho demostrable en la vida. Mientras que nuestros amigos pueden ayudarnos de muchas maneras, son nuestros adversarios quienes nos desafían para que desarrollemos las virtudes fundamentales para cultivar la paz mental y alcanzar una felicidad verdadera.

Personalmente, como seguidor del mahayana (una tradición budista que prefiero llamar tradición sánscrita, que los budistas tibetanos compartimos con el budismo chino), aprecio profundamente a la antigua nación de China por haber preservado la tradición budista. El budismo llegó a China más o menos cuatro siglos antes de que llegara al Tíbet. Muchos textos que hoy están perdidos en su idioma original, el sánscrito, han sobrevivido gracias a su traducción al chino, como la obra del célebre filósofo de lógica budista del siglo V, Dignāga, *Hetumukha*. Dentro de las dos colecciones canónicas tibetanas, el *Kangyur* (traducción de escrituras) y el *Tengyur* (traducción de tratados), hay varios textos importantes que fueron traducidos del chino. El comentario chino sobre la famosa escritura mahayana *Samdhinirmocana Sutra* [«Desentrañando la intención»], escrito por el monje coreano Woncheuk, es un texto muy admirado en los monasterios tibetanos. Numerosas escuelas del budismo mahayana surgieron, se desarrollaron y prosperaron en China, como Tiantai, Huayen, San-lun, Tierra Pura y Chan. Admirablemente, solo en la tradición china ha sobrevivido la línea de ordenación completa de mujeres *bhikshuni* (monjas plenamente ordenadas), cuyo linaje puede rastrearse hasta la época del Buda. La continuidad de esta tradición de ordenación femenina me llena de alegría. Entre los numerosos monjes chinos que he conocido a lo largo de los años —en Taiwán y en Occidente—, dos que me han inspirado profundamente en la riqueza de la tradición budista china fueron el venerado maestro Sheng Yen de la escuela Chan y el gran maestro de Dao-hai de la escuela china Vinaya. Tuve la oportunidad de mantener diálogos formales con ambos sobre nuestras dos tradiciones budistas, la tibetana y la china, e incluso tuve un encuentro con el segundo de ellos en Nueva York. Tenía el deseo de visitar el sagrado sitio budista del monte Wutai Shan con el maestro Dao-hai, para realizar juntos una lectura en chino, tibetano y sánscrito de sus famosos *Versos sobre los fundamentos del camino medio* de Nagarjuna, un texto fundamental tanto para el budismo tibetano como para el chino.

No hace falta decir que el coraje y el espíritu incansable de los peregrinos chinos que viajaron a la India en busca de textos budistas y tradiciones de práctica han sido una fuente profunda y constante de inspiración para mí. Desde Faxian, a finales del siglo IV, pasando por Xuanzang, a mediados del siglo VII, hasta Yijing, en la última parte del siglo VII, estos monjes extraordinarios arriesgaron todo por el bien del *dharma*. Una de las cosas más notables sobre estos monjes chinos es el meticuloso registro que llevaron de sus viajes. Entre ellos, la contribución perdurable de Xuanzang es universalmente reconocida hoy en día. Su historia es la inspiración detrás de la famosa fábula del mono en la tradición literaria china. En gran parte gracias a los *Registros de las Regiones Occidentales* de Xuanzang —un extenso relato de sus viajes preparado formalmente para el emperador Tang a su regreso— se redescubrieron muchos de los emplazamientos importantes asociados con la vida del Buda y con la historia del budismo en la India, como la Universidad de Nalanda. Hoy en día, millones de budistas de todo el mundo pueden hacer peregrinaciones y rendir homenaje a estos lugares sagrados. Por todo esto, siempre he sentido una profunda reverencia y respeto por la antigua nación de China y su pueblo.

En segundo lugar, me resulta útil adoptar una perspectiva más amplia, ya que ese sentimiento de estar abrumados o indefensos suele surgir por observar un problema a corta distancia. Si te miras la palma de la mano desde muy cerca, no puedes verte bien la mano. Al fijarnos demasiado en una sola cosa, nos obsesionamos y nuestra visión se estrecha. En cambio, cuando situamos un problema dentro de un contexto más amplio, somos capaces de apreciar su complejidad: sus causas, efectos e interconexiones. Esto nos permite elegir la forma de actuar más acorde con la realidad y discernir cuál es más probable que salga bien. Esta perspectiva más amplia también nos ayuda a ver cualquier problema en su justa proporción, al hacer que lo que antes parecía insuperable se vuelva gestionable. De esta manera, nos permite fijarnos en los aspectos positivos que puedan existir a pesar de lo sucedido. Adoptar esta visión más amplia nos permite incluso ver las oportunidades que pueden surgir de una adversidad específica. Como he dicho en muchas ocasiones, convertirme en una persona sin Estado me acercó más a la realidad. Cuando eres un refugiado, no queda espacio para ceremonias o pretensiones. Si hubiera permanecido en Lhasa como gobernante teocrático de un Tíbet independiente, prisionero en lo que podría llamarse una «jaula dorada» como el sagrado dalái lama, hoy en día podría ser una persona muy diferente. Estar fuera de mi tierra natal como refugiado me ha permitido encontrarme con personas de orígenes y caminos de vida muy diversos, desde compañeros buscadores espirituales hasta científicos, desde activistas hasta líderes políticos, y desde artistas hasta científicos. Valoro especialmente el privilegio que he tenido de hacer amistades y entablar conversaciones profundas con científicos. Diría que mi propia tradición budista tibetana también ha ganado mucho gracias a mi exilio. Hoy en día, hemos logrado instituir con éxito el grado de Geshema (el reconocimiento académico monástico más alto) para las monjas; hemos añadido la educación formal en ciencias dentro de los monasterios, y hemos iniciado diálogos y colaboraciones continuas con científicos en el estudio de la mente y las posibles aplicaciones de herramientas basadas en ella para mejorar el bienestar mental. La cuestión es que, si en lugar de adoptar una perspectiva más amplia, hubiéramos elegido seguir fijándonos en nuestra pérdida, nunca habríamos tenido la voluntad ni el interés de explorar las oportunidades que surgieron tras nuestra tragedia.

En tercer lugar, es esencial elegir el optimismo como una postura fundamental, por muy mal que pinten las cosas. El problema del pesimismo es que implica rendirse incluso antes de intentarlo. Obviamente, el optimismo debe basarse en una valoración realista de la situación y en un enfoque claro y racional para encontrar el mejor camino a seguir. Por ejemplo, en el caso del Tíbet, el problema es existencial y no podemos permitirnos el lujo de darnos por vencidos. Eso es, en esencia, lo que significa el pesimismo.

En cuarto lugar, es importante reconocer y valorar los logros del pasado, por pequeños que sean. Esto es fundamental a fin de animarnos y recargar nuestra motivación para seguir adelante. Nunca debemos perder la esperanza; mantenerla viva es esencial a la hora de afrontar con éxito los desafíos que se nos presentan. Con esperanza encontramos el coraje para encargarnos de la situación y la valentía para actuar.

Por último, independientemente de lo que suceda, nunca debemos perder la fe en la humanidad. En este sentido, la clave es seguir conectados con nuestra capacidad innata de cuidar a los demás y no perder nunca la humanidad que compartimos con los demás, ni siquiera en relación con aquellos que puedan habernos hecho daño. Considero que esta orientación altruista del corazón es mi mayor fuente de fortaleza y valentía. Todas las mañanas, cuando me despierto, me recuerdo a mí mismo que tan solo soy un ser humano más de entre los miles de millones de la tierra. Todos somos iguales; todos deseamos ser felices y evitar el sufrimiento. Como seres sociales, buscamos la conexión con los demás y encontramos la felicidad relacionándonos con otras personas. No existe un interés propio independiente por completo del de los demás porque nuestro bienestar está intrínsecamente ligado al bienestar de los otros. Teniendo esto en mente, recito estos versos del maestro Shantideva del siglo VIII:

> *Todos los que son felices en el mundo*
> *lo son porque desean la felicidad de los demás;*
> *todos los que son infelices en el mundo*
> *lo son porque solo desean su propia felicidad.*
> *Por lo tanto, si uno no cambia la perspectiva*
> *del egocentrismo al otrocentrismo,*
> *por no hablar de la consecución de la iluminación,*
> *ni siquiera en esta vida puede haber alegría.*
> *Mientras exista el espacio,*
> *mientras los seres sensibles permanezcan,*
> *hasta entonces, que yo también permanezca,*
> *y disipe las miserias del mundo.*

Recitar estos versos a diario me proporciona una profunda inspiración y refuerza mi determinación.

Todos somos seres humanos iguales que compartimos este pequeño planeta. Todos hemos nacido aquí en este momento de la larga historia de la humanidad. En el mejor de los casos, tenemos una esperanza de vida de unos cien años. Esto no es más que un instante en la inmensa edad de nuestro planeta. Lo que más importa es lo que hacemos con nuestra corta vida. Si vivimos desconectados de nuestra humanidad compartida, envueltos en la discordia y la división, y haciendo daño, ¡menudo desperdicio de nuestra valiosa existencia! En cambio, si elegimos vivir cuidando de los demás —nuestra familia humana y nuestro frágil planeta—, habremos dado un verdadero sentido a nuestra vida. De esta manera, cuando llegue nuestro último día, podremos mirar atrás sin arrepentimientos y sentir que nuestra vida en esta tierra ha valido la pena.

CAPÍTULO 11

✳

EL FINAL DEL MILENIO

Una de las consecuencias de este endurecimiento de la política china dentro del Tíbet —aparte de sus terribles efectos en los ciudadanos tibetanos de a pie— fue la tragedia que tuvo lugar en torno a la selección del nuevo panchen lama. Realmente había esperado poder ayudar en la búsqueda de la reencarnación del panchen lama colaborando con el monasterio de Tashi Lhunpo en el Tíbet y, a través de este, con las autoridades chinas. El reconocimiento de la reencarnación del panchen lama es, al igual que en el caso de importantes lamas tibetanos, un asunto de gran significado espiritual en el budismo tibetano, aunque la «selección oficial» del panchen lama podría tener un significado político desde la perspectiva de las autoridades chinas. En febrero de 1991, en el tercer día del Año Nuevo tibetano, realicé una adivinación sobre la cuestión de si la reencarnación había nacido dentro o fuera del Tíbet, y el resultado indicó que había nacido dentro. Por eso, en marzo de 1991, envié un mensaje a Pekín a través de la Embajada china en Nueva Deli en el que expresaba que me gustaría ofrecer mi ayuda en el proceso de búsqueda del nuevo panchen lama. Desde que el cuarto panchen lama, Lobsang Chökyi Gyaltsen, reconoció al quinto dalái lama en el siglo XVII, los dalái lamas y los panchen lamas han desempeñado papeles clave a la hora de reconocer las reencarnaciones de los otros. Siguiendo esta tradición histórica, los tibetanos de todas partes, así como las comunidades de budistas tibetanos de las regiones del Himalaya que tienen una conexión histórica con la institución del panchen lama, acudieron a mí pidiéndome que reconociera al nuevo panchen lama. Por lo tanto, era mi responsabilidad, tanto histórica como moral, ayudar en dicha búsqueda.

El 17 de julio de 1993, Jadrel Rinpoche, abad de Tashi Lhunpo y encargado del proceso de búsqueda, se reunió con mi hermano Gyalo Thondup en Pekín y le entregó un pergamino en el que solicitaba mi ayuda en este proceso. Naturalmente, asumí que Jadrel Rinpoche actuaba con el pleno permiso de los líderes chinos y, en consecuencia, lo invité a Dharamsala para consultas. Aunque no pudo venir, a finales de 1994, Jadrel Rinpoche me mandó una lista cuidadosamente seleccionada de más de veinte candidatos. También me comunicó que él y su equipo de búsqueda consideraban que uno de estos candidatos, Gendun Choekyi Nyima, era la verdadera reencarnación. Partiendo de esta información, realicé una serie de adivinaciones y otros procedimientos tradicionales, como consultas con oráculos, y me complació llegar a la misma conclusión.

Esta información fue transmitida de manera confidencial a Jadrel Rinpoche en febrero de 1995, junto con el texto de una oración por la larga vida del joven undécimo panchen lama. Esperaba que él pudiera sortear las complejidades políticas en Pekín. Dado que la reencarnación de un lama es un asunto religioso del budismo tibetano y que el candidato seleccionado se encontraba dentro del territorio bajo control chino, mi esperanza era que la elección de Jadrel Rinpoche y su equipo fuera aceptable para los líderes chinos. También escribí de manera confidencial a Geshe Yeshe Wangchuk, un monje sénior del monasterio Sera en el Tíbet en ese momento, y le hice saber que estaba realmente satisfecho de que mis observaciones confirmaran al candidato recomendado por el comité de búsqueda. Le envié una copia de la oración por la larga vida que había compuesto para el nuevo panchen lama y le pedí que utilizara sus influencias para asegurarles a las autoridades chinas que los padres del nuevo panchen lama no tenían ningún contacto conmigo. Además, le hice saber que, por ahora, el resultado de mis observaciones seguiría siendo confidencial.

Por desgracia, en marzo de 1995, el Gobierno chino insistió en que se colocaran de tres a cinco nombres en una urna dorada para su selección por sorteo,* en lugar de aprobar la reencarnación correcta. Aquello me dejó en una posición imposible, ya que era probable que eligieran al candidato equivocado. Por lo tanto, tras una serie de adivinaciones, llegué a la conclusión de que debía compartir con los budistas tibetanos de todo el mundo el

---

* Probablemente, el uso de la urna dorada fuese un intento de los líderes de Pekín de recurrir a la «autoridad» de una costumbre introducida por primera vez por el emperador de la dinastía Qing Qianlong a finales del siglo XVIII. Hay dos hechos históricos importantes sobre la cuestión de la «urna dorada» que deben tenerse en cuenta. Primero, Qianlong, un devoto budista tibetano, la introdujo para que se utilizase en presencia de iconos sagrados, con los nombres de los candidatos enrollados dentro de bolas de masa y colocados en la urna. La urna, por sí sola, no tiene ningún significado. Una parte importante de la motivación de Qianlong fue ayudar a prevenir la corrupción o disputas facciosas innecesarias en el proceso de reconocimiento de la nueva reencarnación de destacados lamas tibetanos. Segundo, incluso en los casos en los que se utilizó en relación con el panchen lama y el dalái lama —es decir, en la selección del octavo y noveno panchen lama y del décimo al duodécimo dalái lama—, su uso fue más ceremonial que real. Los auténticos reconocimientos se realizaban a través de los sistemas tradicionales tibetanos de adivinación y otros métodos, sobre todo, con las consultas con oráculos. En cualquier caso, resultaba ilógico que la China comunista, un Estado abiertamente ateo, utilizara esta costumbre para el reconocimiento del panchen lama.

resultado de mis propias observaciones sobre la reencarnación del panchen lama. De esta manera, el 14 de mayo de 1995 (el día de luna llena del decimoquinto día del cuarto mes en el calendario tibetano), habiendo enviado un aviso con un día de antelación al Gobierno chino a través de mi hermano Gyalo Thondup, anuncié formalmente que había aceptado a Gendun Choekyi Nyima como el undécimo panchen lama. Elegí este día tan importante para el anuncio porque era una fecha auspiciosa relacionada con un valioso sistema de enseñanzas budistas conocido como el tantra de Kalachakra, un conjunto de enseñanzas y prácticas con el que guardan especial relación los panchen lamas. También me aseguré de que una copia de mi anuncio formal fuera presentada en la Embajada china en Nueva Deli, con una solicitud adicional para que se enviara una copia a Jadrel Rinpoche y su equipo de búsqueda en el monasterio de Tashi Lhunpo del panchen lama en el Tíbet. Para mí, esta confirmación de la reencarnación del panchen lama era, ante todo, una cuestión de integridad de la tradición budista tibetana. Cuando estuve convencido de la autenticidad del nuevo panchen lama, al tratarse de la misma persona que había seleccionado el equipo de búsqueda oficial propuesto por su propio monasterio, era impensable que se pudiera respaldar a cualquier otro candidato.

Desafortunadamente, las consecuencias fueron terribles. Jadrel Rinpoche fue encarcelado durante seis años, y el monasterio de Tashi Lhunpo fue sometido a un grave hostigamiento, incluyendo el arresto de más de treinta monjes. Hasta el día de hoy, no he recibido ninguna noticia fiable sobre Jadrel Rinpoche ni sobre su paradero, a pesar de que se supone que ya no está en prisión. No solo sirvió con dedicación al anterior panchen lama, sino que también trabajó arduamente para garantizar que la nueva reencarnación del panchen lama fuera reconocida de acuerdo con la tradición budista tibetana. Además, hizo todo lo posible para que las autoridades de Pekín aprobaran el trabajo del comité de búsqueda que dirigía y, para ello, mantuvo a Pekín informado de todas las etapas del proceso de búsqueda. Verlo sufrir tanto por sus sinceros esfuerzos fue doloroso de verdad. Gendun Choekyi Nyima, un niño de tan solo seis años, y su familia fueron detenidos. Esto supuso que, en ese momento, se convirtió en el prisionero político más joven del mundo. Hoy en día, su paradero sigue siendo desconocido, lo cual quizá se haya convertido en uno de los secretos mejor guardados de la historia del Partido Comunista Chino. Algunas personas chinas, entre ellas, una con un conocimiento considerable sobre el asunto, me han informado de que Gendun Choekyi Nyima ha estado viviendo bajo una especie de arresto domiciliario dentro de un complejo militar en algún lugar de la China continental. Por esto, las autoridades chinas procedieron a seleccionar a otro candidato, Gyaltsen Norbu, cuyos padres eran ambos miembros del Partido Comunista, e impusieron su reconocimiento como el nuevo panchen lama en el monasterio de Tashi Lhunpo. Este acto fue acompañado por el despliegue de un gran número de soldados chinos en Shigatsé, lugar en el que se encuentra el monasterio. Siento una profunda tristeza por los dos niños atrapados en esta trágica situación. Sabemos que el verdadero panchen lama está desaparecido, mientras que los tibetanos y algunos budistas chinos se refieren al niño elegido por la cúpula del Partido Comunista Chino y entronizado en Tashi Lhunpo como el «falso panchen lama» o el «panchen lama chino». Hasta el día de hoy, la foto de Gendun Choekyi Nyima sigue estando prohibida.

En noviembre de 1996, el presidente chino Jiang Zemin hizo una visita oficial a la India durante ocho días. Reconocí que no sería posible reunirme con él, pero aproveché la oportunidad de su visita para hacer un llamamiento, a través de una declaración, para que revirtiera la política represiva de China dentro del Tíbet. El 19 de febrero de 1997, falleció el líder supremo de China, Deng Xiaoping. En mi declaración de aquel día, expresé mi pesar por el hecho de que no se hubieran llevado a cabo negociaciones serias sobre la cuestión del Tíbet durante su vida, así como mi esperanza de que ahora surgieran nuevas oportunidades para reiniciar el diálogo. En mi carta de condolencias a Jiang Zemin escribí lo siguiente:

> Es lamentable que no se hayan podido llevar a cabo negociaciones serias sobre la cuestión del Tíbet durante la vida del señor Deng. Sin embargo, creo firmemente que su ausencia brinda nuevas oportunidades y desafíos tanto para los tibetanos como para los chinos. Espero sinceramente que, bajo su liderazgo, el Gobierno de China reconozca la sabiduría de resolver la cuestión del Tíbet mediante negociaciones en un espíritu de reconciliación y compromiso. Por mi parte, sigo comprometido con la convicción de que nuestro problema solo puede resolverse a través de negociaciones llevadas a cabo en un ambiente de sinceridad y apertura.

Dada la apertura inicial de Deng con su declaración a mi hermano de que, «excepto la independencia, todo es negociable», había esperado que pudiéramos conseguir algún avance durante su liderazgo. Lamentablemente, aquello no sucedió.

La muerte de Deng marcó el final de una era. Fue el último de los viejos revolucionarios comunistas en gobernar China y también el último de sus líderes más veteranos a quien conocí personalmente. Fue responsable de la apertura de China y, bajo su liderazgo, se lograron avances significativos en el desarrollo económico, lo que permitió sacar de la pobreza a millones de personas, sobre todo, aquellas afectadas por las hambrunas del

Gran Salto Adelante y el sufrimiento de la Revolución Cultural. A la vez, fue bajo la dirección de Deng cuando el Ejército Popular de Liberación de China disparó contra su propio pueblo en la plaza de Tiananmén.

En marzo de 1997, tuve la buena suerte de visitar Taiwán por primera vez. Mi anfitrión oficial fue la Asociación Budista de China (Taiwán), y el Gobierno estaba dirigido por el Partido Nacionalista (conocido también como Kuomintang), originalmente fundado por Chiang Kai-shek, quien, tras la toma del poder por los comunistas de Mao en la China continental en 1949, huyó a esta isla. Dado que el Kuomintang (KMT) se veía a sí mismo como la continuación del Gobierno de la República de China, aunque fuera del continente, en ese momento todavía afirmaba formalmente su soberanía sobre toda la China continental, incluido el Tíbet. Me recibió el presidente taiwanés Lee Teng-hui de manera formal, lo que indicaba un cambio en la postura «oficial» de Taiwán sobre el estatus del Tíbet. Como era de esperar, mi visita a Taiwán, y especialmente mi reunión con el presidente taiwanés, enfureció a Pekín, desde donde se me acusó de conspirar con Taiwán para socavar a China. Sin embargo, para mí, lo más destacable y valioso de la visita fue la oportunidad de conocer a tantos budistas chinos sinceros en su devoción al budismo y que podían practicar su fe sin interferencias del Estado. En 2001, hice una segunda visita a Taiwán, esta vez por invitación oficial del presidente Chen Shui-bian. En ese momento, también tuve la oportunidad de reunirme con Tsai Ing-wen, quien más tarde se convertiría en la presidenta de Taiwán. Este encuentro marcó el inicio del proceso por el cual Taiwán comenzó a abandonar su reivindicación de soberanía sobre el Tíbet, lo que llevó a la emisión de visas para tibetanos apátridas provenientes de la India con sus documentos de viaje indios y, al final, al cierre de la Comisión de Asuntos Mongoles y Tibetanos, cuyo objetivo original era gestionar los asuntos relacionados con personas no chinas como los tibetanos y los mongoles de Mongolia Interior.* Finalmente, en 2009, como respuesta a una invitación, visité la parte sur de Taiwán para rezar en los sitios afectados por un devastador tifón que había causado un gran sufrimiento y la pérdida de muchas vidas.

Como parte de mi enfoque habitual de consultar continuamente al pueblo tibetano, en septiembre de 1997 se llevó a cabo un importante encuentro con el objetivo de revisar nuestra posición en relación con el diálogo con el Gobierno chino. Al final, como he afirmado en muchas ocasiones, es el pueblo tibetano quien debe elegir su destino, no el dalái lama ni el Gobierno comunista chino. Al concluir esta reunión, la Asamblea de Diputados del Pueblo Tibetano adoptó una formulación formal de lo que he descrito como el enfoque del camino medio. Los puntos clave fueron:

> Sin buscar la independencia del Tíbet, la Administración Central Tibetana aboga por la creación de una entidad política que abarque las tres provincias tradicionales del Tíbet.
> Dicha entidad debe gozar de un estatus de auténtica autonomía nacional y regional.
> Esta autonomía debe estar gobernada por una legislatura y un poder ejecutivo elegidos por el pueblo a través de un proceso democrático, y contar con un sistema judicial independiente.
> Una vez que el Gobierno chino acepte este estatus, el Tíbet no buscará la separación y permanecerá dentro de la República Popular China.

---

* Aquí se hace referencia al cierre de la Comisión de Asuntos Mongoles y Tibetanos en Taiwán, que fue establecida como una continuación de la misma oficina bajo el gobierno nacionalista del Kuomintang (KMT) en China.

El Gobierno central de la República Popular China tendrá la responsabilidad de los aspectos políticos de las relaciones internacionales y la defensa del Tíbet, mientras que el pueblo tibetano deberá gestionar todos los demás asuntos relacionados con el Tíbet, como la religión y la cultura, así como la educación, la economía, la salud y la protección ecológica y medioambiental.

Para resolver la cuestión del Tíbet, su santidad el dalái lama asumirá la responsabilidad principal de buscar negociaciones honestas y la reconciliación con el Gobierno chino.

Desde China, probablemente como respuesta, en febrero de 1998, la Oficina de Información del Consejo de Estado de la República Popular China publicó un libro blanco titulado *Nuevos progresos en los derechos humanos en la Región Autónoma del Tíbet*, lo que indicaba una estrategia pública agresiva. El documento concluía que «el dalái lama exiliado ha intentado por todos los medios encubrir, vilipendiar y atacar el desarrollo y el progreso en el nuevo Tíbet». Además, afirmaba que «la invención desenfrenada de mentiras por parte del dalái lama y su violación y pisoteos ejercidos sobre este mandamiento solo sirven para que se exponga su verdadera naturaleza: está enarbolando la bandera de la religión para llevar a cabo actividades destinadas a dividir la patria».

Mientras tanto, por mi parte, me esforcé por animar a China a entrar en la corriente de la comunidad mundial. En aquel entonces creía, al igual que ahora, que la apertura de China formaba parte de los mejores intereses de los chinos. Por eso, cuando se discutía y debatía sobre si los Estados Unidos debían conceder el estatus de nación más favorecida a China, expresé mi apoyo a dicha medida. De hecho, le escribí al presidente del Comité de Relaciones Exteriores del Senado de los Estados

Unidos para manifestarle personalmente mi respaldo a la concesión de este estatus. En cuanto a nuestro contacto directo con los líderes de Pekín, después de 1989 no ocurrió nada sustancial durante muchos años, si bien es cierto que sí hubo algunas reuniones en Hong Kong y Chiang Mai, Tailandia, que en su momento fueron confidenciales, entre mis enviados Lodi Gyari y Kelsang Gyaltsen y un emisario del presidente chino Jiang Zemin. Además, el 28 de septiembre de 1997, cuando la senadora Dianne Feinstein y su marido, el empresario americano Richard Blum, se reunieron con el presidente chino, fueron tan amables de entregarle en mano una carta de mi parte a Jiang Zemin. Aquello fue varios meses antes de la cumbre de Pekín entre el presidente Bill Clinton y Jiang.

En Pekín, en la rueda de prensa, Clinton dijo que se habló de la cuestión del Tíbet en dicha reunión, y recalcó la necesidad de retomar los diálogos. Jiang comentó lo siguiente:

> En realidad, mientras el dalái lama pueda declarar públicamente y comprometerse a decir que el Tíbet es una parte inalienable de China, y además reconozca que Taiwán es una provincia de China, la puerta al diálogo y la negociación está abierta. De hecho, tenemos varios canales de comunicación con el dalái lama. Por lo tanto, espero que el dalái lama responda de manera positiva en este sentido.

Aquella fue la primera vez que el líder de la República Popular China se refería públicamente a la cuestión del Tíbet, además de hablar de la posibilidad de establecer un verdadero diálogo. Por supuesto, en cuanto a la primera condición de Jiang, él sabía que yo ya había hecho declaraciones públicas renunciando a la exigencia de independencia, desde mi discurso ante el Parlamento Europeo, en Estrasburgo, en 1988. En cuanto a la segunda condición, francamente, la cuestión de Taiwán no tiene ninguna relación con el Tíbet ni con nuestra causa. Jiang quizá fue sincero al acercarse a mi enviado, pero no estaba claro hasta qué punto contaba con el respaldo dentro del politburó chino.

Mientras la memorable época de los noventa llegaba a su fin, hubo una agradable sorpresa. El karmapa de catorce años, líder del linaje Karma Kagyu del budismo tibetano, huyó del Tíbet hacia la India y llegó de repente a Dharamsala el 5 de enero de 2000. Yo conocía a su predecesor, el decimosexto karmapa, el cual había sido un importante lama entre los experimentados líderes espirituales tibetanos que se exiliaron en 1959. Por eso me alegré de poder darle la bienvenida al nuevo karmapa, Ogyen Trinley Dorje, y les ofrecí mi ayuda a él y a su séquito para todo lo que necesitaran, sobre todo, en lo relacionado con su educación.

CAPÍTULO 12

✳

LOS ÚLTIMOS DIÁLOGOS

En 2001, cuando tenía sesenta y seis años, di un paso importante en la estructura política de la comunidad tibetana exiliada al optar por una semirretirada y delegar el aspecto ejecutivo de la dirección política tibetana. Por primera vez, el ejecutivo encargado de la Administración del Tíbet exiliado estaría elegido por la gente, y su líder podría escoger a su propio gabinete. Al haber establecido previamente una Asamblea de Diputados del Pueblo Tibetano (equivalente a un Parlamento elegido), sentí que esto representaba otro hito en nuestro camino hacia una democracia plena dentro de nuestra propia Administración. Para institucionalizar estos cambios, revisamos la Carta de los Tibetanos en el Exilio, y esta enmienda fue adoptada por la Asamblea de Diputados del Pueblo Tibetano el 14 de junio de 2001. Dentro de esta nueva estructura, el profesor Samdhong Rinpoche se convirtió en el primer líder elegido directamente de la Administración y asumió el título de *kalon tripa* («jefe del gabinete»).

La idea que subyacía a esto era que, en caso de que la cuestión del Tíbet no se resolviera mientras yo siguiera vivo, necesitaríamos institucionalizar el movimiento por la libertad de nuestro pueblo para que pudiera seguir siendo dinámico y fuerte durante mucho tiempo. Sin duda, mientras yo siga con vida, seguiré plenamente comprometido con hacer todo lo que pueda. Sin embargo, siempre he creído que depender de una sola persona de un modo excesivo, sobre todo cuando se trata del destino de un pueblo entero, es algo inestable. A decir verdad, a veces siento que los tibetanos dependen demasiado de mí.

El 22 de octubre de 2002, por iniciativa de Pekín, mi enviado Lodi Gyari se reunió con un oficial importante del Departamento de Trabajo del Frente Unido (el organismo dentro del Partido Comunista Chino encargado de las relaciones con, entre otros, los pueblos que la República Popular China considera «minorías nacionales»), en Ottawa, Canadá. Esto derivó en una nueva fase de nuestras conversaciones con Pekín, que se tradujo en un total de nueve rondas de discusiones formales, la última de las cuales finalizó en enero de 2010. A lo largo de este proceso, nuestros representantes trabajaron estrechamente conmigo, así como con Samdhong Rinpoche, el *kalon tripa*.

Sabíamos que las primeras reuniones tendrían que centrarse en establecer relaciones personales y generar confianza entre mi delegación, compuesta por cuatro miembros y encabezada por mis dos enviados, Lodi Gyari y Kelsang Gyaltsen, y sus homólogos chinos del Frente Unido a los que se les asignó esta tarea. Para entonces, los Juegos Olímpicos de Verano de 2008 ya se le habían otorgado a Pekín, por lo que, comprensiblemente, una de las principales preocupaciones de los representantes de Pekín en nuestras reuniones parecía ser garantizar una organización exitosa de los Juegos Olímpicos. Durante la cuarta reunión, celebrada en la Embajada de China en Berna en 2005, mis enviados se esforzaron mucho por persuadir a sus homólogos chinos de que considerasen la propuesta de que yo visitase China en calidad de peregrino, en especial, al lugar sagrado del monte Wutai Shan, un sitio que siempre he querido visitar.

Una razón importante que expusieron fue que, según la tradición tibetana, me quedaba poco para alcanzar lo que se llama el año *kag* (literalmente, «un año obstáculo»), y la costumbre es hacer una peregrinación importante para evitar cualquier obstáculo posible.* También solicitaron que se concediera permiso para una visita discreta de un pequeño grupo de monjes de la comunidad tibetana exiliada en la India, quienes harían ofrendas ante las imágenes sagradas en el templo Jokhang de Lhasa, así como en varios monasterios y lugares sagrados del Tíbet para rezar por mi buena salud. Los enviados también presentaron la idea de que una visita privada de mi parte podría suponer una oportunidad para compartir directamente con los líderes de Pekín mis aspiraciones para el pueblo tibetano. La delegación china respondió que se trataba de un asunto de importancia nacional y que ellos no estaban en posición de tomar una decisión. Informaron a mis enviados de que trasladarían esta sugerencia a los líderes de Pekín. Lamentablemente, esta propuesta no tuvo ningún resultado.

Si bien es cierto que estos diálogos dieron pie a intercambios de opiniones sinceros, además de la posibilidad de presentar un documento formal que dejaba claro a qué nos referíamos con la autonomía genuina de los tibetanos en la República Popular China, nunca pudimos entablar ninguna conversación importante con nadie de rango más alto que los líderes del Frente Unido. Esto significó que fue imposible llegar a un punto en el que pudiéramos negociar con alguien o con un grupo que realmente tuviera el poder de tomar decisiones. Entre la séptima reunión y la octava, se celebraron los Juegos Olímpicos

---

* En la tradición tibetana se cree que, dependiendo del año en el que hayas nacido, hay edades concretas en las que es más probable que enfermes y te enfrentes a otras dificultades.

de Pekín de 2008. Con la atención del mundo puesta en China, en particular, la de los medios de comunicación internacionales durante el periodo previo, muchos tibetanos y simpatizantes de la causa del Tíbet en diversas partes del mundo libre aprovecharon la oportunidad para protestar contra lo que estaba pasando dentro del Tíbet y contra el hecho de que no se estaba consiguiendo ningún progreso notable en nuestros diálogos con Pekín.

Durante aquel aniversario del levantamiento de Lhasa del 10 de marzo del año 1959, estallaron [en 2008] protestas espontáneas en Lhasa, las cuales no tardaron en extenderse por toda la meseta tibetana. De hecho, el 10 de marzo de 2008, cuando recibí un mensaje desde Lhasa en el que se me informó de que un grupo de varios cientos de monjes del monasterio de Drepung marchaba hacia el centro de la ciudad exigiendo libertad religiosa, me invadió la preocupación e inmediatamente recé por su seguridad. Al día siguiente, varios monjes de Sera salieron a protestar para exigir la liberación de los monjes que habían sido detenidos el día anterior, que habían sido muchos. Entonces, monjes y monjas de otros monasterios, incluido el monasterio Ganden, comenzaron a marchar hacia Lhasa para unirse a las protestas. La policía reaccionó con brutalidad y arrestó a muchos. Este cruel trato hacia los monjes y monjas fue la chispa que encendió una mecha largamente tendida por el régimen opresivo chino en el Tíbet. El 14 de marzo tuvo lugar una protesta masiva que exigía la liberación de los monjes y monjas detenidos. Ese día, cuando la policía se reagrupó, se le unió el ejército, el cual utilizó gases lacrimógenos, ametralladoras y vehículos blindados. A partir del 14 de marzo, las protestas espontáneas se extendieron a Amdo y Kham (las regiones del nordeste y el este del Tíbet) y continuaron durante buena parte de abril.

A nivel internacional, hubo manifestaciones en numerosos países en solidaridad con el pueblo tibetano durante los relevos de la antorcha olímpica. Una de las primeras fue la interrupción del discurso del jefe del comité organizador de Pekín en la ceremonia inaugural de la antorcha olímpica en Atenas, el 24 de marzo de 2008. Varios líderes mundiales instaron a las autoridades chinas a ejercer moderación y reiteraron su apoyo al proceso de diálogo que habíamos iniciado. No obstante, desde Pekín, en lugar de reflexionar sobre las razones por las cuales los tibetanos reaccionaban de esa manera, lo que sucedió fue que la maquinaria propagandística china respondió a la crisis culpándome a mí personalmente. Me acusaron de instigar estas protestas dentro del Tíbet. El 18 de marzo de 2008, el líder del Partido Comunista en el Tíbet declaró lo siguiente: «El dalái es un lobo con hábitos de monje, un demonio con rostro humano pero el corazón de una bestia [...]. Ahora estamos centrados en una feroz batalla de sangre y fuego contra la camarilla del dalái, una batalla a vida o muerte entre nosotros y el enemigo».

Durante su visita de Estado a Laos, el primer ministro chino, Wen Jiabao, me instó (mientras hablaba con los medios internacionales) a calmar la situación dentro del Tíbet. Me ofrecí a hablar directamente con el líder chino Hu Jintao, pero nunca recibí una respuesta. Mientras tanto, la televisión estatal de la China comunista transmitió en todo el país una narrativa que presentaba las protestas tibetanas como un ataque contra los chinos. Esta propaganda tuvo la trágica consecuencia de avivar el racismo contra los tibetanos que viven en la China continental. Me llegaron noticias de discriminación, como que en algunos hoteles se negaba el alquiler de habitaciones a tibetanos, o que en medios de transporte público como trenes y aerolíneas se les rehusaba la venta de billetes, e incluso casos de tibetanos a los que les escupían en parques. Sin darse cuenta, lo que han conseguido los medios estatales chinos es crear una generación de tibetanos profundamente resentidos que nunca olvidarán este racismo tan evidente.

Si bien es cierto que la respuesta oficial del Gobierno chino a las protestas espontáneas en el Tíbet fue muy dura, por suerte, muchos chinos, incluidos intelectuales y escritores de la China continental, mostraron un apoyo y una empatía sin precedentes. Se publicaron más de mil artículos en chino, tanto dentro como fuera de la República Popular China, en los que se refleja el apoyo a la causa tibetana y se exhorta al Gobierno a hablar de verdad conmigo. Liu Xiaobo, uno de los artífices de la *Carta 08* (un manifiesto a favor de los derechos humanos en China publicado en diciembre de 2008) y quien más tarde recibiría el Premio Nobel de la Paz en 2010 por su larga y pacífica lucha por los derechos humanos fundamentales en China, fue uno de los que escribieron para apoyar esta causa. Estos fueron los títulos de algunas de estas publicaciones de autores chinos: «Federalism Is the Best Way to Resolve the Issue of Tibet», «The Middle Way Approach Is the Panacea for Curing the Disease of Ethnic Animosity», «The Dalai Lama's Middle Way Approach Is the Right Way of Resolving the Issue of Tibet». Todos estos textos demuestran de manera inequívoca el apoyo a nuestra propuesta para resolver el conflicto tibetano.

Mientras tanto, hice una serie de llamamientos. Insté a los tibetanos a practicar la no violencia y a no desviarse de este camino por grave que fuera situación. También les recordé que, desde el principio, expresé mi apoyo a la celebración de los Juegos Olímpicos de Verano en Pekín, y exhorté a los tibetanos a que no obstaculizaran los juegos porque entendía que la organización de los Juegos Olímpicos era un gran orgullo para la nación más poblada del mundo. (De hecho, cuando me invitaron a hablar en la ceremonia de entrega de la Medalla de Oro del Congreso de los Estados Unidos, en octubre de 2007, mencioné cómo siempre he animado a los líderes mundiales a interactuar con China, y que he apoyado el ingreso de China en la Organización Mundial del Comercio [OMC], así como la concesión de los Juegos Olímpicos de Verano a Pekín). Volví a insistir en que nuestra lucha es con los dirigentes de la República Popular China, y no con el pueblo chino. Nunca debemos causar malentendidos ni hacer nada que pueda perjudicar al pueblo chino.

Hice un llamamiento dirigido a los hermanos y hermanas chinas de todo el mundo para pedirles que apoyaran mi petición de acabar con la brutal represión en el interior del Tíbet, y para ayudar a disipar los malentendidos entre nuestras dos comunidades. Hice hincapié en que el pueblo chino y el tibetano comparten una herencia espiritual común en el budismo mahayana: alabamos al Buda de la compasión y apreciamos la compasión por todos los seres que sufren como uno de los ideales espirituales más elevados. Preocupado por el peligro de que la enemistad entre tibetanos y chinos fuera a más, también sugerí a los tibetanos que viven en distintas partes del mundo que fundaran asociaciones de amistad sinotibetanas. Estas asociaciones podrían invitar a los chinos que viven en la misma ciudad a festivales y celebraciones tibetanas y a compartir comidas.

Mientras tanto, instruí a mis enviados para que, una vez más, contactaran a sus homólogos chinos y concertaran una reunión. Era una cuestión urgente desactivar la situación dentro del Tíbet e instar a las autoridades chinas a investigar las verdaderas causas de estas protestas generalizadas y tomarse en serio las legítimas quejas del pueblo tibetano. Nuestra iniciativa derivó en una reunión informal entre mis dos enviados y sus homólogos chinos en Shenzhen en mayo de 2008. En ese encuentro, ambas partes acordaron celebrar la séptima ronda de conversaciones formales en Pekín en julio de 2008. Poco después, el 12 de mayo de 2008, un terremoto sin precedentes golpeó la provincia de Sichuan, incluida la zona tibetana de Ngawa (Ngaba). Cuando nos enteramos de lo sucedido, se rezaron oraciones a gran escala por las víctimas del terremoto en las comunidades tibetanas de la diáspora, en lugares como el templo Thekchen Choeling, aquí, en Dharamsala. También hice una donación personal al fondo de ayuda humanitaria a través de la Federación Internacional de Sociedades de la Cruz Roja y de la Media Luna Roja. Más adelante, en ese mismo mes, durante mi visita a Londres, la Embajada de China tuvo la gentileza de permitir que mi secretaria firmara en mi nombre el libro de condolencias de la embajada para expresar mi solidaridad con las víctimas.

Con respecto a nuestro diálogo, al final de la sexta reunión, me sentía frustrado porque habíamos estado dando vueltas en círculos, hablando sobre temas dispares. Hay un dicho tibetano que dice: «Tus pasos deben contribuir a tu viaje». Por eso, después de la sexta reunión, le pedí a mi equipo que me presentara un análisis de las conversaciones hasta ese momento. En esa etapa, ellos aún mantenían la esperanza. Sentían que, después de todo el esfuerzo de escuchar las quejas y preocupaciones de ambas partes, quizá ahora se había creado un espacio para hablar de verdad.

Así, la séptima ronda de reuniones tuvo lugar en Pekín en julio de 2008. Al inicio de esta ronda, mis enviados expresaron a sus homólogos que, a estas alturas, nuestras discusiones debían abordar cuestiones trascendentales. También les trasladaron mi creciente frustración y la impaciencia de la comunidad tibetana. Para la próxima reunión, nos pidieron una declaración formal sobre nuestra posición respecto al grado o la forma de autonomía que buscábamos.

Aunque nuestra posición había sido clara durante años, preparamos un documento formal titulado *Memorándum sobre la autonomía genuina para el pueblo tibetano* que presentamos en la octava ronda de conversaciones, el 31 de octubre de 2008. Reiteramos nuestro compromiso de no buscar la separación ni la independencia, sino más bien una solución al problema del Tíbet a través de una autonomía genuina, compatible con los principios de autonomía establecidos en la Constitución de la República Popular China. Dado que nuestro objetivo fundamental era (y sigue siendo) la protección de los tibetanos como pueblo, con nuestra cultura, idioma y religión propios, un punto clave de nuestra propuesta era establecer un marco en el que todas las regiones tibetanas pudieran disfrutar de la misma forma de protección y gobernanza. También hicimos hincapié en que, si dicha autonomía iba a ser genuina, se debía incluir nuestro derecho a autogobernarnos a nivel local dentro de la República Popular China.

Este documento estaba redactado en un formato y lenguaje que respetaban de forma escrupulosa la Constitución de la República Popular China, así como la Ley de Autonomía Nacional Regional. Queríamos asegurarle a Pekín que realmente creíamos que nuestros objetivos podían alcanzarse dentro del marco existente de la República Popular China y que, según nuestro entendimiento, eran plenamente compatibles con su Constitución.

A pesar de que los chinos sabían que el *Memorándum sobre la autonomía genuina para el pueblo tibetano* representaba nuestro intento sincero de establecer una base formal para las conversaciones, Pekín optó por reaccionar de forma negativa. Menos de dos semanas después de nuestra reunión, el 10 de noviembre, emitieron una declaración pública en la que nos acusaban de «división étnica» y de «buscar una base legal para la llamada independencia tibetana, semiindependencia o independencia encubierta».

Declararon enfáticamente que «la puerta a la independencia tibetana, la semiindependencia o la independencia encubierta nunca estará abierta». Este mismo tipo de críticas se repitió más tarde en el libro blanco de China de 2009, publicado para conmemorar los cincuenta años que habían pasado desde 1959, titulado *Cincuenta años de reforma democrática en el Tíbet*. En ese documento, el Gobierno chino afirmaba lo siguiente: «No hay forma de que la camarilla del dalái lama pueda sostener la cuestión de la independencia del Tíbet, y no logrará su intento de buscar una semiindependencia o independencia encubierta bajo la bandera de "un alto grado de autonomía"». Sin embargo, la autonomía que demandábamos no era, como afirmaba la parte china, ningún tipo de «alto grado de autonomía» que se encontrase fuera del marco de la Ley de Autonomía Nacional de la República Popular China.

Teniendo en cuenta la respuesta negativa inicial de Pekín, y de acuerdo con nuestra Carta de los Tibetanos en el Exilio, se celebró una reunión especial de cinco días, del 17 al 22 de noviembre de 2008, para discutir sobre las conversaciones mantenidas con Pekín. Casi seiscientos delegados que representaban a comunidades tibetanas de diferentes partes del mundo, así como a sectores clave, deliberaron y, una vez más, apoyaron de forma abrumadora nuestro enfoque del camino medio.

Un mes después, al dirigirme al Parlamento Europeo en Bruselas el 4 de diciembre de 2008, respondí a las críticas chinas dejando claro que nuestra intención nunca había sido expulsar de la meseta tibetana a los que no eran tibetanos, sino expresar nuestra preocupación por el movimiento de población masivo inducido por su parte, sobre todo, de ciudadanos de la etnia han, aunque también de otras nacionalidades, hacia muchas regiones tibetanas. Este desplazamiento había marginado a la población tibetana nativa y amenazado el frágil ecosistema del Tíbet. Ante respuestas tan irracionales y excesivamente negativas a nuestra propuesta, no pude evitar compartir mi frustración, y afirmé que, aunque mi fe en el pueblo chino seguía intacta, mi confianza en el Gobierno chino se iba debilitando día tras día.

La respuesta oficial de Pekín al memorándum fue profundamente decepcionante. A lo largo de estas rondas de negociaciones iniciadas en 2002, en ningún momento la parte china presentó una propuesta seria. A pesar de su ataque inmediato y deliberado a nuestra propuesta, preparamos una nota en respuesta a sus reacciones y afirmaciones, al partir de la suposición de que quizá habían malinterpretado algunos puntos. En esta nota de aclaración, también abordamos lo que la parte china denominaba «los tres compromisos», que establecían una especie de línea infranqueable. Estos eran: (1) la adhesión de las autoridades del país al Partido Comunista Chino, (2) la adhesión al socialismo con características chinas, y (3) la adhesión a la Ley de Autonomía Nacional Regional. Nuestro documento de aclaración se presentó en la novena ronda de discusiones, en enero de 2010. Resultó ser el final de nuestras conversaciones. Desde entonces, los diálogos formales no se han vuelto a retomar.

El 19 de marzo de 2011, cuando tenía setenta y cinco años, hice un comunicado público en el que declaré mi decisión de retirarme de manera total. De esta manera ponía fin al proceso de transferencia de competencias políticas que había comenzado en 2001, cuando tuvimos a nuestro primer líder político plenamente elegido dentro de la comunidad tibetana en el exilio. Dije que el gobierno por parte de reyes y figuras religiosas estaba obsoleto y que debíamos seguir la tendencia del mundo libre, que avanza hacia la democracia. Además, consideré que era lo más apropiado que yo, como el decimocuarto en la línea de los dalái lamas, pusiera fin de forma voluntaria, feliz y con orgullo a la autoridad temporal del dalái lama, para que un liderazgo elegido de modo democrático asumiera ese papel. El 29 de mayo de ese año, logramos hacer los preparativos necesarios, incluida la enmienda de la Carta de los Tibetanos en el Exilio, con el fin de institucionalizar este cambio fundamental. Esta enmienda fue precedida por una asamblea especial del pueblo tibetano, y mi último acto ejecutivo consistió en firmar oficialmente la carta revisada. De esta manera, me retiré por completo y transferí toda la autoridad secular a los líderes tibetanos elegidos democráticamente. En agosto de 2011, tras ganar las elecciones, Lobsang Sangay asumió el cargo de *kalon tripa* («jefe del gabinete») y más tarde adoptó el título de *sikyong* (presidente de la Administración Central Tibetana). Después de servir durante dos mandatos de cinco años, en 2021 fue elegido Penpa Tsering, persona que ocupa el cargo de *sikyong* en la actualidad.

Al anunciar mi retiro total de la función política en mayo de 2011, aseguré al pueblo tibetano, tanto dentro del Tíbet como en el exilio, que mi decisión de transferir la autoridad política no reflejaba en absoluto una pérdida de interés, determinación o un abandono de mi compromiso con la lucha tibetana por la verdad y la libertad. Como tibetano conectado kármicamente con la línea de los dalái lamas, no habría manera de que pudiera abandonar la causa del Tíbet y su pueblo. Mi única motivación era hacer lo que consideraba mejor para el pueblo tibetano, en especial, en lo que respecta a garantizar la sostenibilidad a largo plazo de nuestra lucha por la libertad. Si la cuestión tibetana permaneciera sin resolverse durante varias décadas más, todos sabíamos que llegaría un momento en el que yo ya no podría liderar el movimiento. En cambio, si, estando yo aún vivo, establecíamos un sistema en el que la Administración Central Tibetana asumiera plenamente la responsabilidad del liderazgo político, nuestra administración tendría el tiempo necesario para adquirir las habilidades y la experiencia necesarias para funcionar sin depender de mi liderazgo. Si durante este periodo de transición surgieran algunos retos, no cabía duda de que estaría allí para ayudar en lo que pudiera. Además, este acto de descentralización demostraría al mundo, y sobre todo a Pekín, que nuestra lucha tiene que ver con el bienestar de todo un pueblo, no con el dalái lama o su institución. Yo estaba poniendo fin al liderazgo político del dalái lama sobre el pueblo tibetano no solo de manera voluntaria, sino también con alegría y orgullo. Esta transferencia total de poder no solo fue una decisión personal, sino que también marcó el fin de la autoridad temporal de los dalái lamas, la cual se había implementado en el siglo XVII en la época de uno de mis predecesores, el quinto dalái lama.

A medida que se hacía evidente que nuestras conversaciones con Pekín no estaban derivando en resultados significativos, muchos tibetanos empezaron a desesperarse. Una trágica expresión de esta desesperación fue la ola de inmolaciones que comenzó el 27 de febrero de 2009, cuando un joven monje, Tapey, del monasterio de Kirti, en el condado de Ngawa (en el nordeste del Tíbet), se prendió fuego en el mercado. Desde entonces, más de 160 monjes, monjas y laicos —la mayoría de ellos jóvenes— han recurrido a esta forma de protesta, principalmente, en el Tíbet, aunque también se han dado algunos casos en la India y Nepal. Uno de los casos más recientes ocurrió el 24 de febrero de 2022. Tsewang Norbu, un famoso cantante con gran cantidad de seguidores, tanto en el Tíbet como en la

China continental, se inmoló frente al palacio de Potala. Tan solo tenía veinticinco años. Me han dicho que eliminaron sus canciones de las plataformas de música en China y que toda noticia sobre su muerte ha sido censurada. De hecho, su presencia en internet, así como cualquier información biográfica, ha sido completamente borrada, hasta el punto de que no queda ningún rastro de su existencia en los recursos accesibles para las personas en China y el Tíbet. También me han contado que su padre se quitó la vida en mayo, tras haber sido acosado repetidas veces por la Policía china. Este último ejemplo demuestra de forma contundente que los agravios del pueblo tibetano trascienden el estatus socioeconómico y están profundamente arraigados en su propia psique. Es evidente que el acto de inmolarse expresa la desesperación más profunda, la falta de esperanza e infelicidad que siente el pueblo tibetano frente al Gobierno de la China comunista en su tierra natal.

El primer caso conocido de autoinmolación tibetana ocurrió en Nueva Deli en 1998. Fui en persona a ver a Thupten Ngodup cuando agonizaba en la unidad de quemados de un hospital de la capital india. Una de las primeras veces que hablé públicamente sobre mis sentimientos respecto a este doloroso tema fue en una rueda de prensa durante una visita a Tokio en junio de 2010. Fue más o menos un año después de que aquel joven monje del monasterio de Kirti, en el nordeste del Tíbet, se inmolara. En respuesta a la pregunta de un periodista, compartí tres cosas como parte de mi respuesta. En primer lugar, que siento una profunda tristeza y dolor cada vez que me entero de un caso así. En segundo lugar, que no puedo alentar actos tan drásticos porque no creo que realmente influyan en las autoridades chinas. En tercer lugar, que espero que estos trágicos actos por parte de los tibetanos hagan que las autoridades chinas se pregunten qué está motivando a estos jóvenes tibetanos.

Hasta el día de hoy, sigo sintiendo una lucha interna con este tema de la autoinmolación. Por un lado, puedo empatizar con la profunda impotencia que sienten los tibetanos por lo que está ocurriendo en su tierra natal. Por otro lado, la pérdida de cualquier vida es una pérdida demasiado grande. Este acto es, sin duda, extremo, pero la realidad es que aquellos que lo han cometido eligieron no quitarles la vida a otros, sino solo sacrificar la suya propia.

CAPÍTULO 13

MIRANDO ATRÁS

Como ya he dicho, desde que me exilié, en 1959, solo hemos tenido dos periodos de conversaciones consistentes con Pekín. Ninguno de los dos ha llevado a una etapa en la que pudiera producirse una negociación real y sustantiva al más alto nivel. Naturalmente, me he preguntado por qué estas rondas de diálogos no lograron derivar en una solución negociada para la cuestión del Tíbet.

Al mirar atrás, cuando tuvimos nuestra primera serie de conversaciones, impulsadas por la apertura de Deng Xiaoping hacia mi hermano en marzo de 1979, y la posterior reunión de este con Hu Yaobang, pensamos que existía una oportunidad real. Por nuestra parte, depositamos muchas esperanzas en la posibilidad de llegar a detalles específicos sobre cómo, dentro del marco de la declaración original de Deng Xiaoping —«excepto la independencia, todo es negociable»—, podría encontrarse una solución duradera y aceptable para ambas partes. El objetivo era que estos diálogos culminaran en un acuerdo firmado formalmente por el líder chino y por mí. Al menos sabíamos que, en las cúpulas de poder más altas de China, se había expresado la disposición al diálogo. Además, parecía evidente que el Gobierno chino estaba abierto a mantener discusiones serias sobre asuntos internacionales no resueltos que seguían siendo fundamentales para la formación de la República Popular China como un país moderno. Ese mismo mes, marzo de 1979, Deng invitó al gobernador de Hong Kong a conversar sobre el futuro de lo que entonces era una colonia británica. Esto inició una serie de negociaciones internacionales que concluyeron en 1984 con el acuerdo para entregar la colonia a China en 1997.

Durante una de las primeras rondas de reuniones en 1982, la parte china compartió con nuestra delegación una copia del texto de la Región Administrativa Especial (SAR, por sus siglas en inglés) que se proponía aplicar al estatus de Hong Kong. Más adelante, este marco se convirtió en el artículo 31 de la Constitución de la República Popular China, y nos sugirieron estudiarlo, ya que esta propuesta de Región Administrativa Especial podría tener relevancia para el Tíbet. Mi delegación entendió esto como una señal de que podría ser posible diseñar una solución siguiendo algo similar a lo propuesto en el artículo 31, lo que estaría en conformidad con el principio fundamental enunciado por Deng. Sin embargo, como ya hemos visto, al final, la parte china no mostró un interés verdadero por esta posibilidad.

Con respecto al segundo periodo de conversaciones, entre 2002 y 2010, al mirar atrás con la perspectiva del tiempo, me pregunto si alguna vez hubo intención genuina por parte de los líderes chinos de discutir para cambiar las cosas. Nuestras conversaciones nunca avanzaron más allá del nivel del ala del Frente Unido dentro del Partido Comunista Chino encargada de tratar con las minorías nacionales. Uno podría preguntarse por qué persistimos en tal contexto. La respuesta es simple. Al final, el problema del Tíbet solo debe y puede resolverse mediante el diálogo directo entre el pueblo tibetano y el pueblo chino. No hay otra opción viable. Por el hecho de haberme convertido en el dalái lama, ha sido mi responsabilidad y mi misión en la vida hablar y seguir hablando en nombre del pueblo tibetano.

Una respuesta explícita de Pekín a nuestro *Memorándum sobre la autonomía genuina para el pueblo tibetano* llegó en 2013 en forma del libro blanco de China sobre el Tíbet, titulado *Desarrollo y progreso del Tíbet*. En este documento, se nos acusó de haber «planteado los llamados conceptos del Gran Tíbet y "un alto grado de autonomía", los cuales, de hecho, van en contra de las condiciones reales de China y violan la Constitución y las leyes pertinentes». Quizá la acusación sobre el «Gran Tíbet» hacía referencia a nuestra propuesta de que todas las áreas tibetanas —compuestas por las tres provincias de Ü-Tsang, Kham y Amdo— fueran gobernadas bajo una sola Administración para garantizar una política uniforme en toda la meseta tibetana. En realidad, esta idea no es nueva. Antes de su muerte en 1989, el panchen lama, en su calidad de vicepresidente de la Asamblea Popular Nacional dentro de la República Popular China, declaró que el deseo de establecer una región autónoma para una nación tibetana unificada era apropiado e iba en consonancia con las normas legales. Con «normas legales» el panchen lama se refería a la propia doctrina de nacionalidades del Partido Comunista Chino. Esta doctrina establece que las unidades territoriales autónomas deben corresponder a lugares donde las poblaciones de cada nación vivan de manera firme y contigua. Siguiendo esta lógica, toda la meseta tibetana —compuesta por las tres provincias de Ü-Tsang, Kham y Amdo— debería formar parte de una única región autónoma. Además, ya en 1956, el Gobierno central chino creó un comité especial del que formaba parte el alto miembro del Partido Comunista Sangye Yeshi (también conocido como Tian Bao), un caso poco común de uno de los primeros tibetanos comunistas que contaron con la confianza del presidente Mao. Este comité tenía el encargo de redactar un plan detallado para integrar las áreas tibetanas en una sola región autónoma. No obstante, esta iniciativa se vio frustrada por elementos ultraizquierdistas dentro del Partido Comunista Chino. También existe un precedente dentro de la República Popular China en su manejo de otras nacionalidades, donde distritos antes divididos en áreas separadas fueron posteriormente unificados bajo una sola Administración. Por ejemplo, en 1979, las áreas separadas de Mongolia Interior fueron reincorporadas a la Región Autónoma de Mongolia Interior. La verdadera importancia de esta cuestión radica en cuál podría ser la mejor manera de proteger al pueblo tibetano y su idioma, cultura y patrimonio espiritual distintivos.

Por nuestra parte, en nuestras interacciones con Pekín, existía un propósito claro y una cadena de mando reconocible. Mis enviados me informaban directamente a mí, y yo, asimismo, hablaba en nombre del pueblo tibetano, tanto dentro del Tíbet como en el exilio. En concreto, cuando comenzó la segunda serie de conversaciones, a los líderes del equipo se les designó como mis enviados de forma explícita. Esto significaba que la parte china siempre sabía con quién estaba hablando. Sin embargo, para nosotros, como externos, resultaba difícil saber con precisión con quién del lado chino estábamos tratando. En primer lugar, cuando hay un cambio de liderazgo dentro del Partido Comunista Chino, su significado puede ser opaco. En retrospectiva, hubo un cambio radical entre la época de Mao y la de Deng, pero las diferencias entre Deng y Jiang Zemin, entre Jiang y Hu Jintao, y entre Hu y Xi Jinping fueron extremadamente difíciles de percibir y gestionar en tiempo real. Además, al tratar con cualquier líder chino, no siempre estaba claro si uno estaba hablando con una persona con poder real o con alguien atrapado en la compleja red de relaciones de poder dentro del politburó. Entre otros casos, puede que los acercamientos de Jiang Zemin en 1998 hubieran sido sinceros, pero parecían haber sido bloqueados dentro de la cúpula de poder. Teniendo esto en cuenta, dado que Xi Jinping ha emergido como el líder chino más poderoso desde Deng Xiaoping, yo tenía la esperanza de que aprovechara la oportunidad para adoptar una visión audaz y resolver la cuestión del Tíbet. Sabía que el presidente Xi había hecho comentarios positivos sobre la importancia del budismo, en particular, en el contexto de la lucha de China contra el vacío moral que se ha manifestado en una corrupción generalizada. Esta percepción se confirmó más adelante cuando visitó la sede de la Organización de las Naciones Unidas para la Educación, la Ciencia y la Cultura (Unesco) en París, donde destacó cómo el budismo había tenido un impacto profundo en las creencias religiosas, la filosofía, la literatura y las costumbres del pueblo chino. Algunas personas también me dijeron que la madre de Xi era practicante budista. Y, por supuesto, como mencioné antes, conocí personalmente al padre de Xi Jinping, con quien me reuní durante mi visita a Pekín en 1954-1955. El padre de Xi, quien sufrió durante la Revolución Cultural a pesar de ser un aliado de Deng Xiaoping, se opuso a la brutal represión de las protestas estudiantiles de Tiananmén. Por ello, tenía la esperanza de que el presidente Xi pudiera sentir más empatía por el pueblo tibetano. De hecho, cuando se anunció que Xi Jinping visitaría Deli en 2014, incluso expresé mi deseo de reunirme con él en persona. Lamentablemente, este gesto no llevó a nada.

Me vienen a la mente dos preguntas importantes: ¿alguna vez los chinos quisieron en serio hacer negociaciones sustantivas sobre el Tíbet? ¿Qué lecciones deberíamos aprender de nuestra historia lidiando con la República Popular China hasta ahora para el futuro de nuestra lucha por la libertad?

Algunos de nuestros partidarios internacionales han señalado que la parte china nunca tuvo la intención sincera de resolver la situación. Dicen que para China lo importante era que se la viera hablar, más que dialogar realmente. En la década de 1980, sus motivos habrían sido facilitar las negociaciones sobre Hong Kong y Macao (que, obviamente, fueron un gran triunfo internacional para Deng Xiaoping), luego permitir que China abriera su economía al mundo y, más tarde, conseguir la aceptación internacional en su ascenso como potencia global, tal como se evidenció en la organización de los Juegos Olímpicos de Verano de 2008.

Conocí a Deng Xiaoping en los años cincuenta del siglo pasado. Cuando recibí su propuesta, de verdad creí que hablaba en serio. Esta creencia se fortaleció aún más cuando Hu Yaobang visitó el Tíbet y reconoció públicamente algunos de los errores que el Partido Comunista Chino había cometido en relación con el pueblo tibetano. A esto lo siguió la reunión de Hu Yaobang con mi hermano Gyalo Thondup. Sin embargo, las conversaciones que siguieron no llevaron a ninguna parte, y sus propuestas nunca fueron más allá de la cuestión de mi estatus personal y mi posible regreso.

Permitidme abordar la segunda pregunta: ¿qué lecciones deberíamos aprender de nuestra experiencia en estos diálogos? En primer lugar, una vez que ambas partes han asumido el compromiso de seguir el camino de la negociación, debe existir una confianza genuina en la buena intención del otro. Esto es fundamental para que los acontecimientos en el mundo —siempre habrá acontecimientos durante un periodo prolongado de diálogo— no interrumpan ni desvíen las conversaciones que se están llevando a cabo. En segundo lugar, como parte de la protección de esa confianza mutua, es esencial mantener una línea abierta de comunicación. Debe existir un mecanismo que permita disipar de inmediato cualquier posible sospecha o duda que pueda surgir por cualquier motivo, incluyendo, en especial, declaraciones públicas de cualquiera de las partes. En tercer lugar, en cualquier negociación donde exista una enorme disparidad de poder, como fue el caso en nuestro diálogo, la parte más fuerte debe demostrar una mayor magnanimidad y respeto hacia su interlocutor.

Me han dicho que en toda negociación debe haber concesiones de ambas partes, y mi enfoque siempre ha sido expresar con honestidad cuál creo que debería ser la solución a la que aspiramos llegar. Como saben mis dos enviados y sus colegas que los acompañaron en las diversas rondas de conversaciones, mi enfoque en nuestros diálogos ha sido sincero y directo. Al ser monje, la honestidad es un valor fundamental para mí. Por eso, les dije a mis enviados que quería presentar de manera clara y franca cuáles eran mis verdaderos objetivos, en lugar de comenzar con una «posición negociadora» inicial que luego pudiera reducirse hasta llegar a lo que realmente buscaba. De ahí que las propuestas que he hecho representen, como ya he señalado, una desviación significativa de la demanda de restauración de la independencia del Tíbet: implican una concesión importante por nuestra parte. Como pueblo de un país ocupado, los tibetanos tenemos derecho a restaurar nuestra independencia. No obstante, por las razones que he explicado antes, creo que es posible que los tibetanos encontremos una manera de vivir dentro de la familia de la República Popular China, siempre que exista un respeto genuino a nuestros derechos, nuestra dignidad y nuestras necesidades como pueblo con un patrimonio lingüístico, cultural, religioso e histórico único.

Hasta la fecha, no creo que Pekín haya logrado crear un Estado multinacional en el que el pueblo tibetano pueda sentir de verdad que tiene un hogar. En otras palabras, no ha conseguido materializar lo que está implícito en una parte importante de su nombre, «República Popular China», cuya equivalencia en chino contiene la palabra *gunghe* (en tibetano, *chithun*), que connota una «unión armoniosa». A menudo menciono el ejemplo de la Unión Soviética (oficialmente conocida como la Unión de Repúblicas Socialistas Soviéticas) antes de su colapso, como un intento, al menos serio, de crear un Estado multinacional moderno. A diferencia de lo que sucede en la denominación «República Popular China», las palabras «Rusia» o «ruso» no aparecían en el nombre del Estado compuesto moderno. Este simple hecho facilitó que los no rusos se identificaran con el nuevo Estado y también hizo posible que incluso personas no rusas, como Stalin y Brézhnev, llegaran a liderar la Unión Soviética. La China comunista, por otro lado, aún no ha logrado crear un Estado multinacional moderno e inclusivo en el que los tibetanos puedan sentirse en casa. La simple verdad es que ningún tibetano dirá jamás «soy chino».

Mi postura sobre la mejor manera de resolver la cuestión del Tíbet ha sido coherente desde que comenzaron las conversaciones directas con Pekín en 1979. He llamado a esto el enfoque del camino medio. En el centro de este enfoque estaba la búsqueda de un marco sólido que ofreciera a los tibetanos la posibilidad de seguir existiendo como un pueblo distinto, con dignidad, con su lengua, cultura, ecología y fe budista propias. Además, en mi enfoque siempre me he esforzado por respetar el principio de que es importante tomarse en serio las perspectivas e intereses de ambas partes. Lo que más le importa a China parece ser la integridad territorial y la estabilidad, mientras que lo que más nos importa a nosotros es una autonomía genuina que garantice el autogobierno en los ámbitos de la lengua, la cultura, la ecología y la religión. Incluso si se logra un acuerdo mutuamente aceptable mediante la negociación, es esencial contar con un mecanismo de cumplimiento sólido que asegure que ambas partes respetan los términos acordados. Digo esto desde mi propia experiencia personal y al observar la situación de Hong Kong en la última década.

Aunque nuestro diálogo formal con Pekín llegó a su fin en 2010, hasta 2019 mantuve contactos informales y, en ese momento, confidenciales con líderes de Pekín a través de ciudadanos chinos. Entre quienes vinieron a verme y hablar conmigo, hubo algunos que parecían tener acceso a dirigentes importantes de Pekín. Algunos de los que vinieron a hablar conmigo tenían un objetivo claro: persuadirme de regresar «a casa». En esas reuniones, dejé claro que, por el momento, esa cuestión era bastante prematura. Dije que, en su lugar, deberíamos trabajar para allanar el camino que me permitiera visitar China y el Tíbet, sobre todo, en calidad de peregrino. Tal vez Pekín consideró que, dada mi avanzada edad, ahora podría estar más dispuesto a regresar a casa. Detrás de esta invitación informal también podría haber estado la creencia de que, una vez que el dalái lama «regresara», la cuestión del Tíbet quedaría «resuelta», si se consideraba mi regreso permanente como la solución implícita de dicha cuestión. Si ese es el caso, esto significaría que, tras varios cambios de liderazgo a lo largo de cuatro décadas, y a pesar de dos rondas de diálogos (1979-1989 y 2002-2010), Pekín no ha avanzado más allá de los cinco puntos que presentó Hu Yaobang, todos ellos, centrados exclusivamente en mi estatus personal, sin intentar abordar el verdadero problema: el bienestar del pueblo tibetano.

Lo más lamentable es que Pekín no haya aprovechado la oportunidad que ofrecí para resolver la cuestión del Tíbet de tal forma que fuera beneficiosa para las dos partes. No creo que Pekín no entendiera lo que estaba ofreciendo. La única conclusión lógica a la que puedo llegar es esta: *aunque en algún momento pudo haber existido un deseo sincero de resolver la cuestión del Tíbet mediante la negociación, faltaron tanto el valor como la voluntad política necesaria por parte de los líderes chinos.* Tengo la sincera esperanza de que Pekín encuentre el valor necesario para resolver, a través de medios pacíficos, esta prolongada cuestión del Tíbet, antes de que sea demasiado tarde.

CAPÍTULO 14

✳

LO QUE ME DA ESPERANZAS

Aunque hasta la fecha no ha habido un avance significativo con el Gobierno de Pekín, lo que me da esperanza es que la relación entre los dos pueblos —el tibetano y el chino— no ha sido dañada de manera irreparable. A medida que más y más ciudadanos chinos de a pie llegan a comprender la cuestión del Tíbet, están empezando a entender nuestra lucha tan justa y a simpatizar con ella. Por mi parte, también he valorado profundamente todas las oportunidades que he tenido de entablar conversaciones con el pueblo chino, sobre todo, con aquellos de la China continental. Por ejemplo, bajo el amparo de la Institución Brookings, he mantenido una serie de diálogos con destacados académicos chinos que se preocupan por el futuro de China. Estas conversaciones, que fueron bastante abiertas y sinceras, tuvieron lugar en Washington D. C., en el Instituto Aspen y, de manera especialmente destacable, en Ladakh, la India. En una de esas reuniones en Washington D. C., un tema central de la conversación fue la crisis moral, a la luz de la cultura agresiva del «enriquecerse a toda costa» que se ha extendido por toda China. A nivel personal, estas conversaciones me han parecido profundamente útiles para comprender la China actual, así como sus desafíos y oportunidades. También he tenido conversaciones similares con académicos chinos en otros lugares, como Berlín, Ginebra y Hamburgo.

Gracias al reconocido intelectual chino Wang Lixiong, el cual está casado con la valiente poeta y activista tibetana Tsering Woeser, en 2010 también tuve la excepcional oportunidad de participar en una sesión de preguntas y respuestas en vivo con ciudadanos chinos dentro de China. Al anunciar este diálogo en internet unos días antes, Wang les pidió a los usuarios chinos que me enviaran preguntas. Luego se invitó a los internautas a clasificarlas según sus preferencias y, mediante este proceso democrático, se seleccionaron ocho. Consideré que esas preguntas que se me plantearon representaban de forma genuina aquello que muchas personas en China querían saber sobre mí y que querían planteármelas directamente a mí. Por ello, permitidme compartir de forma breve este intercambio de preguntas y respuestas.

Una de las preguntas estaba relacionada con mi visión sobre el futuro papel de los líderes religiosos en el Tíbet; en particular sobre el estatus del dalái lama y el panchen lama. A esto respondí que ya en 1969 había emitido una declaración formal en la que afirmaba que la cuestión de si la institución del dalái lama debía continuar o no era algo que tenía que decidir el pueblo tibetano. También les dije que, tan pronto como el Tíbet alcanzara una autonomía genuina, yo no ocuparía ningún cargo oficial en un futuro Gobierno tibetano.

Hubo una pregunta sobre cómo los chinos y los tibetanos pueden cultivar y mantener buenas relaciones como dos pueblos distintos. Subrayé que, si chinos y tibetanos se acercaran los unos a los otros partiendo de la igualdad y reconociendo la humanidad que compartimos, no habría barreras para la comunicación. Partiendo de esta base, muchos problemas podrían resolverse fácilmente. Expresé que, desde mi propio enfoque personal, con independencia del país que visite, siempre destaco la importancia de nuestra humanidad común. Señalé que, incluso cuando nos reunimos para tratar algún problema difícil, es fundamental que ambas partes empiecen por conectar a nivel humano. Ese es el nivel en el que todos somos exactamente iguales. Solo cuando se reconoce y se honra mutuamente esta verdad, las partes pueden abordar los temas más desafiantes que puedan haber surgido por diferencias de raza, religión, cultura, idioma o política.

Luego me preguntaron por qué las diversas reuniones entre los tibetanos y el Gobierno chino siempre han resultado infructuosas. ¿Cuáles eran exactamente las cuestiones que habían sido tan intratables durante décadas? Contesté que el principal problema era que el Gobierno chino seguía insistiendo en que no existe la denominada cuestión tibetana, y en que lo único que existe es el problema del dalái lama. Sin embargo, la simple verdad es que yo no tengo peticiones personales. La cuestión tiene que ver con el destino del pueblo tibetano, su cultura, lengua, religión y su frágil ecología. Dije que, si llega el día en que los líderes chinos estén dispuestos a afrontar la cuestión tibetana y trabajar para encontrar una solución, prestaré todo mi apoyo, porque nuestro objetivo es encontrar un lugar significativo para el Tíbet y su pueblo dentro de la familia de la República Popular China. Añadí que el Gobierno de Pekín insiste mucho en la estabilidad del Tíbet, pero que la verdadera estabilidad solo puede surgir de la confianza, y eso es algo que no puede lograrse a la fuerza ni mediante la represión.

Lo cierto es que a nivel personal este diálogo en vivo por internet me pareció inolvidable. La posibilidad de poder tener una conversación en tiempo real con hermanos y hermanas chinos del interior de China me resultó increíble. Lo que me llevé de este diálogo fue que muchos chinos reflexivos, sinceramente preocupados por el futuro de su país, comprenden la situación del Tíbet y reconocen que debe encontrarse una solución duradera que garantice la supervivencia del pueblo tibetano como tal. Este intercambio en vivo con hermanos y hermanas chinos me dio esperanzas y reforzó mi convicción de que, independientemente del estado de nuestra relación a nivel gubernamental y «oficial», mientras los tibetanos y los chinos eviten el camino del odio mutuo, siempre existirá una base para encontrar el entendimiento genuino entre nuestros dos pueblos.

En 2013, durante una visita a Nueva York, tuve la grata oportunidad de conversar con el artista y activista chino Ai Weiwei. Una de las preguntas que me hizo fue si aún tenía esperanzas de regresar a mi tierra natal. «Sí, tengo esperanzas», le respondí. De hecho, es humano echar de menos nuestro hogar, aunque los tibetanos solemos decir: «Donde seas feliz, ahí está tu hogar». Yo albergaba la esperanza de poder volver al menos una vez antes de morir. Ahora que estoy cerca de cumplir los noventa, es algo que cada vez parece más improbable.

Durante mis viajes a Norteamérica, Europa, Japón y Australia, chinos de diversos orígenes vinieron a verme: ciudadanos de a pie, intelectuales, escritores, artistas, líderes empresariales, personas con acceso a altos dirigentes de Pekín, así como antiguos funcionarios del Gobierno y del Ejército. También me encontré con algunos lamas tibetanos de alto rango y funcionarios tibetanos dentro del sistema chino que consiguieron venir a verme. Digamos que he tenido buenas oportunidades para explicarles la necesidad de resolver la cuestión del Tíbet solo por una vía no violenta y con un enfoque que sea mutuamente beneficioso. Uno de los encuentros más conmovedores y emotivos con un ciudadano chino lo tuve con la esposa del laureado con el Premio Nobel, Liu Xiaobo. Me reuní con Liu Xia en un viaje que hice a Suecia en 2018. En el instante en que me vio, Liu Xia rompió a llorar. La consolé y le expresé mi profunda admiración por los valientes esfuerzos de Liu Xiaobo en favor de los derechos humanos en China, así como por su propio coraje y el apoyo que le brindó a la misión de su esposo. Ella me dijo que quería contarme cuánto respetaba su esposo mi labor y cómo creía sinceramente que mi enfoque del camino medio ofrecía una base real para resolver la antigua cuestión del Tíbet. Después me regaló un ejemplar de un libro de poemas de su difunto esposo, y yo, por mi parte, la obsequié con traducciones al chino de dos de mis libros.

En cualquier caso, este tipo de contacto humano entre chinos y tibetanos, a nivel personal, debería fomentarse y fortalecerse de verdad. Y por parte de los tibetanos, es de vital importancia recordar que el pueblo chino también ha sufrido bajo el Gobierno opresivo del Partido Comunista. Tampoco debemos olvidar nunca que las naciones y los países pertenecen a sus pueblos, no a sus Gobiernos. Por muy duraderos o poderosos que puedan parecer en un momento dado, los Gobiernos vienen y van, pero los pueblos siempre permanecen. Esa es la pura verdad.

Además, dado el gran número de budistas que hay en China, a petición de organizaciones relevantes, he tenido la suerte de impartir enseñanzas presenciales en la India específicamente para budistas chinos, sobre todo, desde 2009, cuando se fijó la tradición anual de impartir estas formaciones para ellos. Entre los asistentes, también había muchos miembros monásticos, incluidos algunos provenientes de los monasterios del monte Wutai Shan. En algunas ocasiones, cuando ciudadanos de la China continental venían a verme en privado, algunos se emocionaban hasta el punto de llorar en mi presencia y se disculpaban por los sufrimientos que el pueblo tibetano ha padecido bajo el régimen comunista chino. Expresaban su profunda gratitud por el hecho de que lo que Pekín había hecho a los tibetanos no logró sembrar odio en los corazones de los tibetanos hacia el pueblo chino. Decían sentirse completamente en paz al caminar por Dharamsala (donde vivo) o en Bodh Gaya, donde miles de budistas tibetanos se congregan en invierno para hacer peregrinaciones y asistir a enseñanzas budistas.

Durante una de mis visitas a París, tuve una reunión con un grupo de chinos que nunca olvidaré. Un joven —un estudiante de Mongolia Interior— se levantó y dijo que tenía un mensaje importante para mí de parte de su abuelo. Me explicó que su abuelo había pertenecido a la caballería del Ejército Popular de Liberación que atacó el Tíbet en 1950. Después de todos estos años, su abuelo le pidió a su nieto que me hiciera llegar sus disculpas en su nombre. Me conmovió profundamente la sinceridad con la que el joven me transmitió esa disculpa de parte de su abuelo.

CAPÍTULO 15

LA SITUACIÓN ACTUAL Y EL CAMINO A SEGUIR

Lamentablemente, en la actualidad la situación dentro del Tíbet se presenta sombría. Las políticas de Xi Jinping, el cual visitó el Tíbet en 2021 (la primera visita de un líder chino en más de treinta años), parecen centrarse en endurecer los controles e intensificar las medidas orientadas a la asimilación. Entre otras cosas, en el ámbito lingüístico, se está imponiendo el chino como idioma principal en la educación con el objetivo de crear una generación de tibetanos cuya lengua materna sea el chino y no el tibetano. Existen informes preocupantes sobre niños —según algunas fuentes, hasta un millón— a los que están separando de sus familias y trasladándolos a internados donde solo se les da clase en mandarín. Esto sugiere que el Gobierno chino está adoptando una práctica colonial completamente deshonrosa. Alarmado por este nuevo avance, en diciembre de 2023 el Parlamento Europeo aprobó una resolución en la que condena este tipo de asimilación forzada de niños tibetanos en internados estatales chinos y pidió el cese inmediato de esta práctica. El Consejo de Derechos Humanos de las Naciones Unidas y también el Congreso de los Estados Unidos expresaron preocupaciones similares. De hecho, esta práctica contradice la propia Constitución de China, en la que se garantiza que «todas las nacionalidades tienen libertad para usar y desarrollar su propia lengua». También constituye una violación directa de la Ley de Autonomía Nacional Regional, la cual estipula que las escuelas y otras instituciones educativas con «estudiantes de minorías étnicas pueden utilizar su propia lengua para la enseñanza». Esta situación me preocupa profundamente.

En el ámbito religioso, se ha implementado una nueva política de control directo por parte del partido sobre monasterios y conventos, que impone una vigilancia y control intensificados sobre las comunidades monásticas. Me han informado de que hoy en día existen comisarías de policía dentro de los recintos de muchos monasterios. Los monasterios tibetanos también están viéndose obligados a incorporar funcionarios comunistas chinos en la administración de su gestión. Este endurecimiento de las restricciones sobre la vida religiosa del pueblo tibetano, especialmente en los monasterios, comenzó en 2017 con una política específica adoptada por el Reglamento sobre Asuntos Religiosos del Consejo de Estado de China. En resumen, se están implementando diversas regulaciones nuevas, todas orientadas a lo que las autoridades chinas llaman la promoción de un «budismo tibetano con características chinas». Una de estas nuevas normas determina que el currículo monástico debe incluir cursos sobre política, leyes, reglamentos, políticas del Estado, idioma chino y la historia de la relación entre el Tíbet y la «madre patria».

En cuanto a la población tibetana en general, me informan de que en Lhasa y otros lugares se ha producido un aumento significativo de la vigilancia, tanto de la vida cotidiana como del uso de internet. Líderes comunitarios, defensores del medio ambiente, filántropos y activistas sociales son especialmente objeto de represión. Aún no hay noticias sobre el destino del panchen lama, mientras que cualquier exhibición de la bandera nacional tibetana o de mi retrato sigue estando prohibida. En efecto, se está llevando a cabo un nuevo experimento social basado en la intimidación y la asimilación forzada que se ve amplificado por los nuevos dispositivos tecnológicos y los medios digitales. Cada vez más, a los tibetanos que viven dentro del Tíbet se les lleva a creer que, desde la perspectiva de las autoridades chinas, su único error es ser tibetanos.

Si Pekín mirara la historia del pasado, vería que lo cierto es que las políticas de represión y asimilación forzada no funcionan. De hecho, son contraproducentes, ya que el resultado principal es la creación de generaciones profundamente resentidas con la presencia de la China comunista en la meseta tibetana. Si los líderes chinos de verdad quieren construir un país estable y armonioso en el que el pueblo tibetano pueda sentirse en casa, sus políticas deben basarse en el respeto a la dignidad de los tibetanos y en reconocer seriamente la aspiración que tienen los tibetanos de prosperar como un pueblo con una lengua, cultura y religión distintas.

Si al final Pekín considera que nuestro objetivo fundamental es incompatible con el marco de la República Popular China, entonces la cuestión del Tíbet seguirá siendo irresoluble durante generaciones. Siempre he afirmado que, en última instancia, debe ser el pueblo tibetano el que decida su propio destino, no el dalái lama ni las autoridades de Pekín. Lo cierto es que a nadie le gusta que su hogar lo ocupen invitados no deseados con armas. Así es la naturaleza humana.

Por mi parte, no creo que sea tan difícil para el Gobierno chino conseguir que los tibetanos se sientan acogidos y felices dentro de la familia de la República Popular China. Como todos los pueblos, los tibetanos desean ser respetados, tener autonomía dentro de su propio hogar y la libertad de ser quienes son. Las aspiraciones y necesidades del pueblo tibetano no pueden satisfacerse únicamente mediante el desarrollo económico.

En el fondo, el problema no está en tener o no tener pan y mantequilla. La cuestión es la mera supervivencia de los tibetanos como pueblo. Sin duda, encontrar una solución a la cuestión del Tíbet aportaría grandes beneficios a la República Popular China. En primer lugar, conferiría legitimidad a la presencia de China en la meseta tibetana, algo esencial para el estatus y la estabilidad de la República Popular China como un país moderno compuesto por múltiples nacionalidades que se han unido voluntariamente en una sola familia.

En el caso del Tíbet, por ejemplo, ya han pasado más de setenta años desde la invasión de la China comunista en 1950. A pesar del control físico del país, logrado mediante la fuerza bruta y también con incentivos económicos, el resentimiento del pueblo tibetano y su resistencia persistente en diversas formas y momentos de importantes levantamientos nunca han desaparecido. Aunque han cambiado las generaciones y las condiciones económicas, muy poco se ha transformado en cuanto a la percepción y actitud del pueblo tibetano hacia quienes aún consideran invasores. La realidad es que, para los tibetanos que viven en el Tíbet, el régimen comunista chino sigue siendo una potencia extranjera, no deseada y opresiva.

El pueblo tibetano ha perdido muchísimas cosas. Su tierra natal fue invadida a la fuerza y sigue bajo un régimen asfixiante. Su lengua, cultura y religión reciben ataques de forma sistemática a través de políticas coercitivas de asimilación. Incluso la mera expresión de la identidad tibetana se percibe cada vez más como una amenaza para la «unidad de la patria». La única herramienta que le queda al pueblo tibetano es la justicia moral de su causa y el poder de la verdad. La simple realidad es que el Tíbet sigue siendo hoy en día un territorio ocupado, y solo el pueblo tibetano tiene el poder de conferir o negar legitimidad a la presencia de China en la meseta tibetana.

El dalái lama fue llamado a asumir el liderazgo temporal del Tíbet y su pueblo en noviembre de 1950, cuando tenía apenas dieciséis años.

El decimocuarto dalái lama con su familia. *De izquierda a derecha*: su madre, Dekyi Tsering; su hermana mayor, Tsering Dolma; sus hermanos, Gyalo Thondup, Taktser Rinpoche y Lobsang Samten; Su Santidad; su hermana menor, Jetsun Pema; y su hermano más pequeño, Tenzin Choegyal.

Siendo recibido por el presidente Mao Zedong en el Congreso Nacional
Popular inaugural en Pekín, septiembre de 1954.

Con el panchen lama, acompañado por el vice primer ministro Deng
Xiaoping, caminando entre simpatizantes en una estación de tren en
Pekín, 1954.

Con el panchen lama (tenía dieciséis años, mientras que el dalái lama tenía diecinueve) en Pekín, 1954.

Ofreciendo un banquete para celebrar Losar (Año Nuevo Tibetano) en Pekín. *De izquierda a derecha:* el primer ministro Zhou Enlai, el panchen lama, Mao Zedong, el dalái lama y Liu Shaoqi (quien sucedería a Mao como presidente).

Con el primer ministro de la India, Jawaharlal Nehru, y el primer ministro Zhou Enlai en un evento oficial en la India, 1956.

En febrero de 1959, mientras las tensiones aumentaban en Lhasa, la capital del Tíbet, y donde estallaría el levantamiento del pueblo tibetano el 10 de marzo, el dalái lama todavía era estudiante y tuvo que someterse a los rigurosos exámenes finales de Geshe Lharam.

El dalái lama siendo escoltado por soldados tibetanos y combatientes de la resistencia mientras huía al exilio en marzo de 1959.

Con su séquito después de huir de la capital tibetana, Lhasa, en marzo de 1959.

Con su hermano menor, Tenzin Choegyal, caminando por un paso
durante el largo viaje hacia la libertad, marzo de 1959.

Grandes partes del monasterio de Drepung (fundado cerca de Lhasa
en 1416), que aún estaban en ruinas en 1993, fueron completamente
destruidas por el Ejército Popular de Liberación durante
la Revolución Cultural.

Levantamiento espontáneo del pueblo tibetano en Lhasa
el 10 de marzo de 1959.

Adruk Gompo Tashi, el líder de la resistencia tibetana que dirigió la Fuerza de Voluntarios para la Protección de la Fe (Tensung Danglang Magmi).

Refugiados tibetanos llegando a la India, tras la huida del dalái lama al exilio en marzo de 1959. En total, hasta 80 000 refugiados tibetanos lograrían huir al exilio entre 1959 y principios de la década de 1960.

Refugiados tibetanos trabajando en la construcción de carreteras en el norte de la India. La caída del Tíbet ante China supuso que India necesitase proteger militarmente sus más de 3000 kilómetros de frontera con el Tíbet.

Nehru visita al dalái lama en abril de 1959, en Mussoorie, donde su santidad fue recibido por primera vez tras su llegada a la India.

Visitando el sitio de un nuevo asentamiento tibetano que se estaba estableciendo en el sur de la India a principios de la década de 1960.

Visitando el lugar de un nuevo asentamiento tibetano en el sur de la India. El monje funcionario de la izquierda del todo era el secretario principal del dalái lama, Tarha Tenzin Choenyi.

Saludando a algunos de los niños refugiados tibetanos a principios de la década de 1960, en la primera residencia del dalái lama en Dharamsala, Swarg Ashram.

Con jóvenes estudiantes tibetanos en una escuela improvisada en el norte de la India a principios de la década de 1960.

Con niños refugiados a principios de los años sesenta.

Con Indira Gandhi, hija de Nehru, la cual más adelante se convertiría en la tercera primera ministra de India.

En la ceremonia de empoderamiento Kalachakra (un importante evento religioso de varios días relacionado con la paz en el budismo tibetano) en Dharamsala, 1970.

Recibiendo el Premio Nobel de la Paz en 1989 en Oslo, Noruega.

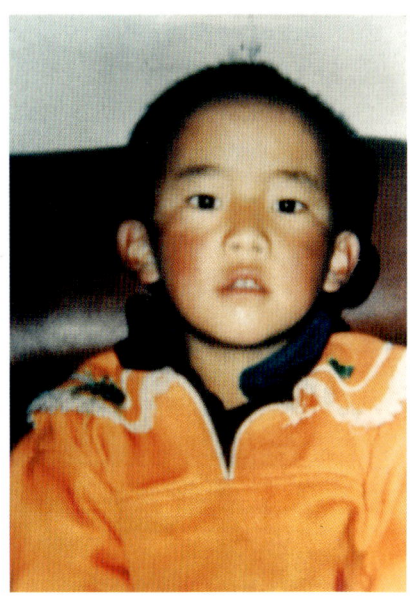

El undécimo panchen lama, Gendun Choekyi Nyima, fotografiado a la edad de seis años. Hoy en día sigue sin haber información fiable sobre su paradero, y esta fotografía sigue estando prohibida dentro del Tíbet.

Recibiendo la Medalla de Oro del Congreso del presidente Bush en el
Capitolio de los Estados Unidos, el 27 de octubre de 2007.

Toda mi vida he abogado por la no violencia. He hecho todo lo posible por contener los impulsos comprensibles de tibetanos frustrados, tanto dentro como fuera del Tíbet. Especialmente desde que comenzaron nuestras conversaciones directas con Pekín tras mi exilio en 1979, he utilizado toda mi autoridad moral e influencia con el pueblo tibetano para persuadirlo de buscar una solución realista en forma de una autonomía genuina dentro del marco de la República Popular China. Debo admitir que sigue decepcionándome profundamente que Pekín haya decidido no reconocer esta enorme concesión por parte de los tibetanos y que haya desperdiciado el potencial auténtico que ofrecía para alcanzar una solución duradera. En el momento de publicar este libro, me estaré acercando a cumplir noventa años. Si no se encuentra una solución mientras yo siga vivo, el pueblo tibetano —en especial aquellos dentro del Tíbet— culpará a los líderes chinos y al Partido Comunista por su fracaso en alcanzar un acuerdo conmigo. También muchos chinos, en especial budistas —algunas personas me han dicho que hay más de doscientos millones de personas en la China continental que se identifican como budistas—, se sentirán decepcionados con su Gobierno por no haber arreglado un problema cuya solución han tenido a mano durante tanto tiempo.

Dada mi edad, es comprensible que muchos tibetanos estén preocupados por lo que ocurrirá cuando yo ya no esté. En el frente político de nuestra lucha por la libertad del pueblo tibetano, ahora contamos con una población considerable de tibetanos que viven en el mundo libre, por lo que nuestra causa continuará, pase lo que pase. Además, en lo que respecta al liderazgo cotidiano de nuestro movimiento, en la actualidad contamos tanto con un poder ejecutivo electo —en la figura del *sikyong* (presidente de la Administración Central Tibetana)— como con un Parlamento tibetano sólido en el exilio.

La gente suele preguntarme si habrá otro dalái lama después de mí. A principios de los años sesenta ya dije que el pueblo tibetano decidirá si la figura del dalái lama debe continuar o no. Entonces, si el pueblo tibetano siente que la institución ha cumplido su propósito y que ya no hay necesidad de un dalái lama, la institución cesará. En ese caso, como he afirmado, yo sería el último dalái lama. También he dicho que, si sigue habiendo necesidad, entonces habrá un decimoquinto dalái lama. En concreto, en 2011, convoqué una reunión con los líderes de todas las principales tradiciones religiosas tibetanas. Al concluir dicho encuentro, emití una declaración formal en la que afirmé que, cuando cumpla noventa años, consultaré a los altos lamas de las tradiciones religiosas tibetanas, así como al pueblo tibetano, y, si hay un consenso de que la institución del dalái lama debe continuar, entonces la responsabilidad formal del reconocimiento del decimoquinto dalái lama deberá recaer en la fundación Gaden Phodrang (la oficina del dalái lama). La fundación Gaden Phodrang deberá seguir los procedimientos de búsqueda y reconocimiento de acuerdo con la tradición budista tibetana del pasado, incluyendo, en particular, la consulta a los protectores del *dharma** bajo juramento, históricamente vinculados con el linaje de los dalái lamas, como se siguió de forma escrupulosa en mi propio caso. Por mi parte, aseguré que también dejaré instrucciones claras por escrito relacionadas con este asunto. Durante más de una década, he recibido numerosas peticiones y cartas de un amplio espectro del pueblo tibetano —lamas superiores de las diversas tradiciones tibetanas, abades de monasterios, comunidades tibetanas en la diáspora

---

* *Damden chos skyong* significa en tibetano «protectores del *dharma* bajo juramento», vinculados con los dalái lamas, entre los que se incluye en especial a Palden Lhamo y Dorje Drakden (también conocido como Nechung).

de todo el mundo, así como muchos tibetanos destacados y de a pie dentro del Tíbet—, al igual que de comunidades budistas tibetanas de la región del Himalaya y de Mongolia, en las que me pedían de forma unánime que asegure la continuidad del linaje del dalái lama.

En la declaración oficial que emití en 2011, también señalé que es totalmente inapropiado que los comunistas chinos, quienes rechazan de forma explícita la religión, incluida la idea de vidas pasadas y futuras, se entrometan en el sistema de reencarnación de los lamas, sobre todo, en el del dalái lama. Advertí que tal intromisión contradice su propia ideología política y saca a la luz su doble rasero. En otras ocasiones, medio en broma, he comentado que, antes de que la China comunista se involucre en el asunto de reconocer la reencarnación de los lamas, incluido el dalái lama, ¡primero debería reconocer las reencarnaciones de sus antiguos líderes Mao Zedong y Deng Xiaoping! Al resumir mis pensamientos sobre la cuestión de la reencarnación del dalái lama en esa declaración oficial de 2011, insté a que, a menos que el reconocimiento del próximo dalái lama se lleve a cabo mediante los métodos tradicionales del budismo tibetano, el pueblo y los budistas tibetanos de todo el mundo no deberían aceptar a ningún candidato elegido con fines políticos por nadie, incluidos aquellos de la República Popular China. Ahora bien, dado que el propósito de una reencarnación es continuar la labor del predecesor, el nuevo dalái lama nacerá en el mundo libre, de modo que la misión tradicional del dalái lama —esto es, ser la voz de la compasión universal, el líder espiritual del budismo tibetano y el símbolo del Tíbet que encarna las aspiraciones del pueblo tibetano— continuará.

CAPÍTULO 16

✳

APELACIONES

Dado que me acerco al final de este libro, permitidme aprovechar la oportunidad para hacer algunas apelaciones y compartir mi gratitud personal.

A mis compatriotas tibetanos les digo que nunca pierdan la esperanza, por muy oscuro que parezca todo. Como dice nuestro refrán, «si te caes nueve veces, te levantas nueve veces». Recordad siempre que detrás de las nubes nos espera un sol brillante. Somos un pueblo antiguo con una larga historia de resiliencia. Durante milenios, nosotros, los comedores de *tsampa*, hemos sido los custodios de la vasta meseta tibetana, conocida como «el techo del mundo». A lo largo de nuestra historia de más de dos mil años, hemos atravesado todo tipo de altibajos, siempre firmes en nuestra identidad como un pueblo con una lengua, una cultura y una religión propias, y con los valores fundamentales que nos definen. El oscuro periodo actual de ocupación comunista china puede parecer interminable, pero en nuestra larga historia no es más que una breve pesadilla. Como nos enseña nuestra fe budista, nada escapa a la ley de la transitoriedad.

Algunos quizá piensen que, por mi edad y la posición de la China comunista como una fuerza de poder hoy en día, el tiempo no está de nuestra parte. No estoy de acuerdo. Hoy en día la institución del dalái lama desempeña un papel importante a la hora de unificar a los tibetanos de todo el mundo, pero no olvidemos que, mientras que la institución del dalái lama solo tiene quinientos años, la historia del Tíbet es más de un milenio y medio más antigua. Por eso, no tengo ninguna duda de que nuestra lucha por la libertad continuará, ya que está relacionada con el destino de una nación antigua y su pueblo. El totalitarismo, al ser un sistema inherentemente inestable, no tiene el tiempo de su lado, no cabe duda. El tiempo está del lado de los pueblos, tanto del tibetano como del chino, que aspiran a la libertad.

Lo que necesitamos es paciencia, una determinación inquebrantable, unidad y coraje que estén presentes en la claridad de nuestro objetivo. Hoy, después de más de seis décadas en el exilio, la cuestión del Tíbet sigue presente en la conciencia del mundo. Esto se debe a nuestra determinación constante y nuestro compromiso firme con una justa causa por la libertad de un pueblo. Salvar al Tíbet es una labor noble; es la obra del *dharma*, que, como budistas, creemos que es la verdadera fuente de felicidad para todos los seres. Por lo tanto, sin importar la provocación ni el comprensible impulso humano de responder a la violencia con violencia, os ruego que nunca cedáis ante ese impulso. Debéis ver la humanidad incluso en nuestros opresores, porque, en última instancia, será con esa humanidad con la que lograremos algún tipo de acuerdo. No obstante, esto no significa que debamos permitir el abuso y la violación de nuestra dignidad humana sin responder. En todas las formas posibles, debemos alzarnos contra la injusticia. La no violencia no excluye tomar una posición firme y expresar nuestra oposición de manera contundente. Mahatma Gandhi le ha enseñado al mundo el poder duradero de lo que significa una lucha no violenta, sólida y efectiva. En especial, a mis hermanos y hermanas tibetanos que viven en países libres, les

digo que nunca olviden a nuestros hermanos y hermanas que están oprimidos en nuestra propia tierra natal. Ellos nos ven como
su esperanza en tiempos oscuros, y esperan que mantengamos
viva la llama de nuestra aspiración de una vida libre.

A la gran nación de la India y a nuestros hermanos y hermanas del *dharma* indio os digo que habéis sido mis anfitriones y
mi hogar desde 1959. He pasado más tiempo de mi vida en la
India que en mi propia patria, el Tíbet. Nunca olvidaré la increíble y prolongada generosidad que me han ofrecido a mí y a
mi pueblo en el exilio. Que la India nos diera un nuevo hogar,
una base, es lo que nos permitió, más que ninguna otra cosa,
restablecer nuestra civilización en el exilio y mantener encendida
la llama de la justicia para el Tíbet durante tantas décadas. Los
tibetanos siempre hemos visto a la India como la fuente y maes-
tra de sabiduría, conocimiento y espiritualidad en nuestra tradición budista que recibimos de ella hace muchos siglos. A lo
largo de nuestra larga historia religiosa y cultural, la India (*ar-
ya-bhumi*, «la tierra de los nobles») ha sido nuestro gurú, y nosotros, los tibetanos, los *chela* («estudiantes»). Les agradezco su
inquebrantable apoyo hacia mí y hacia mi pueblo, y les ruego
que continúen ofreciéndolo mientras lo necesitemos.

A los hermanos y hermanas chinos, os pido que abráis vuestro corazón a la situación que aún vive el pueblo del Tíbet. El
pueblo chino y el tibetano comparten la herencia espiritual común del budismo mahayana y valoran la compasión hacia todos
los seres que sufren. Os aseguro que, a lo largo de mi lucha en
nombre del pueblo tibetano, nunca he sentido enemistad hacia el
pueblo de China. Siempre les he pedido a los tibetanos que no se
dejen llevar por el odio a pesar de las injusticias infligidas por un
Gobierno cruel en nombre del pueblo chino. Os pido que estéis
atentos a cualquier intento de fomentar el odio racial contra los
tibetanos, sobre todo, a través de propaganda estatal destinada a

romper la larga historia de buena voluntad, vecindad y amistad entre nuestros pueblos. Os ruego que hagáis un esfuerzo por comprender que la lucha del Tíbet por su libertad no solo es justa, sino que no es antichina. Ayudadnos a encontrar una solución pacífica y duradera al problema del Tíbet mediante el diálogo, y partiendo de un espíritu de comprensión y conciliación. A lo largo de los años, muchos académicos e intelectuales chinos se han pronunciado a este respecto. Creo que muchos chinos que conocen la verdad sobre el Tíbet, su cultura y su pueblo se expresarán libremente cuando puedan hacerlo sin temor a represalias. Proteger al Tíbet también es una cuestión que concierne a la esencia de China. Quiero compartir con vosotros que, para mí y para tantos otros en todo el mundo, una de las cosas más tristes es que a la increíble liberalización económica de China no le hayan seguido avances en el respeto a los derechos humanos y las libertades democráticas para su pueblo.

A las naciones y pueblos del mundo, en especial, a aquellos que han mostrado solidaridad con el pueblo tibetano, quiero deciros que vuestras muestras de preocupación y apoyo, así como la atención de los medios internacionales sobre el Tíbet, continúan alentándonos y dándonos consuelo. Os doy las gracias y os pido que no olvidéis al Tíbet en este momento tan crítico y desafiante en la larga historia de nuestro pueblo.

A lo largo de mis esfuerzos por salvar al Tíbet y su pueblo, no tardé en entender que la supervivencia del Tíbet —como civilización con su lengua distintiva y su tradición budista— es una cuestión de gran importancia, no solo para nosotros, los tibetanos. Sin duda, dado que nuestro patrimonio cultural enfatiza la armonía con la naturaleza, si los tibetanos nos empoderamos, también podemos proteger la frágil ecología de la meseta tibetana, sobre todo, frente a la explotación desenfrenada. Más allá de esto, la protección del Tíbet también tiene que ver con la supervivencia y el desarrollo de una cultura enraizada en la empatía, lo cual le confiere el potencial de beneficiar a toda la humanidad. Hoy en día, la tradición tibetana representa el único custodio superviviente de todo el rico patrimonio de la gran escuela Nalanda del budismo indio, desde la filosofía a la lógica y la lingüística, y desde la psicología a las diversas prácticas espirituales. La esencia de nuestra tradición radica en el énfasis en el principio de la interdependencia de todas las cosas, así como en la comprensión de que la compasión, fundamentada en el reconocimiento de nuestra humanidad compartida, forma la base de una vida ética que deriva en la felicidad de todos. Dado que nuestro mundo está cada vez más interconectado, todos los seres humanos necesitamos aprender a elevarnos por encima de nuestros propios intereses tan limitados, por el bien de los demás y por el bien de nuestro frágil planeta.

Durante más de cinco décadas de viajes por todo el mundo, un mensaje clave que he compartido desde mi cultura es la importancia de abrazar los aspectos más empáticos de la naturaleza humana, y cómo al hacerlo podemos promover la paz y la felicidad tanto a nivel individual como a nivel social. Una de mis convicciones más profundas es que si cada uno de nosotros pudiera abrazar lo que llamo «la unidad de la humanidad» —un sentido visceral de nuestra condición humana compartida que reconoce el simple hecho de que, al igual que yo, todos los demás desean ser felices y no quieren sufrir—, nuestro mundo sería un lugar mejor y más amable para todos. Como seres sociales, todos nacimos del vientre de una madre y sobrevivimos gracias al cuidado de otra persona, en especial, de nuestros padres, durante nuestro periodo más vulnerable de la infancia. Esta dependencia total del cuidado ajeno, y el aprecio innato que sentimos por ese cuidado, es lo que ha impreso en nosotros la capacidad natural de cuidar a los demás, incluso a desconocidos. A veces, describo dicha capacidad como la cualidad humana de la «bondad de corazón». Esta es nuestra naturaleza básica. Sinceramente creo que, aunque el mundo cada vez sea más complejo, cualquier solución que busquemos para afrontar nuestros desafíos —tanto a nivel individual como social— debe tener en cuenta esta naturaleza esencial de quienes somos. Estoy convencido de que el conocimiento tibetano y nuestra cultura de la compasión tienen el potencial de ofrecer una valiosa fuente para promover la paz interior y la felicidad para todos. Por eso, la supervivencia del Tíbet y del pueblo tibetano no solo nos interesa a nosotros, sino a toda la humanidad.

Permitidme acabar este libro compartiendo los siguientes versos del maestro budista del siglo VIII Shantideva, cuyos textos han supuesto para mí fuente de profunda y duradera inspiración:

Los sabios que han contemplado durante incontables eones
ven que solo esto [el altruismo] es el mayor beneficio.
A través de él, innumerables seres pueden alcanzar,
con facilidad, el estado supremo de felicidad.
Quienes desean deshacer cientos de miserias de la existencia,
y quienes buscan aliviar el sufrimiento de los seres,
también aquellos que anhelan disfrutar de cientos de alegrías,
jamás deben abandonar la mente altruista del despertar.
Que yo sea el protector de quienes no tienen protector;
que sea el guía de quienes viajan por el camino;
que me convierta en un barco, un camino y un puente
para aquellos que anhelan alcanzar la otra orilla,
así como los grandes elementos, como la tierra,
y también como el espacio, en todo momento,
que yo sea un sustento de muchas formas

para un número inconmensurable de seres.
Asimismo, para los seres cuya presencia
se extiende hasta los límites más lejanos del espacio,
en todo momento y hasta que todos alcancen el nirvana,
que yo permanezca como fuente de sustento para todos.
Mientras perdure el espacio,
mientras existan los seres sintientes,
hasta entonces, que yo también permanezca,
y disipe las miserias del mundo.

AGRADECIMIENTOS

En primer lugar, me gustaría darle las gracias a la India —su pueblo y sus líderes— por su generosa hospitalidad, su inmensa generosidad hacia mí y hacia los refugiados tibetanos, y su constante preocupación por el destino del pueblo tibetano. Les estoy profundamente agradecido a todas las personas, organizaciones y Gobiernos que han apoyado nuestra justa causa y han alzado su voz siempre que ha sido necesario. En especial, les doy las gracias a todas esas personas de todo el mundo que han ofrecido su apoyo y solidaridad al unirse a las diversas redes de grupos de apoyo al Tíbet. A mis compatriotas tibetanos, tanto dentro del Tíbet como en el exilio, les expreso mi profunda admiración por su firmeza inquebrantable en la defensa de sus derechos y su libertad. Su valentía y resistencia han sido una fuente constante de ánimo y vitalidad en mi labor en nombre del pueblo tibetano. En lo que respecta a este libro, extiendo mi sincero agradecimiento a mi traductor al inglés desde hace muchos años, Thupten Jinpa, por su inestimable ayuda durante el proceso de redacción; a Jaś Elsner por colaborar estrechamente con Jinpa, y a todos aquellos que leyeron el manuscrito y ofrecieron críticas constructivas. También le agradezco a mi equipo su dedicado apoyo logístico, a mi agente literaria Stephanie Tade por hacer las gestiones necesarias para esta publicación, y a William Morrow por hacer que este libro llegue al público.

ANEXO A

El Tíbet: un recorrido histórico

Permitidme abordar una cuestión que se planteó en reiteradas ocasiones en las distintas rondas de diálogo por parte de los representantes chinos. Dicha cuestión es la de que debe existir consenso sobre el estatus histórico del Tíbet conforme a la versión que sostiene Pekín. Entre otras cosas, ha habido ocasiones en las que se ha exigido que yo emita una declaración formal que apoye su afirmación de que el Tíbet ha sido una «parte inalienable de China desde tiempos antiguos». No queda claro hasta qué punto consideran ese apoyo una condición previa para entablar negociaciones serias o si los delegados chinos no han dejado de recibir instrucciones por parte de sus superiores para repetir esta exigencia como una estrategia para salvar las apariencias y evitar negociar de verdad.

Mi postura sobre este punto relativo a la historia pasada ha sido simple y coherente. He señalado que, como monje budista, va en contra de mis votos decir una mentira, y eso incluye afirmar que el Tíbet ha sido una «parte inalienable de China desde tiempos antiguos», cuando no creo que eso sea cierto. A través de mis enviados, hemos dejado claro a Pekín que, así como ellos pueden tener su propia versión de la historia, los tibetanos también tenemos nuestra propia visión de la misma. De igual manera, los historiadores contemporáneos que estudian la larga relación entre el Tíbet y China tendrán su propia interpretación de esa historia larga y compleja entre ambas naciones. Si Pekín insiste en que aceptemos su versión de la historia como condición previa para cualquier negociación sustancial, entonces lo que realmente se nos está exigiendo es una sumisión total, ¡incluso en lo que respecta a nuestra propia narrativa histórica!

A continuación, presento un breve resumen de nuestra historia tal como yo la entiendo. Desde el siglo VII hasta finales del siglo IX, el Tíbet fue una nación poderosa en la época del imperio de la dinastía Purgyal, cuyo ejército incluso llegó a atacar la capital de la dinastía Tang, Chang'an (la actual Xi'an), y obligó al emperador Tang a huir. El testimonio más relevante del estatus igualitario e independiente de ambos imperios en esa época es el tratado de los años 821-822, inscrito en un pilar de Lhasa en tibetano y chino. Hay copias idénticas de dicho tratado erigidas en la capital Tang, Chang'an, y en la frontera acordada entre ambos países. El tratado en cuestión se celebró entre el emperador tibetano Tri Ralpachen y el emperador Tang Muzong. El texto dice lo siguiente:

> Tanto el Tíbet como China deberán conservar el país y las fronteras que poseen actualmente. Toda la región al este de esa línea será el territorio de la Gran China, y toda la región al oeste será, sin lugar a dudas, el territorio del Gran Tíbet. Desde cualquiera de los dos lados de esa frontera no habrá guerras, ni invasiones hostiles, ni apropiación de territorios [...].
> Entre los dos países no deberá alzarse humo ni polvo. No se pronunciará ni una sola palabra de alarma repentina ni de enemistad, y desde quienes custodian la frontera hacia arriba, todos vivirán en calma, sin sospecha ni temor, siendo su tierra su tierra, y su lecho, su lecho. Al vivir en paz, alcanzarán la

bendición de la felicidad para diez mil generaciones. El eco de sus alabanzas llegará a todos los lugares bañados por el sol y la luna. Y para que este acuerdo, a través del cual se establece una gran época en la que los tibetanos serán felices en el Tíbet y los chinos serán felices en China, nunca sea modificado, se ha invocado como testigos a las Tres Joyas, al cuerpo de los santos, al sol y la luna, los planetas y las estrellas.

En la segunda mitad del siglo IX, el Imperio tibetano se fragmentó en varios reinos más pequeños. Poco después, la dinastía Tang de China también llegó a su fin, y China también se dividió en múltiples reinos y dinastías. Finalmente, en la segunda mitad del siglo X, surgió la dinastía Song en China, la cual gobernó un territorio mucho más reducido que el del antiguo imperio Tang. Durante este periodo, tras el fin de la era imperial del Tíbet y de la dinastía Tang, hubo muy poco contacto entre el Tíbet y China. Después, a comienzos del siglo XIII, vastas regiones de Asia Central, Asia Interior y del Extremo Oriente cayeron bajo el poder de los ejércitos mongoles de Gengis Kan. En 1260, uno de los nietos de Gengis, Kublai Kan, se proclamó gran kan de los mongoles. Fue entonces cuando Kublai nombró a Drogon Chogyal Phagpa (también conocido como el lama Phagpa, sobrino del gran maestro tibetano Sakya Pandita) como preceptor nacional (*kou-shih*), es decir, el jefe del budismo dentro de los dominios de Kublai. De esta forma comenzó lo que nosotros los tibetanos llamamos la relación entre «sacerdote y patrono» (*chöyön*), en la que el kan mongol ofrecía su protección a los grandes lamas tibetanos. En 1271, cuando Kublai proclamó la dinastía Yuan como gobernantes mongoles de China, nombró al lama Phagpa como preceptor imperial (*ti-shih*), y de esta forma extendió su autoridad religiosa a lo largo de los territorios de China. La fundación de la dinastía Yuan en 1271 y la derrota final de la dinastía

Song en el sur de China marcaron el control completo de los mongoles sobre China como parte del imperio de Kublai.* El dominio mongol sobre el Tíbet, ejercido a través de la escuela Sakya del lama Phagpa, llegó a su fin en 1354, cuando la dinastía Phagmo Drupa instauró su gobierno en el Tíbet. En China, el dominio mongol de la dinastía Yuan terminó en 1368 con la aparición de la dinastía Ming, nativa de china. Durante la dinastía Ming (1368-1644), las relaciones entre el Tíbet y China fueron, en gran medida, de carácter espiritual y ceremonial.** Al ser una dinastía china nativa, los Ming se veían a sí mismos como los restauradores de la independencia de China con respecto al dominio mongol —es decir, frente al gobierno extranjero—, de manera similar a como el Tíbet había logrado su independencia de los mongoles más de una década antes.

En la primera mitad del siglo XVII, la creciente potencia militar de Manchuria proclamó a la nueva dinastía Qing y, tras la toma de Pekín de manos de los Ming, empezó a gobernar China. Durante el reinado del emperador Shunzhi de la dinastía

---

* Tras un estudio minucioso, el reconocido especialista en la dinastía Yuan Herbert Franke concluye (en *Tibetans in Yuan China*, p. 301) que «la mayor parte del Tíbet propiamente dicho permaneció fuera del control directo de la burocracia chino-mongola, y que incluso las regiones fronterizas fueron, durante toda la dinastía Yuan, una zona conflictiva e inestable». A diferencia de China, según historiadores como Franke, en realidad el Tíbet nunca estuvo bajo el dominio directo ni bajo el control total de los mongoles.
** Es interesante señalar que la nueva dinastía Ming optó por continuar la práctica de conferir títulos formales u honores a importantes figuras tibetanas, incluidos altos lamas. Que el emperador Ming no tenía influencia en el Tíbet se evidencia en el hecho de que el maestro tibetano del siglo XIV Tsongkapa rechazó la invitación del emperador Yongle para visitar Pekín en al menos dos ocasiones documentadas (Thupten Jinpa, *Tsongkhapa: A Buddha in the Land of Snows*, Boulder: Shambhala Publications, 2019, pp. 226-230), y que, posteriormente, tanto el tercer como el cuarto dalái lama también declinaron invitaciones similares por parte del emperador Ming de China.

Qing manchú, el quinto dalái lama estableció relaciones diplomáticas con la corte Qing y, en 1653, visitó Pekín, donde el
emperador Qing le recibió como a un soberano. Esta visita del
dalái lama fortaleció la relación entre el emperador manchú y el
Tíbet y marcó el inicio de un periodo muy rico de intercambios
entre los gobernantes Qing y los importantes lamas tibetanos,
sobre todo, el dalái lama, bajo el modelo de relación de sacerdote y patrono (*chöyön*). Los emperadores manchúes Qing, devotos seguidores del budismo tibetano, se tomaban en serio su
papel de patronos. En concordancia con su condición de protectores, y a solicitud de los propios tibetanos, los Qing enviaron un ejército para repeler a los varios miles de soldados zún-
garos que habían ingresado en el Tíbet Central en 1717,
ayudaron a restaurar al séptimo dalái lama en su trono en 1720,
e implementaron la tradición de los *ambanes*, representantes
imperiales residentes de la corte manchú. Más adelante, cuando
se aproximaba el final del siglo XVIII, de nuevo, a petición de los
tibetanos, el emperador manchú envió tropas para ayudar a de-
rrotar a los invasores nepaleses.* Básicamente, la dinastía Qing
fue un imperio manchú cuya familia imperial era devota del
budismo tibetano y cuyo dominio abarcaba tanto a las naciones

---

* A juzgar por los registros históricos, parece ser que los emperadores Qing
nunca ejercieron un control físico directo sobre el Tíbet, y los tibetanos, al
menos en el Tíbet Central, nunca pagaron impuestos al representante de los
Qing, el *amban*. Incluso en el caso de los aproximadamente mil quinientos
soldados que en cierto momento estuvieron afincados en el Tíbet Central, su
función principal debió de ser de protección, más que de fuerza colonial de
gobierno. Este papel principalmente protector del emperador manchú, sus
ambanes y las tropas Qing en el Tíbet puede apreciarse en una carta dirigida
al octavo dalái lama. En ella, el general manchú encargado de la guarnición
Qing en el Tíbet escribe: «Esto demuestra la preocupación del emperador por
que al Tíbet no le ocurra ningún daño y por que su bienestar esté garantizado
por siempre [...]. El emperador retirará a los *ambanes* y a la guarnición [...].

del Tíbet y China como a otras naciones.* La identidad manchú predominante del imperio Qing se ilustra en el hecho de que el representante principal del emperador Qing en Lhasa solía ser, por lo general, alguien de la etnia manchú o un mongol. La caída de la dinastía manchú Qing, poco después de la primera década del siglo XX, también marcó el fin de la relación entre sacerdote y patrono (*chöyön*) entre el Tíbet y los Qing.

En resumen, cuando ocurrió la invasión forzosa por parte de la China comunista, el Tíbet contaba con su propio Gobierno nacional, moneda, pasaportes, servicio postal, Ejército y relaciones exteriores; entre otras cosas, el Tíbet negó a los Aliados el permiso para transportar armas a través de su territorio para abastecer a China contra Japón durante la Segunda Guerra Mundial. En otras palabras, el Tíbet poseía los atributos clave de un país independiente. Esta condición de independencia se mantuvo como *statu quo* hasta la invasión china comunista de 1950.

Además, si se presentan situaciones similares en el futuro, el emperador no se involucrará en ellas. Por lo tanto, los tibetanos pueden decidir por sí mismos qué les conviene y qué no, qué es grave y qué es leve, y tomar sus propias decisiones». La traducción de esta cita proviene de la traducción inglesa de Smith, *Tibetan Nation*, p. 136.

* Sobre la naturaleza exacta de la relación entre los Qing y el Tíbet, el investigador contemporáneo de estudios tibetanos Gray Tuttle escribe en *Tibetan Buddhists in the Making of Modern China* (Nueva York: Columbia University Press, 2007, p. 63): «Las relaciones de los Qing con el Tíbet siempre las gestionó directamente la dinastía manchú (y eran mediadores el Departamento de la Casa Imperial y el Tribunal para la Gestión de las Fronteras), con la ayuda de un pequeño grupo de líderes religiosos budistas mongoles, monguores y tibetanos, así como de la nobleza tibetana». En la misma línea, el especialista en relaciones internacionales Warren Smith concluye (*Tibetan Nation*, p. 137): «La naturaleza de la relación de los Qing con el Tíbet siguió siendo la de una relación entre Estados, o entre un imperio y un Estado periférico semiautónomo, no la relación entre un Gobierno central y una región periférica del mismo Estado».

En definitiva, lo anterior es lo que yo considero la historia de mi país. De hecho, un eminente académico chino, el profesor Hon-Shiang Lau, a quien conocí en 2016 en Bruselas, me dijo que su propia investigación minuciosa en fuentes chinas no revela prueba alguna de que el Tíbet haya formado parte de China. Me comentó que en ese momento estaba escribiendo un libro en el que presentaría los resultados de sus años de investigación.

La solución del problema del Tíbet no depende y no debería depender de que ambas partes lleguen a un consenso sobre la historia pasada. Siempre he sostenido que el estatus histórico exacto del Tíbet en un momento dado es un tema que les corresponde a los historiadores que estudian el pasado de manera imparcial y basándose en las pruebas disponibles. Nadie puede cambiar la historia; desde luego, yo no puedo. La historia no es una decisión política que se toma en el presente. En cambio, el rumbo del futuro sí entra en el ámbito de la toma de decisiones políticas de hoy en día. Estoy convencido de que, si las dos partes están verdaderamente comprometidas con establecer un futuro común fundamentado en una relación de mutuo beneficio, no hay necesidad de insistir en que acepten de forma exacta la misma versión del pasado.

EL TRATADO ENTRE EL TÍBET Y CHINA DE LOS AÑOS 821-822

TRADUCCIÓN DEL TEXTO TIBETANO*

El gran rey del Tíbet, el milagroso señor divino, y el gran rey de China, el gobernante chino *huangdi*, en una relación de sobrino y tío, han deliberado juntos para la alianza de sus reinos. Han establecido y ratificado un gran acuerdo. Todos los dioses y los hombres lo saben y dan testimonio de ello para que nunca sea modificado, y en este pilar de piedra se ha grabado una descripción del acuerdo para informar del mismo a las épocas y generaciones futuras. El milagroso y divino señor Trisong Detsen y el rey chino Wen Wu Hsiao-te Wang-ti, sobrino y tío, haciendo uso de profunda sabiduría para prevenir todas las causas de daño al bienestar de sus países, tanto en el presente como en el futuro, han extendido su benevolencia de manera imparcial

---

* La traducción al español parte de la traducción en inglés del tratado de la versión disponible en: *https://www.claudearpi.net/wp-content/uploads/2016/11/821822TreatybetweenTibetanChina-1.pdf*; reproducida aquí con el permiso de Claude Arpi. Para una traducción anterior del tratado realizada por H. E. Richardson, véase: «The Sino-Tibetan Treaty Inscription of A.D. 821/823 at Lhasa», *Journal of the Royal Asiatic Society of Great Britain and Ireland*, 2 (1978), pp. 153-154.

hacia todos. Con el único deseo de actuar por la paz y el beneficio de todos sus súbditos, han acordado el noble propósito de asegurar un bien duradero, y han celebrado este gran tratado con el fin de cumplir su decisión de restaurar la antigua amistad y respeto mutuo, así como la tradicional relación de vecindad amistosa.

El Tíbet y China respetarán las fronteras que ocupan en la actualidad. Todo lo que se encuentra al este es el territorio de la Gran China, y todo lo que se encuentra al oeste es, sin lugar a duda, el territorio del Gran Tíbet. En adelante, ninguna de las dos partes emprenderá la guerra ni tomará territorios por la fuerza. Si alguna persona despierta sospechas, será detenida; se investigará su situación y será escoltada de regreso.

Ahora que ambos reinos han sido unidos por este gran tratado, es necesario que, una vez más, se envíen mensajeros por la antigua ruta para mantener las comunicaciones y continuar el intercambio de mensajes amistosos en conformidad con las relaciones armoniosas entre sobrino y tío.

Según la tradición, debe haber un intercambio de caballos al pie del paso de Chiang Chun, en la frontera entre el Tíbet y China. En la barrera de Suiyung, los chinos recibirán a los enviados tibetanos y les proporcionarán todas las facilidades a partir de ese punto. En Ch'ing-shui, los tibetanos recibirán a los enviados chinos y les brindarán todas las facilidades. En ambos lados serán tratados con el honor y el respeto habituales, en conformidad con la relación amistosa entre sobrino y tío.

Entre los dos países no se verá humo ni polvo. No habrá alarmas repentinas y ni siquiera se pronunciará la palabra «enemigo». Los guardias fronterizos no experimentarán angustia ni temor, y disfrutarán de su tierra y su lecho con tranquilidad. Todos vivirán en paz y compartirán la bendición de la felicidad durante diez mil años. La fama de este acuerdo se extenderá a todos los lugares bañados por el sol y la luna. Este solemne acuerdo ha establecido una gran época en la que los tibetanos serán felices en la tierra del Tíbet, y los chinos, en la tierra de China. Para que este tratado nunca sea modificado, se ha invocado como testigos a las Tres Joyas preciosas de la religión, a la Asamblea de los Santos, al sol y la luna, los planetas y las estrellas. Se ha pronunciado un juramento con palabras solemnes y con el sacrificio de animales, y así queda ratificado el acuerdo.

Si alguna de las partes no actúa conforme a este acuerdo o lo viola —ya sea el Tíbet o China—, cualquier medida de represalia que tome la otra parte no será considerada como una infracción del tratado por su parte. Los reyes y ministros del Tíbet y China han prestado los juramentos prescritos a tal efecto, y el acuerdo se ha redactado de forma detallada. Los ministros especialmente autorizados para ejecutar el acuerdo han inscrito sus firmas, y se han depositado copias en los archivos reales de cada parte.

El tratado está tallado en tibetano y en chino en una cara de un pilar de piedra cerca de Jokhang, la catedral de Lhasa. En otra cara, hay una introducción histórica que solo se puede leer en tibetano, y en las otras dos caras hay listados bilingües de los nombres de los ministros que lo presenciaron. Los textos se han editado en H. E. Richardson, *Ancient Historical Edicts at Lhasa*, vol. 19 de la colección Prize Publication Edicts de la Royal Asiatic Society of Great Britain and Ireland.

ANEXO C

CARTAS A LOS LÍDERES CHINOS DENG XIAOPING Y JIANG ZEMIN

CARTA A DENG XIAOPING, 23 de marzo de 1981

Su excelencia:

Comulgo con la ideología comunista que busca el bienestar de los seres humanos en general y del proletariado en particular, así como con la política de igualdad de las nacionalidades promovida por Lenin. Del mismo modo, me sentí complacido tras las conversaciones que mantuve con el presidente Mao sobre la ideología y la política hacia las nacionalidades.

Si esa misma ideología y política se hubieran aplicado, habrían generado gran admiración y felicidad. No obstante, si se ha de hacer una observación general sobre los acontecimientos de las últimas dos décadas, encuentro que ha habido una falta de progreso económico y educativo, la base de la felicidad humana. Además, debido a las penurias causadas por los insoportables desasosiegos, se ha producido una pérdida de confianza entre el partido y las masas, entre los funcionarios y las masas, entre los propios funcionarios, y también entre las propias masas.

En realidad, al engañarse mutuamente mediante suposiciones erróneas y tergiversaciones, ha habido una gran desviación y retraso en la consecución de los objetivos reales. Hoy en día, las señales de insatisfacción surgen de forma natural desde todas las direcciones y son indicios claros de que los objetivos no se han cumplido.

Si nos fijamos en la situación del Tíbet, es lamentable que algunos funcionarios tibetanos, carentes de la sabiduría y competencia necesarias para promover la felicidad humana básica y el bienestar, tanto a corto como a largo plazo, de su propio pueblo, se dediquen a adular a los funcionarios chinos y colaboren con estos, quienes no conocen en absoluto al pueblo tibetano y actúan simplemente en busca de una fama temporal al recurrir a la elaboración de informes impresionantes pero falsos. Lo cierto es que el pueblo tibetano no solo ha sufrido lo indecible, sino que un gran número de personas ha perdido la vida de manera innecesaria. Además, durante la Revolución Cultural, se produjo una inmensa destrucción del antiguo patrimonio cultural del Tíbet. Todos estos acontecimientos lamentables ofrecen una impresión general de lo ocurrido en el pasado.

Ahora bien, teniendo en cuenta las experiencias resultantes de los errores del pasado, hay una nueva política que busca encontrar la verdad a través de los hechos y una política de modernización. En lo relativo a la cuestión del Tíbet, me alegran y aplaudo los esfuerzos del camarada Hu Yaobang por hacer todo lo posible para corregir los errores, al reconocer francamente las equivocaciones del pasado tras su visita a Lhasa.

Como usted bien sabe, durante los últimos veinte años, nosotros, los tibetanos en el extranjero, además de esforzarnos por preservar nuestra identidad nacional y nuestros valores tradicionales, hemos estado formando a nuestra juventud para que pueda decidir su futuro basándose en el conocimiento de la conducta correcta, la justicia y los principios democráticos, con el fin de construir una mejor comunidad tibetana.

En resumen, teniendo en cuenta que vivimos en países ajenos al nuestro, podemos sentirnos orgullosos de nuestros logros dentro de la historia de los refugiados en el mundo. En el ámbito político, siempre hemos seguido el camino de la verdad y la justicia en nuestra lucha por los derechos legítimos del pueblo tibetano. Nunca hemos incurrido en distorsiones, exageraciones ni críticas hacia el pueblo chino. Tampoco hemos albergado mala voluntad contra ellos. Por encima de todo, siempre hemos mantenido nuestra posición basada en la verdad y la justicia, sin alinearnos con ninguno de los bloques de poder político internacionales.

A principios de 1979, por invitación suya, Gyalo Thondup visitó China. A través de él, usted envió un mensaje en el que decía que deberíamos mantenernos en contacto. También nos invitó a enviar delegaciones de verificación al Tíbet. Posteriormente, tres delegaciones pudieron constatar tanto los aspectos positivos como los negativos de la situación del Tíbet. Si la identidad del pueblo tibetano se preserva y si la gente allí fuera feliz de verdad, no habría motivo de queja. No obstante, la realidad es que más del 90 por ciento de los tibetanos están sufriendo tanto física como mentalmente, y viven en una profunda tristeza. Estas condiciones lamentables no las han causado desastres naturales, sino acciones humanas. Por lo tanto, deben hacerse esfuerzos genuinos para resolver estos problemas de manera razonable y en conformidad con las realidades existentes.

Para conseguirlo, debemos mejorar la relación entre China y el Tíbet, así como entre los tibetanos dentro y fuera del Tíbet. Con la verdad y la igualdad como base, debemos esforzarnos por desarrollar una amistad entre tibetanos y chinos a través de una mejor comprensión en el futuro. Ha llegado el momento de utilizar nuestra sabiduría común con un espíritu de tolerancia y amplitud de miras para alcanzar la verdadera felicidad del pueblo tibetano con determinación.

Por mi parte, sigo firmemente comprometido con contribuir, en la medida de mis capacidades, al bienestar de todos los seres humanos, y en particular de los pobres y los débiles, sin hacer ninguna distinción basada en fronteras nacionales. Como el pueblo tibetano deposita en mí una gran confianza y esperanza, me gustaría transmitirle a usted sus deseos y aspiraciones para su bienestar inmediato y futuro.

Espero que me haga saber su opinión sobre los asuntos aquí mencionados.

Con mi más alta consideración y estima,

El dalái lama

Nota junto a la carta dirigida a Deng Xiaoping
el 23 de marzo de 1981

En los últimos tiempos, de acuerdo con los contactos realizados por Pekín a través de Gyalo Thondp, ya han visitado el Tíbet tres delegaciones de observación. Está programado que la cuarta salga en abril de este año. Aunque Pekín ya había aceptado el envío de cincuenta maestros desde la India a diferentes escuelas en el Tíbet durante dos años, así como la apertura de una oficina de enlace en Lhasa para facilitar el contacto mutuo, recientemente Gyalo Thondup recibió el siguiente mensaje de Pekín a través de la agencia de noticias Xinhua en Hong Kong:

- En cuanto a la cuarta delegación de observación, aún no se ha confirmado nada. Se dará una respuesta más adelante, ya sea a través de Hong Kong o de la Embajada china en Nueva Deli.

- Aunque en principio hemos aceptado la apertura de una oficina de enlace en Lhasa y la recepción de maestros, sería mejor aplazar la apertura de dicha oficina y, en su lugar, mantener más contactos a través de Hong Kong y la Embajada china en Deli.
- A los maestros, habiéndose criado en la India con todas las comodidades a su disposición, les parecería difícil vivir en el Tíbet, donde las condiciones son precarias en la actualidad. Ello podría afectar a su ánimo. Por lo tanto, se sugiere aplazar el envío de maestros al Tíbet. Por ahora, se podrían asignar algunos maestros a las escuelas de nacionalidades dentro de China, desde donde podrían ser enviados al Tíbet de forma gradual. (Posteriormente, un mensaje recibido a través de la Embajada china en Deli comunicó que la cuarta delegación debería posponerse este año).

Nosotros respondimos lo siguiente a dichos mensajes:

- Aceptamos el aplazamiento de la cuarta delegación para este año, así como de la apertura de la oficina de enlace en Lhasa por el momento.
- En cuanto al envío de maestros al Tíbet, dado que ellos ya están al tanto de las condiciones tan duras que hay en las escuelas tibetanas, no será algo que afecte a sus ánimos ni impedirá el cumplimiento de sus tareas. Por encima de todo, la razón principal para enviar a estos maestros es mejorar el nivel educativo de los estudiantes que viven en condiciones tan difíciles. Esperamos que reconsideren este asunto. Los maestros se dedicarán exclusivamente a cuestiones educativas y no participarán en ninguna actividad política. Por lo tanto, no hay motivo por el que preocuparse en ese sentido.

CARTA A DENG XIAOPING, 11 de septiembre de 1992

Estimado señor Deng Xiaoping:

Me complace que hayamos retomado el contacto directo. Espero que esto derive en una mejoría de nuestra relación y en el desarrollo de un entendimiento y confianza mutuos.

Me han informado de las discusiones que el señor Ding Guangen tuvo con Gyalo Thondup el 22 de junio de 1992, así como de la postura del Gobierno de China con respecto a las negociaciones para encontrar una solución a la cuestión tibetana. Me decepciona la posición dura e inflexible transmitida por el señor Ding Guangen, sobre todo, por el énfasis en condiciones previas para las negociaciones. No obstante, sigo manteniendo la idea de que nuestros problemas solo pueden resolverse a través de negociaciones llevadas a cabo en un ambiente de sinceridad y apertura, para el beneficio tanto del pueblo tibetano como del chino. Para que esto sea posible, ninguna de las partes debe imponer obstáculos y, por lo tanto, ninguna de las partes debe interponer condiciones previas.

Para que se lleven a cabo negociaciones significativas, es imprescindible que la confianza sea mutua. Por lo tanto, para que haya confianza, considero que es importante tanto para los líderes como para el pueblo de China saber los esfuerzos que he realizado hasta ahora. Mis tres representantes llevan consigo una carta mía, acompañada de una nota detallada con mis opiniones y mis esfuerzos a lo largo de los años para promover negociaciones que beneficien tanto al pueblo tibetano como al chino. Ellos responderán y discutirán cualquier pregunta o cuestión que deseen plantear. De verdad espero que, gracias al hecho de que estas conversaciones se hayan retomado, podamos encontrar un camino que nos permita negociar.

Por mi parte, he propuesto muchas ideas para resolver nuestro problema. Creo que ha llegado el momento de que el Gobierno chino presente una propuesta verdaderamente significativa, si desea que el Tíbet y China vivan juntos en paz. Por ello, espero sinceramente que respondan con un espíritu de apertura y amistad.

Atentamente,

El dalái lama

CARTA PARA JIANG ZEMIN, 11 de septiembre de 1992

Estimado señor Zemin:

Me complace que hayamos retomado el contacto directo entre nosotros. Espero que esto derive en una mejoría en nuestra relación y en el desarrollo de un entendimiento y confianza mutuos.

Me han informado sobre las discusiones que el señor Ding Guangen tuvo con Gyalo Thondup el 22 de junio de 1992, así como de la postura del Gobierno de China con respecto a las negociaciones para encontrar una solución a la cuestión tibetana. Me decepciona la posición dura e inflexible transmitida por el señor Ding Guangen, sobre todo, por el énfasis en condiciones previas para las negociaciones. No obstante, sigo manteniendo la idea de que nuestros problemas solo pueden resolverse a través de negociaciones llevadas a cabo en un ambiente de sinceridad y apertura, para el beneficio tanto del pueblo tibetano como del chino. Para que esto sea posible, ninguna de las partes debe imponer obstáculos y, por lo tanto, ninguna de las partes debe interponer condiciones previas.

Para que se lleven a cabo negociaciones significativas, es imprescindible que la confianza sea mutua. Por lo tanto, para que haya confianza considero que es importante tanto para los líderes como para el pueblo de China saber los esfuerzos que he realizado hasta ahora. Mis tres representantes llevan consigo una carta mía, acompañada de una nota detallada con mis opiniones y mis esfuerzos a lo largo de los años para promover negociaciones que beneficien tanto al pueblo tibetano como al chino. Ellos responderán y discutirán cualquier pregunta o cuestión que deseen plantear. De verdad espero que, gracias al hecho de que estas conversaciones se hayan retomado, podamos encontrar un camino que nos permita negociar.

Por mi parte, he propuesto muchas ideas para resolver nuestro problema. Creo que ha llegado el momento de que el Gobierno chino presente una propuesta verdaderamente significativa, si desea que el Tíbet y China vivan juntos en paz. Por ello, espero sinceramente que respondan con un espíritu de apertura y amistad.

Atentamente,

El dalái lama

Nota que acompaña las cartas del 11 de septiembre de 1992 a Deng Xiaoping y Jiang Zemin

El 22 de junio de 1992, el señor Ding Guangen, jefe del Departamento de Trabajos del Frente Unido del Comité Central del Partido Comunista Chino, se reunió con el señor Gyalo Thondup en Pekín y reiteró lo que ya le había garantizado el señor Deng Xiaoping al señor Gyalo Thondup en 1979 de que el Gobierno chino estaba dispuesto a discutir y resolver cualquier asunto con nosotros, excepto la independencia total. El señor Ding Guangen también afirmó que, según la visión del

Gobierno chino, «el dalái lama continúa con actividades independentistas», así como que el Gobierno chino estaba dispuesto a empezar a negociar tan pronto como yo renuncie a la independencia del Tíbet. Esta postura, reiteradamente expresada en el pasado por el Gobierno chino, demuestra que los líderes chinos siguen sin entender mis ideas respecto a la relación entre los tibetanos y los chinos. Por lo tanto, aprovecho esta oportunidad para dejar clara mi postura a través de esta nota.

1. Está comprobado que en el pasado el Tíbet y China existieron como países separados. Sin embargo, como resultado de interpretaciones erróneas sobre las relaciones únicas del Tíbet con los emperadores mongoles y manchúes, surgieron disputas entre el Tíbet y el Kuomintang y el actual Gobierno chino. El hecho de que el Gobierno chino considerara necesario firmar un «acuerdo de diecisiete puntos» con el Gobierno tibetano en 1951 muestra claramente el reconocimiento, por parte del Gobierno chino, de la posición especial del Tíbet.

2. Cuando visité Pekín en 1954, tuve la impresión de que la mayoría de los líderes del Partido Comunista con los que me encontré eran personas honestas, directas y de mente abierta. En concreto, el presidente Mao Zedong me dijo en varias ocasiones que los chinos tan solo estaban en el Tíbet para ayudar al país a aprovechar sus recursos naturales y a usarlos para su desarrollo; que el general Zhang Jingwu y el general Fan Ming estaban en el Tíbet para ayudarme a mí y al pueblo tibetano, y no para administrar al Gobierno ni al pueblo tibetanos; y que todos los funcionarios chinos que había en el Tíbet estaban allí para apoyarnos y se marcharían de allí una vez que el Tíbet hubiera progresado. Cualquier funcionario chino que no actuara conforme a eso sería

mandado de vuelta a China. El presidente Mao continuó diciendo que se había decidido establecer un «comité preparatorio para la creación de la Región Autónoma del Tíbet», en lugar del plan anterior de poner al Tíbet bajo el control directo del Gobierno chino mediante una «comisión político-militar».

En mi última reunión con el presidente Mao, antes de marcharme de China, me dio una explicación bastante larga sobre la democracia. Me dijo que debía ejercer el liderazgo y me dio consejos sobre cómo mantenerme en contacto con las opiniones del pueblo. Habló con una actitud amable y empática que me resultó conmovedora e inspiradora.

Mientras estuve en Pekín, le dije al primer ministro Zhou Enlai que nosotros, los tibetanos, éramos plenamente conscientes de nuestra necesidad de desarrollarnos política, social y económicamente, y que, de hecho, ya había tomado medidas para conseguirlo.

En mi camino de regreso al Tíbet, le dije al general Zhang Guohua que había ido a China con dudas y muy preocupado por el futuro de mi pueblo y de mi país, pero que ahora regresaba con gran esperanza y optimismo, y con una impresión muy positiva de los líderes chinos. Mi deseo innato de servir a mi pueblo, en especial a los pobres y a los débiles, y la perspectiva de una cooperación y amistad mutuas entre el Tíbet y China me hicieron sentir esperanzado y optimista respecto al desarrollo futuro del Tíbet. Así me sentía en aquel momento al pensar en la relación tibetano-china.

3. Cuando en 1956 se estableció en Lhasa el «Comité Preparatorio de la Región Autónoma del Tíbet», no había otra alternativa que trabajar de forma sincera con dicho comité en interés y beneficio de ambas partes. Sin embargo, para

entonces, las autoridades chinas ya habían empezado a ejercer una fuerza bruta e inconcebible para imponer el comunismo en el pueblo tibetano de las regiones de Kham y Amdo, sobre todo en Litang. Aquello aumentó el resentimiento de los tibetanos hacia las políticas chinas y derivó en un levantamiento.

No podía creerme que el presidente Mao hubiera aprobado una política represiva de tal magnitud, dadas las promesas que me había hecho cuando estuve en China. Por ello, le escribí tres cartas en las que le explicaba la situación y le pedía que pusiera fin a tal represión. Lamentablemente, mis cartas quedaron sin respuesta.

A finales de 1956, visité la India para asistir al Buda Jayanti, el aniversario del nacimiento del Buda. En ese momento, muchos tibetanos me aconsejaron que no regresara al Tíbet y que continuara las conversaciones con China desde la India. También sentí que, por lo pronto, debía quedarme en la India. Mientras estuve en la India, me reuní con el primer ministro Zhou Enlai y le expresé lo triste que estaba por la represión militar infligida al pueblo tibetano en Kham y Amdo en nombre de las «reformas». El ministro Zhou Enlai dijo que él consideraba que estos hechos eran errores cometidos por funcionarios chinos y que las «reformas» del Tíbet se llevarían a cabo únicamente de acuerdo con los deseos del pueblo tibetano, y que, de hecho, el Gobierno chino ya había decidido posponer las «reformas» del Tíbet durante seis años. Después, me instó a regresar al Tíbet lo antes posible para evitar que brotaran nuevos disturbios.

Según el primer ministro de la India, Jawaharlal Nehru, el primer ministro Zhou Enlai le dijo que el Gobierno chino «no consideraba al Tíbet como una provincia de China. Su pueblo era diferente del pueblo de la China propiamente dicha. Por lo tanto, ellos (los chinos) consideraban que el Tíbet era una región autónoma que podía disfrutar de autonomía». El primer ministro Nehru me dijo que el primer ministro Zhou Enlai le había garantizado que la autonomía del Tíbet sería respetada y, por lo tanto, me aconsejó que me esforzara por salvaguardarla y cooperarse con China en la implementación de reformas.

Para entonces, la situación en el Tíbet se había vuelto extremadamente peligrosa y desesperada. No obstante, decidí regresar al Tíbet para darle al Gobierno chino otra oportunidad de cumplir con sus promesas. En mi regreso a Lhasa, al pasar por Dromo, Gyangtsé y Shigatsé, tuve muchas reuniones con funcionarios tibetanos y chinos; les dije que los chinos no estaban en el Tíbet para gobernar a los tibetanos, que los tibetanos no eran súbditos de China, y que, dado que los líderes chinos habían prometido decretar que el Tíbet fuera una región autónoma con plena libertad interna, todos debíamos trabajar para que eso se hiciera realidad. Hice hincapié en que los líderes de China me habían asegurado que todo el personal chino que había en el Tíbet estaba allí para ayudarnos, y que, si se comportaban de otra manera, estarían desobedeciendo las órdenes de su propio Gobierno. Creo que, una vez más, estaba haciendo todo lo posible por fomentar la cooperación entre el Tíbet y China.

4. No obstante, debido a la dura represión militar en las regiones de Kham y Amdo, en el este del Tíbet, miles de tibetanos, tanto jóvenes como ancianos, incapaces de vivir en tales circunstancias, comenzaron a llegar a Lhasa como refugiados. Como resultado de estas acciones chinas, el pueblo tibetano sintió una gran preocupación y comenzó a perder la confianza en las promesas que le había hecho China. Esto llevó a un mayor resentimiento y al empeoramiento de la situación. No obstante, seguí aconsejándole a mi pueblo que

buscara una solución pacífica y que actuara con moderación. A riesgo de perder la confianza del pueblo tibetano, hice todo lo posible por evitar la ruptura de las comunicaciones con los funcionarios chinos en Lhasa. Pero la situación continuó deteriorándose y finalmente estalló en los trágicos acontecimientos de 1959 que me obligaron a abandonar el Tíbet.

Ante una situación tan desesperada, no tuve otra alternativa que apelar a las Naciones Unidas. Las Naciones Unidas aprobaron tres resoluciones sobre el Tíbet en 1959, 1961 y 1965 en las que se pedía el «cese de prácticas que privan al pueblo tibetano de sus derechos humanos y libertades fundamentales, incluido su derecho a la autodeterminación», y se instaba a los Estados miembros a hacer todos los esfuerzos posibles para alcanzar ese objetivo.

El Gobierno chino no respetó las resoluciones de las Naciones Unidas. Mientras tanto, comenzó la Revolución Cultural y no hubo absolutamente ninguna oportunidad de resolver los problemas entre el Tíbet y China. De hecho, ni siquiera era posible identificar a un líder con el que pudiéramos dialogar.

5. A pesar de mis esperanzas no cumplidas y de las decepciones en el trato con el Gobierno chino, y dado que el Tíbet y China siempre seguirán siendo vecinos, estoy convencido de que debemos esforzarnos para encontrar una manera de coexistir en paz y ayudarnos mutuamente. Creo que esto es posible y que es algo digno de todos nuestros esfuerzos. Con esta convicción, en mi declaración al pueblo tibetano del 10 de marzo de 1971 dije lo siguiente: «A pesar del hecho de que los tibetanos tenemos que oponernos a la China comunista, nunca podré obligarme a odiar a su pueblo. El odio no es una señal de fortaleza, sino de debilidad. Cuando el señor Buda dijo que el odio no puede ser superado por el odio, no solo se

refería al plano espiritual, sino que sus palabras reflejan la realidad práctica de la vida. Cualquier cosa que se logre mediante el odio no durará mucho. Por el contrario, el odio solo generará más problemas. Para el pueblo tibetano que se enfrenta a una situación tan trágica, el odio solo traerá una tristeza aún mayor. Además, ¿cómo podemos odiar a un pueblo que no sabe lo que está haciendo? ¿Cómo podemos odiar a millones de chinos que no tienen poder y son guiados sin opción por sus líderes? Ni siquiera podemos odiar a los líderes chinos, ya que ellos también han sufrido muchísimo por su nación y por la causa que creen justa. No creo en el odio, pero sí creo —como siempre lo he hecho— que algún día la verdad y la justicia triunfarán».

En mi declaración del 10 de marzo de 1973, al referirme a la afirmación china de que los tibetanos se habían convertido en los «dueños del país» tras ser «liberados de los tres grandes señores feudales» y disfrutar de un «progreso y felicidad sin precedentes», afirmé lo siguiente: «El objetivo de la lucha de los tibetanos fuera del Tíbet es alcanzar la felicidad del pueblo tibetano. Si los tibetanos dentro del Tíbet son verdaderamente felices bajo el dominio chino, entonces no hay motivo para que nosotros, los exiliados, sostengamos lo contrario».

De nuevo, en mi declaración del 10 de marzo de 1979, me referí a las palabras del señor Deng Xiaoping sobre «buscar la verdad a partir de los hechos», devolver al pueblo chino sus derechos que tanto anhelaban desde hace tiempo, y la necesidad de reconocer los propios errores y deficiencias. Al elogiar estas señales de honestidad, progreso y apertura, señalé que «los líderes chinos de hoy en día deberían abandonar el dogmatismo tan estrecho de mente del pasado y el temor a perder prestigio, y deberían reconocer la situación actual del mundo. Deberían aceptar sus errores, las realidades y el derecho de todos los pueblos del género humano a la igualdad y la felicidad. La aceptación de esto no debería limitarse al papel, sino que debería aplicarse en la práctica. Si se acepta este proceder y se sigue con firmeza, todos los problemas pueden resolverse con honestidad y justicia». Con esta convicción, renové mis esfuerzos por promover la reconciliación y la amistad entre China y el Tíbet.

6. En 1979, el señor Deng Xiaoping invitó al señor Gyalo Thondup a Pekín y le dijo que, excepto de la cuestión de la independencia total, todos los demás asuntos podían discutirse y todos los problemas podían resolverse. El señor Deng también le dijo al señor Thondup que debíamos mantener el contacto entre nosotros y que podríamos enviar delegaciones de observación al Tíbet. Obviamente, aquello nos dio grandes esperanzas de resolver nuestro problema de forma pacífica, y comenzamos a enviar delegaciones al Tíbet.

El 23 de marzo de 1981, le envié una carta al señor Deng Xiaoping en la que decía:

«... las tres delegaciones de observación han podido conocer tanto los aspectos positivos como los negativos de la situación en el Tíbet. Si se preserva la identidad del pueblo tibetano y si realmente son felices, no hay razón para quejarse. Sin embargo, la realidad es que más del 90 por ciento de los tibetanos sufren tanto mental como físicamente, y viven en una profunda tristeza. Estas condiciones lamentables no han sido provocadas por desastres naturales, sino por acciones humanas. Por lo tanto, deben hacerse esfuerzos genuinos para resolver el problema de acuerdo con las realidades existentes de una manera razonable.

»Para lograr esto, debemos mejorar la relación entre China y el Tíbet, así como entre los tibetanos dentro y fuera del Tíbet. Con la verdad y la igualdad como base, debemos intentar desarrollar la amistad entre tibetanos y chinos mediante una mejor comprensión en el futuro. Ha llegado el momento de aplicar nuestra sabiduría común con un espíritu de tolerancia y amplitud de miras para alcanzar la verdadera felicidad del pueblo tibetano con sentido de urgencia.

»Por mi parte, sigo comprometido con contribuir con mis esfuerzos al bienestar de todos los seres humanos, en particular, de los pobres y los débiles, en la medida de mis posibilidades, sin hacer distinciones basadas en fronteras nacionales [...].

»Espero que me dé a conocer su opinión sobre los puntos anteriores».

No hubo respuesta a mi carta. En su lugar, el 28 de julio de 1981, el secretario general Hu Yaobang le entregó al señor Gyalo Thondup un documento titulado *Política de cinco puntos hacia el dalái lama*.

Aquello fue una sorpresa y una gran decepción. La razón de nuestros constantes esfuerzos por tratar con el Gobierno chino es lograr una felicidad duradera y genuina para los seis millones de tibetanos que deben vivir como vecinos de China generación tras generación. Sin embargo, las autoridades chinas eligieron ignorar esto y, en su lugar, intentaron reducir todo el asunto a mi estatus personal y a las condiciones para mi regreso, sin mostrar ninguna disposición a abordar los verdaderos problemas de fondo.

No obstante, seguí manteniendo la esperanza en la declaración del señor Deng Xiaoping sobre «buscar la verdad a partir de los hechos» y en su política de liberalización. Por ello, envié varias delegaciones al Tíbet y a China, y, cada vez que había una oportunidad, explicamos nuestro punto de vista para promover la comprensión mediante el diálogo y la discusión. Tal como sugirió inicialmente el señor Deng Xiaoping, acepté enviar maestros tibetanos desde la India para mejorar la educación de los tibetanos en el Tíbet. Sin embargo, por una u otra razón, el Gobierno chino no aceptó esta propuesta.

Estos contactos dieron lugar a cuatro delegaciones de observación enviadas al Tíbet, dos delegaciones a Pekín, y el inicio de visitas familiares entre los tibetanos dentro del Tíbet y los que viven en el exilio. Sin embargo, estos pasos no condujeron a avances sustanciales en la solución de los problemas entre nosotros, debido a la rigidez de las posturas de las autoridades chinas, que, en mi opinión, no reflejaban las políticas del señor Deng Xiaoping.

7. De nuevo, aun así, no perdí la esperanza. Esto se reflejó en mis declaraciones anuales del 10 de marzo al pueblo tibetano en los años 1981, 1983, 1984 y 1985, en las que dije lo siguiente:

«... la historia pasada ha quedado atrás. Lo más relevante es que, en el futuro, debe haber una paz y una felicidad genuinas mediante el desarrollo de relaciones amistosas y significativas entre China y el Tíbet. Para que esto se haga realidad, es importante que ambas partes trabajen arduamente con comprensión, tolerancia y una mentalidad abierta» (1981).

«El derecho a expresar ideas propias y a hacer todo lo posible por llevarlas a cabo permite que, en todas las partes del mundo, las personas se vuelvan creativas y progresistas. Esto impulsa a la sociedad humana a avanzar con rapidez y a experimentar una auténtica armonía. [...] La privación de la libertad de expresar el propio punto de vista, ya sea por la fuerza o por otros medios, es absolutamente anacrónica y una forma brutal de opresión. [...] Los pueblos del mundo no solo se opondrán a ello, sino que lo condenarán. Por lo tanto, los seis millones de tibetanos deben tener el derecho de preservar y fortalecer su identidad cultural y libertad religiosa, el derecho a determinar su propio destino y gestionar sus propios asuntos, así como a expresarse libremente sin interferencias de ningún tipo. Esto es razonable y justo» (1983).

«Dejando de lado los diferentes niveles de desarrollo y disparidades económicas, los continentes, las naciones, las comunidades, las familias, todos los individuos dependen los unos de los otros para su existencia y bienestar. Todo ser humano desea la felicidad y no quiere sufrir. Teniendo esto claro, debemos desarrollar compasión mutua, amor y un sentido fundamental de justicia. En un ambiente así, hay esperanzas de que los problemas entre naciones y dentro de las familias puedan superarse gradualmente, y que las personas puedan vivir en paz y armonía. Por el contrario, si las personas adoptan una actitud de egoísmo, dominación y celos, el mundo en general, así como los individuos, nunca disfrutarán de paz y armonía. Por ello, creo que las relaciones humanas basadas en la compasión y el amor mutuos son una parte fundamental e importante para la felicidad humana» (1984).

«... para lograr la felicidad genuina en cualquier sociedad humana, la libertad de pensamiento es extremadamente importante. Esta libertad de pensamiento solo puede alcanzarse mediante la confianza mutua, el entendimiento mutuo y la ausencia de miedo. [...] En el caso del Tíbet y China también, a menos que podamos eliminar el estado de miedo y desconfianza mutuos, a menos que podamos desarrollar un sentido de amistad y buena voluntad genuinos, los problemas a los que nos enfrentamos hoy en día seguirán existiendo.

»Es importante que ambos aprendamos el uno del otro. Ahora les corresponde a los chinos actuar de acuerdo con los ideales iluminados y los principios de los tiempos modernos; acercarse con una mente abierta y hacer un esfuerzo serio por conocer y comprender el punto de vista del pueblo tibetano, así como sus verdaderos sentimientos y aspiraciones. [...] Es incorrecto reaccionar con sospecha u ofensa ante opiniones que difieren de nuestra propia forma de pensar. Es esencial que las diferencias de opinión se examinen y discutan abiertamente. Cuando puntos de vista distintos se expresan con franqueza y se discuten de manera sensata en un plano de igualdad, las decisiones o acuerdos que se logren como resultado serán genuinos y beneficiosos para todos los implicados. Pero mientras exista una contradicción entre el pensamiento y la acción, nunca podrán alcanzarse acuerdos genuinos y significativos.

»Por lo tanto, en este momento, siento que lo más importante para nosotros es mantener un contacto cercano, expresar nuestras opiniones con franqueza y hacer esfuerzos sinceros por comprendernos mutuamente. Y, a través de una mejora eventual en las relaciones humanas, tengo la confianza de que nuestros problemas pueden resolverse para satisfacción mutua» (1985).

De esta manera y otras expresé mis opiniones con claridad. Pero no hubo reciprocidad ante mis enfoques conciliadores.

8. Dado que ninguno de los intercambios entre tibetanos y chinos dio resultado, me sentí obligado a hacer públicas mis opiniones sobre los pasos necesarios para alcanzar una solución aceptable para los principales problemas. El 21 de septiembre de 1987, anuncié un Plan de Paz de Cinco Puntos en los Estados Unidos de América. En la introducción de dicho plan indiqué que, con la esperanza de una verdadera

reconciliación y una solución duradera al problema, era mi deseo dar el primer paso con esta iniciativa. Esperaba que este plan contribuyera en el futuro a la amistad y cooperación entre todos los países vecinos, incluido el pueblo chino, para su bien y beneficio. Los puntos básicos abordados eran:

    i. Transformación de todo el Tíbet en una zona de *ahimsa* (paz y no violencia).

    ii. El abandono de la política china de transferencia de población que amenaza la existencia misma del pueblo tibetano como tal.

    iii. Respeto a los derechos humanos fundamentales y a las libertades democráticas del pueblo tibetano.

    iv. Restauración y protección del medio ambiente natural del Tíbet y el abandono del uso que China hace del Tíbet para la producción de armas nucleares y el vertido de desechos nucleares.

    v. Inicio de negociaciones serias sobre el futuro estatus del Tíbet y relaciones entre el pueblo tibetano y el chino.

Como respuesta a esta iniciativa, el señor Yan Mingfu se reunió con el señor Gyalo Thondup el 17 de octubre de 1987 y le entregó un mensaje que contenía cinco puntos en los que me criticaba por la mencionada iniciativa de paz y, además, me acusaba de haber instigado las manifestaciones en Lhasa del 27 de septiembre de 1987 y de haber actuado en contra de los intereses del pueblo tibetano.

Esta respuesta fue decepcionante y humillante, ya que revelaba que no se habían tomado en serio mi propuesta de reconciliación sincera.

A pesar de ello, volví a intentar una vez más aclarar nuestra postura en una detallada respuesta de catorce puntos, el 17 de diciembre de 1987.

9. El 15 de junio de 1988, en el Parlamento Europeo, en Estrasburgo, desarrollé nuevamente el Plan de Paz de Cinco Puntos. Propuse como marco para las negociaciones, destinadas a asegurar los derechos fundamentales del pueblo tibetano, que China pudiera seguir siendo responsable de la política exterior del Tíbet y mantener un número limitado de instalaciones militares en el Tíbet con fines defensivos, hasta que se convocara una conferencia regional de paz y el Tíbet se transformara en un santuario neutral de paz. Muchos tibetanos me criticaron por esta propuesta. Mi intención era hacer posible que China y el Tíbet permanecieran unidos en una amistad duradera y garantizar el derecho de los tibetanos a gobernar su propio país. Sinceramente creo que, en el futuro, un Tíbet desmilitarizado convertido en una zona de *ahimsa* contribuirá a la armonía y la paz, no solo entre los tibetanos y los chinos, sino también con todos los países vecinos y toda la región.

10. El 23 de septiembre de 1988, el Gobierno chino emitió una declaración en la que afirmaba que China estaba dispuesta a iniciar negociaciones con nosotros. El anuncio señalaba que la fecha y el lugar para las negociaciones serían decisión del dalái lama. Acogimos con satisfacción este anuncio de Pekín y respondimos el 25 de octubre de 1988 proponiendo enero de 1989 como fecha, y Ginebra, un lugar neutral internacionalmente reconocido, como nuestra opción preferida. Anunciamos que teníamos listo un equipo negociador y dimos a conocer los nombres de sus integrantes.

El Gobierno chino respondió el 18 de noviembre de 1988 rechazando Ginebra como sede para la reunión y expresó su preferencia por Pekín o Hong Kong como sede. Además, señalaron que nuestro equipo negociador no podía incluir «a ningún extranjero» ni consistir solamente en «personas jóvenes», sino que debía incluir también a personas mayores, entre ellas, al señor Gyalo Thondup. En ese momento, les explicamos que el extranjero solo era un asesor legal y no un miembro formal del equipo negociador, y que el señor Gyalo Thondup también sería incluido como asesor.

Con una actitud flexible y abierta, aceptamos las solicitudes del Gobierno chino y estuvimos de acuerdo en enviar representantes a Hong Kong para que hubiera reuniones preliminares con representantes del Gobierno chino. Desafortunadamente, cuando por fin ambas partes habían acordado que Hong Kong sería el lugar para estas conversaciones preliminares, el Gobierno chino se negó a seguir con las comunicaciones y no cumplió con su propia propuesta.

11. Aunque defendí esta propuesta durante más de dos años, por parte del Gobierno chino no hubo prueba alguna de consideración y ni siquiera de reconocimiento.

Por lo tanto, en mi declaración del 10 de marzo de 1991, me vi obligado a anunciar que, a menos que el Gobierno chino respondiera en un futuro próximo, me consideraría libre de cualquier obligación de mantener la propuesta que había hecho en Francia.

Dado que parecía no haber beneficio alguno en las múltiples soluciones que yo había propuesto respecto al Tíbet y China, tuve que buscar una nueva vía. Por ello, en un discurso pronunciado en la Universidad de Yale el 9 de octubre de 1991, dije:

«... estoy barajando la posibilidad de visitar el Tíbet tan pronto como sea posible. Tengo en mente dos objetivos para dicha visita.

»Primero, deseo constatar personalmente la situación en el Tíbet y comunicarme directamente con mi pueblo. De esta manera, también espero ayudar a los líderes chinos a comprender los verdaderos sentimientos de los tibetanos. Por este motivo, sería importante que altos dirigentes chinos me acompañaran en dicha visita y que observadores externos, incluida la prensa, estuvieran presentes para observar e informar sobre sus conclusiones.

»Segundo, deseo aconsejar y persuadir a mi pueblo de que no abandone la no violencia como la forma adecuada de lucha. Mi capacidad para hablar directamente con mi pueblo puede ser un factor clave para lograr una solución pacífica. Mi visita podría representar una nueva oportunidad para promover el entendimiento y sentar las bases para negociar una solución».

Por desgracia, el Gobierno chino rechazó inmediatamente esta propuesta. En aquel momento, los periodistas me preguntaron en numerosas ocasiones si estaba renovando mi llamamiento a la independencia del Tíbet, puesto que había declarado que la Propuesta de Estrasburgo ya no era válida. Ante estas preguntas, manifesté que prefería no hacer comentarios.

12. El Gobierno chino, con gran duda y desconfianza, ha calificado nuestra lucha como un movimiento destinado a restaurar la «vieja sociedad» al afirmar que no responde a los intereses del pueblo tibetano, sino al estatus y al interés personal del dalái lama. Desde mi juventud, he sido consciente de los muchos defectos del sistema que existía en el Tíbet y deseaba mejorarlo. Desde entonces, inicié un proceso de

reformas en el Tíbet. Poco después de nuestra huida a la India, empezamos a implementar, paso a paso, la democracia en nuestra comunidad en el exilio. No he dejado de animar a mi pueblo a seguir este camino. Como resultado, hoy en día nuestra comunidad en el exilio utiliza un sistema en plena concordancia con los principios democráticos universales. Es imposible que el Tíbet regrese al antiguo sistema de gobierno. En cuanto a si mis esfuerzos por la causa tibetana los hago para mi beneficio y provecho personales —cosa de la que me acusa el Gobierno chino— o no, en mis repetidas declaraciones queda claro que en un futuro Tíbet no asumiré ninguna responsabilidad gubernamental ni ocuparé ningún cargo político. Además, esto queda reflejado claramente en la carta que rige la Administración tibetana en el exilio y en las *Directrices para el futuro sistema político del Tíbet y las características básicas de su Constitución* que di a conocer el 26 de febrero de 1992.

En la conclusión de estas directrices, sugerí que «el Tíbet no se verá influenciado ni condicionado por las políticas e ideologías de otros países, sino que permanecerá como un Estado neutral, en el sentido auténtico del término. Mantendrá una relación armoniosa con sus vecinos en términos de igualdad y beneficio mutuo. Mantendrá relaciones cordiales y fraternas con todas las naciones, sin ningún sentimiento de hostilidad ni enemistad».

Asimismo, en mi declaración del 10 de marzo de 1992 señalé que, «cuando de verdad exista una relación cordial entre tibetanos y chinos, será algo que nos permitirá no solo resolver las disputas entre nuestras dos naciones en este siglo, sino también ofrecer a los tibetanos la oportunidad de hacer una contribución significativa, gracias a nuestra rica tradición cultural, a la paz mental de millones de jóvenes chinos».

Mis esfuerzos por establecer una relación personal con los líderes chinos incluyen mi ofrecimiento, presentado a través de su Embajada en Nueva Deli a finales de 1980, de reunirme con el secretario general Hu Yaobang durante alguna de sus visitas al extranjero en cualquier lugar conveniente. Asimismo, en diciembre de 1991, cuando el primer ministro Li Peng visitó Nueva Deli, propuse reunirme allí con él. No obstante, estas propuestas de acercamiento fueron infructuosas.

13. Un análisis imparcial de los puntos anteriores demostrará de forma clara que mis ideas y esfuerzos sucesivos no han hecho más que buscar soluciones que permitan al Tíbet y a China convivir en paz. A la luz de estos acontecimientos, resulta difícil comprender el propósito de la postura del Gobierno chino cuando afirma que la declaración de Deng Xiaoping sobre el Tíbet de 1979 sigue vigente, y que, tan pronto como «el dalái lama abandone sus actividades separatistas», podrían comenzar las negociaciones. Esta posición ha sido reiterada una y otra vez, sin responder de forma concreta a mis múltiples iniciativas.

Si China desea que el Tíbet permanezca dentro de China, China debe crear las condiciones necesarias para que así sea. Ha llegado el momento de que los chinos indiquen claramente cuál es el camino para que el Tíbet y China puedan vivir juntos en amistad. Debe elaborarse un esquema detallado, paso a paso, sobre el estatus básico del Tíbet. Si se ofrece una propuesta clara, independientemente de que sea posible llegar a un acuerdo o no, entonces los tibetanos podremos decidir si deseamos vivir con China o no. Si nosotros, los tibetanos, conseguimos nuestros derechos fundamentales de manera satisfactoria, seremos capaces de reconocer las posibles ventajas de vivir junto a los chinos.

Confío en la visión y sabiduría de los líderes chinos y espero que tengan en cuenta los actuales cambios políticos globales y la necesidad de resolver pacíficamente el problema tibetano, promoviendo una amistad genuina y duradera entre nuestros dos pueblos vecinos.

CARTA DE CONDOLENCIAS A JIANG ZEMIN, 1997

Su excelencia:

Con motivo del fallecimiento del señor Deng Xiaoping, deseo expresar mis condolencias a los miembros de su familia y al pueblo y Gobierno de la República Popular China. La muerte del señor Deng Xiaoping es una gran pérdida para China.

Tuve la oportunidad de conocer al señor Deng Xiaoping durante mi visita a China en 1954. Fue un revolucionario y un gran líder de China, caracterizado por una valentía excepcional, perseverancia, capacidad y aptitudes esenciales para el liderazgo.

En relación con el Tíbet, en 1979, el señor Deng Xiaoping invitó a Pekín a mi hermano mayor, el señor Gyalo Thondup, y le expresó que, excepto la cuestión de la total independencia del Tíbet, todos los demás asuntos podrían discutirse y resolverse. Animado por los cambios generales en China y por la nueva actitud pragmática hacia el problema del Tíbet, desde entonces he intentado, de forma constante y sincera, entablar negociaciones serias con el Gobierno chino sobre el futuro del Tíbet. Lamentablemente, el Gobierno chino no ha respondido de manera positiva a mis propuestas e iniciativas durante los últimos dieciocho años para llegar a una solución negociada del conflicto dentro del marco establecido por el señor Deng Xiaoping.

Es verdaderamente lamentable que no se hayan podido llevar a cabo negociaciones serias sobre el tema del Tíbet mientras el señor Deng seguía con vida. No obstante, creo firmemente que su ausencia nos ofrece nuevas oportunidades y desafíos tanto para los tibetanos como para los chinos. Espero con sinceridad que, durante su liderazgo de usted, el Gobierno chino reconozca la sabiduría de resolver el problema del Tíbet a través de negociaciones, en un espíritu de reconciliación y compromiso. Por mi parte, sigo comprometido con la convicción de que nuestro conflicto solo puede solucionarse mediante negociaciones llevadas a cabo en un ambiente de sinceridad y apertura.

Con mis oraciones y mejores deseos,

atentamente,

El dalái lama

CARTA A JIANG ZEMIN, 1997*

Su excelencia:

Mientras usted y otros miembros de la cúpula china se preparan para el crucial congreso del partido que se aproxima, quisiera hacer un esfuerzo más para subrayar la necesidad de encontrar tan pronto como sea posible una solución al problema del Tíbet.

Desde hace casi cinco décadas, el problema tibetano ha ocasionado al pueblo tibetano gran sufrimiento tanto físico como emocional. Además, la incapacidad para resolver el problema tibetano ha empañado cada vez más la imagen internacional y la reputación de la gran nación china.

Siento un profundo respeto y admiración personal por China, y mi deseo más sincero es que sea un miembro destacado

---

* Esta carta se le entregó personalmente a la senadora estadounidense Dianne Feinstein y su esposo, Richard Blum, durante su reunión con el presidente Jiang Zemin en Pekín el 8 de septiembre de 1997.

dentro de la comunidad de naciones. Cuanto antes podamos encontrar una solución mutuamente aceptable al problema tibetano, mejor será para los pueblos tibetano y chino. Sigo creyendo que, con esfuerzos sinceros en ambos lados, podemos alcanzar dicha solución. Por mi parte, he aprovechado cada oportunidad para aclarar algunas dudas que parecen tener los líderes chinos sobre mi postura.

Creo firmemente que es más importante mirar hacia el futuro que detenernos en el pasado. Lo fundamental es conseguir el máximo beneficio para los pueblos implicados. Con esta convicción, he ido proponiendo una solución al problema tibetano que no implica la separación del Tíbet de China. Si examina mi propuesta, tal como la presenté en 1988, verá que sigue las líneas de la política que China ha implementado en asuntos como el de Hong Kong y Taiwán. Mi propuesta no difiere en absoluto del concepto político de «un país, dos sistemas» y claramente se enmarca en el enfoque que formuló el señor Deng Xiaoping sobre el tema del Tíbet.

En los últimos años, la falta de contacto directo entre ambas partes ha incrementado los malentendidos y la desconfianza, lo que ha provocado una sensación más profunda de distanciamiento mutuo. Esto es sumamente desafortunado y no beneficia ni al pueblo tibetano ni a su Gobierno. Durante siglos, los tibetanos y chinos hemos vivido unos junto a los otros. En el futuro, también continuaremos haciéndolo. A pesar del creciente apoyo internacional al Tíbet, al final corresponde a tibetanos y chinos encontrar una solución mutuamente aceptable.

Por lo tanto, ha llegado el momento de que todos actuemos con valentía, perspectiva y sensatez. Sigo dispuesto a dedicar el resto de mi vida al servicio de la reconciliación, el respeto mutuo y la amistad entre el pueblo tibetano y el chino. Me gustaría asegurarle que en mí encontrará un colaborador comprometido con la búsqueda de una solución mutuamente aceptable y beneficiosa para el problema del Tíbet.

Dicho lo cual, deseo proponer que se celebren, tan pronto como sea posible, encuentros entre mis representantes y funcionarios de las autoridades chinas. Dichos encuentros nos brindarán la oportunidad de entender mejor nuestras respectivas posturas. Es necesario iniciar nuevas vías de diálogo que favorezcan la construcción de confianza mutua. Tengo la esperanza de que bajo su liderazgo el Gobierno actuará con sabiduría y pragmatismo y nos ofrecerá una respuesta favorable en una fecha cercana.

Con mis oraciones y mejores deseos,
atentamente,

El dalái lama

ANEXO D

MEMORANDO SOBRE LA AUTONOMÍA GENUINA PARA EL PUEBLO TIBETANO

I. INTRODUCCIÓN

Desde que se reanudó el contacto directo con el Gobierno Central de la República Popular China (RPC) en 2002, se han celebrado extensas conversaciones entre los enviados de su santidad el 14.° dalái lama y los representantes del Gobierno central. Durante estos diálogos hemos expresado de forma clara las aspiraciones del pueblo tibetano. La esencia del enfoque del camino medio consiste en conseguir una autonomía genuina para el pueblo tibetano dentro del marco constitucional de la RPC. Esta propuesta beneficia a ambas partes y se basa en los intereses a largo plazo tanto del pueblo tibetano como del pueblo chino. Seguimos comprometidos con no buscar la separación ni la independencia. Estamos buscando una solución al problema tibetano mediante una autonomía auténtica que sea compatible con los principios sobre autonomía establecidos en la Constitución de la RPC. La protección y el desarrollo de la identidad tibetana, tan única en todos sus aspectos, responde al interés más amplio de la humanidad en general y, en particular, al de los pueblos tibetano y chino.

Durante la séptima ronda de conversaciones celebradas en Pekín los días 1 y 2 de julio de 2008, el vicepresidente de la

Conferencia Consultiva Política del Pueblo Chino y ministro del Departamento Central del Frente Unido, el señor Du Qinglin, invitó de forma explícita a su santidad el dalái lama a presentar sugerencias para la estabilidad y el desarrollo del Tíbet. Asimismo, el viceministro ejecutivo del Departamento Central del Frente Unido, el señor Zhu Weiqun, manifestó que desearían escuchar nuestras opiniones sobre el grado o la forma de autonomía que reclamamos, así como sobre todos los aspectos de la autonomía regional en el marco de la Constitución de la RPC. En consecuencia, este memorándum expone nuestra posición sobre una autonomía genuina y sobre cómo pueden satisfacerse las necesidades específicas del pueblo tibetano de autonomía y autogobierno mediante la aplicación de los principios constitucionales de autonomía de la RPC, tal y como los entendemos. Partiendo de esta base, su santidad el dalái lama confía en que las necesidades fundamentales del pueblo tibetano puedan satisfacerse mediante una autonomía genuina dentro de la RPC. La RPC es un Estado multinacional y, como sucede en muchas otras partes del mundo, procura resolver la cuestión nacional mediante la autonomía y el autogobierno de las minorías nacionales. La Constitución de la RPC contiene principios fundamentales relativos a la autonomía y al autogobierno cuyos objetivos son compatibles con las necesidades y aspiraciones del pueblo tibetano. La autonomía nacional regional está dirigida tanto a evitar la opresión como a evitar la separación entre nacionalidades, y rechaza tanto el chovinismo han como el nacionalismo local. Está destinada a asegurar la protección de la cultura y la identidad de las minorías nacionales, al otorgarles poder para ser dueñas de sus propios asuntos. En gran medida, las necesidades tibetanas pueden satisfacerse dentro de los principios constitucionales sobre la autonomía, tal como los entendemos. En diversos aspectos, la Constitución otorga una considerable facultad discrecional a los órganos estatales en la toma de decisiones y en el funcionamiento del sistema de autonomía. Esta facultad discrecional puede utilizarse para facilitarles una autonomía genuina a los tibetanos. De esta manera, se respondería a la particularidad de la situación tibetana. Al aplicar estos principios, podría ser necesario revisar o modificar la legislación relativa a la autonomía para ajustarla a las características y necesidades específicas del pueblo tibetano. Con buena voluntad por ambas partes, los problemas pendientes pueden resolverse dentro del marco constitucional sobre la autonomía. De esta manera, se logrará la unidad nacional, la estabilidad y unas relaciones armoniosas entre el pueblo tibetano y las demás nacionalidades.

II. RESPETO A LA INTEGRIDAD DE LA NACIONALIDAD TIBETANA

Los tibetanos constituyen una sola nación minoritaria, independientemente de las divisiones administrativas actuales. La integridad del pueblo tibetano debe ser respetada. Este es el espíritu, el propósito y el principio que subyace al concepto constitucional de la autonomía nacional regional, así como al principio de igualdad entre las naciones. No existe controversia sobre el hecho de que los tibetanos comparten la misma lengua, cultura, tradición espiritual, valores esenciales y costumbres, que pertenecen al mismo grupo étnico y tienen un fuerte sentido de identidad común. Comparten una historia común y, a pesar de los periodos de divisiones políticas o administrativas, los tibetanos siempre se han mantenido unidos gracias a su religión, cultura, educación, idioma, estilo de vida y a su singular entorno geográfico del altiplano. El pueblo tibetano habita en una región contigua en la meseta tibetana, la cual ha habitado desde hace milenios y, por ende, es indígena de esta zona. Según los principios constitucionales de la autonomía nacional regional, en la RPC los tibetanos constituyen, en realidad, una sola nación en toda la meseta tibetana. Por los motivos mencionados, la RPC ha reconocido al pueblo tibetano como una de las cincuenta y cinco naciones minoritarias del país.

III. ASPIRACIONES DEL PUEBLO TIBETANO

Los tibetanos poseen una historia, cultura y tradición espiritual ricas y singulares que constituyen valiosos componentes del patrimonio de la humanidad. No solo quieren preservar este patrimonio que tanto valoran, sino que también desean desarrollar todavía más su cultura, vida espiritual y conocimientos de tal forma que sean particularmente apropiados para las necesidades y circunstancias de la humanidad en el siglo XXI.

Como parte del estado multinacional de la RPC, los tibetanos pueden beneficiarse enormemente del rápido desarrollo económico y científico que experimenta el país. Si bien desean participar de forma activa y contribuir a dicho desarrollo, quieren asegurarse de que este proceso ocurra sin que el pueblo tibetano pierda su identidad, cultura y valores esenciales, y sin poner en riesgo el frágil y singular entorno de la meseta tibetana, de la que son originarios.

La singularidad de la situación tibetana ha sido constantemente reconocida dentro de la RPC; tal reconocimiento quedó reflejado tanto en el Acuerdo de los Diecisiete Puntos como en las declaraciones y políticas de los sucesivos líderes de la RPC desde entonces, y debería continuar siendo la base para definir el alcance y la estructura específicos de la autonomía ejercida por la nación tibetana en el marco de la RPC. La Constitución refleja el principio fundamental de flexibilidad para adaptarse a situaciones especiales, incluyendo las características y necesidades particulares de las poblaciones de naciones minoritarias.

El compromiso de su santidad el dalái lama de buscar una solución para el pueblo tibetano dentro de la RPC es claro y firme. Esta postura es plenamente acorde y congruente con la declaración del líder supremo Deng Xiaoping en la que enfatizó que, salvo la independencia, todas las demás cuestiones pueden resolverse mediante el diálogo. Por lo tanto, si bien nos comprometemos por entero a respetar la integridad territorial de la RPC, esperamos que el Gobierno central reconozca y respete plenamente la integridad del pueblo tibetano y su derecho a ejercer una autonomía genuina dentro de la RPC. Creemos que esta es la base para resolver las diferencias entre ambas partes y promover la unidad, estabilidad y armonía entre las naciones.

Para que los tibetanos avancen como una nación diferenciada dentro de la RPC, necesitan seguir progresando y desarrollándose económica, social y políticamente de formas que contribuyan al desarrollo de la RPC y del mundo en general, pero respetando y fortaleciendo, a su vez, las características propias tibetanas de dicho desarrollo. Para que esto sea posible, es imprescindible que se reconozca y ponga en práctica el derecho de los tibetanos a gobernarse a sí mismos en toda la región en la que viven formando comunidades sólidas dentro de la RPC, de acuerdo con las necesidades, prioridades y particularidades del pueblo tibetano.

Únicamente los propios tibetanos podrán preservar y promover la cultura e identidad de su pueblo. Por lo tanto, los tibetanos deberían ser capaces de autoayudarse, autodesarrollarse y autogobernarse al establecer un equilibrio óptimo entre esta capacidad autónoma y la necesaria y bienvenida orientación y ayuda por parte del Gobierno central, así como de otras provincias y regiones de la RPC.

IV. NECESIDADES FUNDAMENTALES DE LOS TIBETANOS: ÁREAS DE AUTOGOBIERNO

1) Idioma

El idioma es el atributo más importante de la identidad del pueblo tibetano. El idioma tibetano es el medio de comunicación principal, la lengua en la que están escritos su literatura y sus textos espirituales, así como sus obras históricas y científicas. La lengua tibetana no solo se encuentra al mismo nivel elevado que el sánscrito en términos gramaticales, sino que además es la única capaz de traducir textos del sánscrito sin la menor distorsión o error. Por lo tanto, la lengua tibetana no solamente posee una de las literaturas más ricas y mejor traducidas, sino que numerosos académicos incluso sostienen que también es una de las literaturas con la mayor cantidad y riqueza de composiciones literarias. La Constitución de la RPC, en su artículo 4, garantiza la libertad de todas las nacionalidades «para utilizar y desarrollar sus propias lenguas habladas y escritas...».

Para que los tibetanos puedan utilizar y desarrollar su propia lengua, el tibetano debe ser respetado como el principal idioma hablado y escrito. De igual manera, la lengua principal en las áreas autónomas tibetanas debe ser el tibetano.

Este principio está ampliamente reconocido en el artículo 121 de la Constitución, donde se dictamina que «los órganos de autogobierno de las áreas autónomas nacionales emplean la lengua hablada y escrita o la lengua de uso común en la localidad». El artículo 10 de la Ley de Autonomía Nacional Regional (LANR) dispone que estos órganos «garantizarán la libertad de las nacionalidades en estas áreas para utilizar y desarrollar sus propias lenguas habladas y escritas...».

En consonancia con el principio de reconocimiento del tibetano como lengua principal en áreas tibetanas, la LANR (artículo 36) también permite que las autoridades gubernamentales autónomas decidan sobre «el idioma utilizado en la enseñanza y los procedimientos de inscripción» en relación con la educación. Esto implica el reconocimiento del principio de que el principal medio de instrucción sea el tibetano.

2) Cultura

El concepto de autonomía nacional regional en la RPC tiene como objetivo fundamental preservar las culturas de las nacionalidades minoritarias. En consecuencia, la Constitución de la RPC incluye disposiciones sobre la preservación cultural en los artículos 22, 47 y 119, así como en el artículo 38 de la LANR. Para los tibetanos, la cultura está profundamente entrelazada con la religión, la tradición, el idioma y la identidad, elementos que hoy en día se enfrentan a amenazas a distintos niveles. Dado que los tibetanos viven dentro del marco multiétnico de la RPC, la protección de dicho patrimonio cultural único requiere salvaguardas constitucionales sólidas y adecuadas.

3) Religión

La religión es fundamental para los tibetanos, y el budismo está estrechamente ligado a su identidad. Somos conscientes de la importancia que tiene la separación entre la religión y el Estado, pero esto no debería afectar la libertad y la práctica de los creyentes. Para los tibetanos es imposible imaginarse la libertad personal o comunitaria sin la libertad de creencia, conciencia y religión. La Constitución reconoce la importancia de la religión y protege el derecho a profesarla. El artículo 36 garantiza a todos los ciudadanos el derecho a la libertad de creencia religiosa. Nadie puede obligar a otro a creer o a no creer en ninguna religión. Se prohíbe la discriminación por motivos religiosos.

Una interpretación del principio constitucional a la luz de las normas internacionales también abarcaría la libertad en la forma de creer o de rendir culto. La libertad abarca el derecho de los monasterios a organizarse y funcionar según la tradición monástica budista, a dedicarse a la enseñanza y el estudio, así como a inscribir a cualquier número de monjes o monjas o grupo de edad de acuerdo con estas normas. La práctica habitual de impartir enseñanzas públicas y la habilitación de grandes reuniones está amparada por dicha libertad. El Estado no debe interferir en las prácticas y tradiciones religiosas, tales como la relación entre maestro y discípulo, la gestión de instituciones monásticas y el reconocimiento de reencarnaciones.

4) Educación

El deseo de los tibetanos de desarrollar y administrar su propio sistema educativo, en cooperación y coordinación con el Ministerio de Educación del Gobierno central, está respaldado por los principios reflejados en la Constitución en lo que respecta a la educación. Lo mismo ocurre con la aspiración de participar y contribuir en el desarrollo de la ciencia y la tecnología. Observamos el creciente reconocimiento, dentro del desarrollo científico internacional, que la contribución de la psicología budista, la metafísica, la cosmología y la comprensión de la mente están haciendo a la ciencia moderna.

Si bien el artículo 19 de la Constitución indica que el Estado asume la responsabilidad general de proveer educación a sus ciudadanos, el artículo 119 reconoce el principio por el que «el/los órgano/s de autogobierno de las áreas autónomas de nacionalidades administran de forma independiente los asuntos educativos [...] en sus respectivas regiones». Este principio también se refleja en el artículo 36 de la LANR.

Dado que el grado de autonomía en la toma de decisiones no está definido de forma clara, lo importante es subrayar que los tibetanos necesitan ejercer una autonomía genuina respecto a la educación de su propia población, y este derecho está respaldado por los principios constitucionales sobre la autonomía.

En cuanto a la aspiración de participar en el desarrollo del conocimiento científico y tecnológico, la Constitución (artículo 119) y la LANR (artículo 39) reconocen sin lugar a duda el derecho de las áreas autónomas a desarrollar la ciencia y la tecnología.

5) Protección del medio ambiente

El Tíbet es la cuna de los grandes ríos de Asia. Además, alberga las montañas más altas de la tierra, así como la meseta más extensa y elevada del mundo, rica en recursos minerales, bosques milenarios y numerosos valles profundos que no se han visto alterados por el ser humano.

Esta práctica de protección ambiental ha sido reforzada por el respeto tradicional del pueblo tibetano hacia todas las formas de vida, lo cual prohíbe hacer daño a cualquier ser sintiente, ya sea humano o animal. El Tíbet solía ser un santuario natural virgen en un entorno ecológico único.

Hoy en día, el medio ambiente tradicional del Tíbet sufre daños irreparables. Los efectos de esta degradación son especialmente visibles en los pastizales, las tierras de cultivo, los bosques, los recursos hídricos y la fauna silvestre.

Ante esta situación, y de acuerdo con los artículos 45 y 66 de la LANR, el pueblo tibetano debería tener el derecho a gestionar su medio ambiente y poder seguir sus prácticas tradicionales de conservación.

6) Uso de recursos naturales

En lo que respecta a la protección y gestión del medio ambiente natural y la utilización de los recursos naturales, la Constitución y la LANR solo les reconocen un papel limitado a los órganos de autogobierno de las áreas autónomas (véanse los artículos 27, 28, 45 y 66 de la LANR, y el artículo 118 de la Constitución, que establece que el Estado «deberá considerar debidamente los intereses de las áreas autónomas étnicas»). La LANR reconoce la importancia de que las áreas autónomas protejan y desarrollen sus propios bosques y pastizales (artículo 27) y de que «den prioridad a la explotación y utilización racional de los recursos naturales que las autoridades locales están autorizadas a desarrollar», pero solo dentro de los límites de los planes estatales y las disposiciones legales. De hecho, el papel central del Estado en estos asuntos se refleja en la Constitución (artículo 9).

Consideramos que los principios de autonomía enunciados en la Constitución no pueden derivar en que los tibetanos se conviertan en los verdaderos dueños de su propio destino si no están suficientemente involucrados en la toma de decisiones sobre la utilización de los recursos naturales, como los minerales, aguas, bosques, montañas, pastizales, etc.

La propiedad de la tierra es la base sobre la cual se desarrolla la explotación de los recursos naturales, así como los impuestos y los ingresos de una economía. Por lo tanto, es fundamental que solo la nacionalidad de la región autónoma tenga la autoridad legal para transferir o arrendar tierras, salvo aquellas tierras que sean propiedad del Estado. De la misma manera, la región autónoma debe tener autoridad independiente para formular e implementar planes de desarrollo de acuerdo con los planes del Estado.

7) Desarrollo económico y comercio

El desarrollo económico en el Tíbet es bienvenido y sumamente necesario. El pueblo tibetano sigue siendo una de las regiones con la economía más rezagada dentro de la RPC.

La Constitución reconoce el principio de que las autoridades autónomas tienen un papel importante que desempeñar en el desarrollo económico de sus regiones al tener en cuenta las características y necesidades locales (artículo 118 de la Constitución, también reflejado en el artículo 25 de la LANR). Asimismo, la Constitución reconoce el principio de autonomía en la administración y gestión de las finanzas (artículo 117, y artículo 32 de la LANR), así como la importancia de proporcionar financiación y ayuda estatal a las áreas autónomas para que aceleren su desarrollo (artículo 122, y artículo 22 de la LANR).

En una línea similar, el artículo 31 de la LANR reconoce la competencia de las áreas autónomas, en especial, aquellas como el Tíbet, que limitan con países extranjeros, a la hora de llevar a cabo comercio fronterizo, así como comercio con países extranjeros. El reconocimiento de estos principios es importante para la nación tibetana, dada la proximidad de la región a países extranjeros con los que el pueblo comparte afinidades culturales, religiosas, étnicas y económicas.

La ayuda prestada por el Gobierno central y las provincias tiene beneficios temporales, pero, a largo plazo, si el pueblo tibetano no es autosuficiente y se vuelve dependiente de otros, esto resulta más perjudicial. Por lo tanto, un objetivo importante de la autonomía es lograr que el pueblo tibetano sea económicamente autosuficiente.

8) Salud pública

La Constitución determina la responsabilidad del Estado de proporcionar servicios de salud y atención médica (artículo 21).

El artículo 119 reconoce que esta es un área de responsabilidad de las regiones autónomas. La LANR (artículo 40) también refleja el derecho de los órganos de autogobierno de las áreas autónomas a «tomar decisiones independientes sobre los planes para desarrollar los servicios médicos y de salud locales, así como para promover tanto la medicina moderna como la medicina tradicional de las diferentes poblaciones nacionales».

El sistema de salud existente no logra cubrir de forma adecuada las necesidades de la población rural tibetana. De acuerdo con los principios de las leyes mencionadas anteriormente, los órganos autónomos regionales deben tener las competencias y los recursos necesarios para cubrir las necesidades de salud de toda la población tibetana. Además, deben contar con las competencias necesarias para promover el sistema médico y astrológico tradicional tibetano, siguiendo de forma estricta los dictámenes de la práctica tradicional.

9) Seguridad pública

En cuestiones de seguridad pública, es importante que la mayoría del personal de seguridad esté compuesto por miembros de la nación local, personas que comprendan y respeten las costumbres y tradiciones locales.

Lo que falta en las zonas tibetanas es que la autoridad para tomar decisiones se encuentre en manos de funcionarios tibetanos locales.

Un aspecto importante de la autonomía y del autogobierno es la responsabilidad sobre el orden público interno y la seguridad de las áreas autónomas. La Constitución (artículo 120) y la LANR (artículo 24) reconocen la importancia de la participación local y autorizan a las áreas autónomas a organizar su seguridad dentro del «sistema militar del Estado, según las necesidades prácticas y con la aprobación del Consejo de Estado».

10) Regulación de la migración poblacional

El objetivo fundamental de la autonomía nacional regional y del autogobierno es la preservación de la identidad, la cultura, el idioma y otros aspectos de la población nacional minoritaria, y asegurar que esta sea dueña de sus propios asuntos. Cuando se aplica a un territorio específico en el que la nación minoritaria vive en una comunidad o comunidades concentradas, el principio y propósito mismo de la autonomía nacional regional se ve ignorado si se permite y se fomenta la migración y el asentamiento a gran escala de la nacionalidad mayoritaria han, así como la de otras nacionalidades. Los importantes cambios demográficos que resultan de dicha migración tienen como efecto la asimilación, en lugar de la integración, de la nacionalidad tibetana dentro de la nacionalidad han. Gradualmente, esto deriva en la extinción de la cultura e identidad distintiva de la nacionalidad tibetana. Además, el influjo de grandes cantidades de personas de nacionalidad han así como de otras nacionalidades en las zonas tibetanas cambiará por completo las condiciones necesarias para el ejercicio de la autonomía regional, ya que los criterios constitucionales para dicho ejercicio —es decir, que la nacionalidad minoritaria «viva en comunidades concentradas» en un territorio específico— se ven alterados y socavados por los movimientos y traslados poblacionales. Si tales migraciones y asentamientos continúan sin control, los tibetanos dejarán de vivir en comunidades concentradas y, en consecuencia, ya no cumplirán, según la Constitución, los requisitos para ser considerados una autonomía nacional regional. Prácticamente, supondría una violación de los propios principios de la Constitución en lo que respecta al tratamiento de las nacionalidades.

Existe un precedente en la RPC respecto a la restricción del movimiento o residencia de los ciudadanos. Se explica de forma muy limitada el derecho de las áreas autónomas de implementar medidas con el objetivo de controlar a la «población flotante» en esas zonas. Para nosotros, sería fundamental que los órganos autónomos de autogobierno tengan la autoridad para regular la residencia, el asentamiento, el empleo o las actividades económicas de las personas que deseen trasladarse a las zonas tibetanas desde otras partes de la RPC, con el fin de asegurar el respeto y la consecución de los objetivos del principio de autonomía.

No es nuestra intención expulsar a quienes no son tibetanos y se han asentado de un modo permanente en el Tíbet y han vivido y crecido allí durante un periodo de tiempo considerable. Nuestra preocupación radica en el movimiento masivo perpetrado —principalmente de personas de nacionalidad han, pero también de otras nacionalidades— hacia muchas zonas del Tíbet, lo que desestabiliza las comunidades existentes, margina a la población tibetana y amenaza el frágil entorno natural.

11) Intercambios culturales, educativos y religiosos con otros países

Además de la importancia de los intercambios y la cooperación entre la nación tibetana y otras naciones, provincias y regiones de la RPC en los temas relacionados con la autonomía —como la cultura, el arte, la educación, la ciencia, la salud pública, el deporte, la religión, el medio ambiente y la economía, entre otros—, la facultad de las áreas autónomas para llevar a cabo dichos intercambios con países extranjeros en estas áreas también está reconocida en la LANR (artículo 42).

V. APLICACIÓN DE UNA ADMINISTRACIÓN ÚNICA PARA LA NACIÓN TIBETANA EN LA REPÚBLICA POPULAR CHINA

Para que la nación tibetana pueda desarrollarse y prosperar con su identidad, cultura y tradición espiritual propias mediante el ejercicio del autogobierno sobre las necesidades básicas tibetanas mencionadas anteriormente, toda la comunidad —que comprende todas las zonas designadas por la RPC como áreas autónomas tibetanas en la actualidad— debería estar bajo una sola entidad administrativa. Las divisiones administrativas de hoy en día, por las cuales las comunidades tibetanas son gobernadas y administradas bajo diferentes provincias y regiones de la RPC, fomentan la fragmentación, promueven un desarrollo desigual y debilitan la capacidad de la nación tibetana de proteger y promover su identidad cultural, espiritual y étnica común. Más que respetar la integridad de la nación, esta política promueve su fragmentación y pasa por alto el espíritu de la autonomía. Mientras que otras grandes naciones minoritarias, como los uigures y los mongoles, se autogobiernan casi en su totalidad dentro de sus respectivas regiones autónomas, los tibetanos siguen viéndose como si fueran varias naciones minoritarias en lugar de tan solo una.

Reunir a todos los tibetanos que hoy en día viven en las áreas autónomas tibetanas designadas bajo una sola unidad administrativa autónoma está en total conformidad con el principio constitucional estipulado en el artículo 4, también reflejado en la LANR (artículo 2), el cual señala que «la autonomía regional se practica en las zonas donde viven comunidades concentradas de nacionalidades minoritarias». La LANR describe la autonomía nacional regional como la «política básica adoptada por el Partido Comunista Chino para la solución de la cuestión nacional en China» y explica su significado e intención en el prólogo:

Las naciones minoritarias, bajo la dirección unificada del Estado, practican la autonomía regional en las zonas donde viven en comunidades concentradas y establecen órganos de autogobierno para el ejercicio del poder de autonomía. La autonomía nacional regional encarna el pleno respeto del Estado por el derecho de las naciones minoritarias a administrar sus propios asuntos internos, así como su adhesión al principio de igualdad, unidad y prosperidad común de todas las nacionalidades.

Es evidente que la nación tibetana dentro de la RPC solo podrá ejercer efectivamente su derecho a autogobernarse y administrar sus asuntos internos cuando pueda hacerlo a través de un órgano de autogobierno que tenga jurisdicción sobre la totalidad de la población nacional tibetana.

La LANR reconoce el principio de que puede ser necesario modificar los límites de las áreas autónomas nacionales. La necesidad de aplicar los principios fundamentales de la Constitución sobre la autonomía regional mediante el respeto a la integridad de la nacionalidad tibetana no solo es totalmente legítima, sino que los cambios administrativos que puedan ser necesarios para lograrlo no violan en ningún caso los principios constitucionales. Existen varios precedentes en los que esto ya se ha llevado a cabo.

VI. NATURALEZA Y ESTRUCTURA DE LA AUTONOMÍA

El grado en que se pueda ejercer el derecho al autogobierno y a la autoadministración sobre los temas mencionados anteriormente determina en gran medida el carácter genuino de la autonomía tibetana. Por lo tanto, en la actualidad, la tarea consiste en analizar de qué manera puede regularse y ejercerse la autonomía para que responda de forma efectiva a esta situación en particular y a las necesidades básicas de la nación tibetana.

El ejercicio de una autonomía genuina incluiría el derecho de los tibetanos a crear su propio Gobierno regional, así como instituciones y procesos gubernamentales que se ajusten mejor a sus necesidades y características. Esto requeriría que el Congreso Popular de la región autónoma tenga el poder de legislar sobre todos los asuntos que estén dentro de las competencias de la región (es decir, los temas mencionados anteriormente), y que los demás órganos del Gobierno autónomo tengan la facultad de ejecutar y administrar decisiones de manera autónoma. La autonomía también implica tener representación y participación significativas en la toma de decisiones a nivel nacional en el Gobierno central. Para que la autonomía sea efectiva, también deben existir procesos de consulta eficientes y estrecha cooperación o toma de decisiones conjunta entre el Gobierno central y el Gobierno regional en áreas de interés común.

Un elemento crucial de una autonomía genuina es la garantía que la Constitución u otras leyes deben proporcionar de que los poderes y responsabilidades asignados a la región autónoma no puedan ser revocados ni modificados unilateralmente. Esto significa que ni el Gobierno central ni el Gobierno de la región autónoma deberían poder, sin el consentimiento del otro, modificar los elementos básicos de la autonomía.

Los parámetros y detalles específicos de una autonomía genuina para el Tíbet que responda a las necesidades y condiciones únicas del pueblo y la región tibetanos deberían plasmarse con claridad en reglamentos sobre el ejercicio de la autonomía, tal como lo prevé el artículo 116 de la Constitución (promulgado en el artículo 19 de la LANR) o, si se considera más adecuado, en un conjunto separado de leyes o reglamentos adoptados para tal fin. La Constitución, incluido su artículo 31, ofrece la flexibilidad necesaria para adoptar leyes especiales que respondan a situaciones particulares como la tibetana, respetando a su vez el sistema social, económico y político existente en el país.

La Constitución, en su sección VI, prevé órganos de autogobierno para las regiones autónomas nacionales y reconoce su facultad legislativa. Así, el artículo 116 (promulgado en el artículo 19 de la LANR) se refiere a su poder para promulgar «reglamentos específicos teniendo en cuenta las características políticas, económicas y culturales de la nación o naciones en las áreas correspondientes». De manera similar, la Constitución reconoce el poder de administración autónoma en varias áreas (artículos 117-120), además de la facultad de los gobiernos autónomos para valerse con flexibilidad de las leyes y políticas del Gobierno central y de los órganos estatales superiores al adaptarlas a las condiciones de la región autónoma en cuestión (artículo 115).

Las disposiciones legales mencionadas anteriormente presentan limitaciones significativas a la autoridad relativa a la toma de decisiones de los órganos de gobierno autónomo. No obstante, la Constitución reconoce que los órganos de autogobierno pueden elaborar leyes y tomar decisiones políticas que respondan a las necesidades locales, y que estas pueden diferir de las adoptadas en otras partes del país, incluso por el propio Gobierno central.

Aunque las necesidades del pueblo tibetano son en gran medida coherentes con los principios de autonomía contenidos en la Constitución, como se ha demostrado, su realización se ve obstaculizada por la existencia de diversos problemas, lo que hace que hoy en día la implementación de dichos principios sea difícil o ineficaz.

Entre otras cosas, la implementación de una autonomía genuina necesita que haya divisiones claras de poderes y responsabilidades entre el Gobierno central y el Gobierno de la región autónoma en lo que respecta a las competencias temáticas. Hoy en día, no existe tal claridad, y el alcance de los poderes legislativos de las regiones autónomas es tanto incierto como severamente restringido. Así, mientras que la Constitución pretende reconocer la necesidad especial de que las regiones autónomas legislen sobre numerosos asuntos que les afectan, el requisito del artículo 116 —que exige la aprobación previa al más alto nivel del Gobierno central, es decir, por parte del Comité permanente de la Asamblea Popular Nacional (APN, por sus siglas en inglés)— dificulta la implementación de este principio de autonomía. En la práctica, solo los congresos regionales autónomos necesitan expresamente dicha aprobación, mientras que los congresos de las provincias ordinarias (no autónomas) de la RPC no necesitan permiso previo y simplemente informan de la aprobación de sus reglamentos al Comité permanente la APN «para su registro» (artículo 100).

Además, el ejercicio de la autonomía está sujeto a un número considerable de leyes y reglamentos, según el artículo 115 de la Constitución. Ciertas leyes restringen de forma efectiva la autonomía de la región autónoma, mientras que otras no siempre son coherentes entre sí. El resultado es que el alcance exacto de la autonomía es incierto y no está bien definido, ya que puede ser modificado unilateralmente mediante la promulgación de leyes y reglamentos en niveles superiores del Estado, e incluso por cambios en la política. Tampoco existe un proceso adecuado de consulta ni mecanismos para resolver las diferencias que surgen entre los órganos del Gobierno central y los del Gobierno regional en lo que respecta al alcance y ejercicio de la autonomía. En la práctica, esta incertidumbre limita la iniciativa de las autoridades regionales e impide el ejercicio de una autonomía genuina por parte de los tibetanos en la actualidad.

Llegados a este punto no deseamos entrar en detalles respecto a estos obstáculos y otros que impiden hoy el ejercicio de una autonomía genuina por parte de los tibetanos, sino que los mencionamos a modo de ejemplo para que puedan abordarse de forma adecuada en diálogos futuros. Seguiremos estudiando la Constitución y otras disposiciones legales pertinentes y, cuando sea oportuno, será un placer ofrecer un análisis más detallado de estas cuestiones tal y como las entendemos.

VII. EL CAMINO A SEGUIR

Como se indicó al comienzo de este memorando, nuestra intención es explorar cómo pueden satisfacerse las necesidades de la nación tibetana dentro del marco de la RPC, ya que creemos que estas necesidades son coherentes con los principios de autonomía establecidos en la Constitución. Como su santidad el dalái lama ha afirmado en varias ocasiones, no tenemos intenciones ocultas. En ningún caso tenemos la intención de utilizar ningún acuerdo sobre una autonomía genuina como trampolín para la separación de la RPC.

El objetivo del Gobierno tibetano en el exilio es representar los intereses del pueblo tibetano y hablar en su nombre. Por lo tanto, dejará de ser necesario y será disuelto una vez que se alcance un acuerdo entre nosotros. De hecho, su santidad ha reiterado su decisión de no aceptar ningún cargo político en el Tíbet en ningún momento del futuro. No obstante, su santidad el dalái lama tiene la intención de utilizar toda su influencia personal para garantizar que dicho acuerdo cuente con la legitimidad necesaria para obtener el apoyo del pueblo tibetano.

Dado este firme compromiso, proponemos que el siguiente paso en este proceso sea el acuerdo para iniciar discusiones serias sobre los puntos planteados en este memorando. Para ello, proponemos discutir y acordar un mecanismo o mecanismos aceptables para ambas partes, así como un calendario, para llevarlo a cabo de forma adecuada.

ANEXO E

Nota sobre el «Memorando sobre la autonomía genuina para el pueblo tibetano»

INTRODUCCIÓN

Esta nota aborda las principales preocupaciones y objeciones planteadas por el Gobierno central de China con respecto al contenido del «Memorando sobre la autonomía genuina para el pueblo tibetano» (en adelante, el Memorando), el cual fue presentado al Gobierno de la República Popular China (RPC) el 31 de octubre de 2008, durante la octava ronda de conversaciones en Pekín.

Tras haber estudiado detenidamente las respuestas y reacciones del ministro Du Qinglin y del viceministro ejecutivo Zhu Weiqun, transmitidas durante las conversaciones —incluida la nota escrita—, así como las declaraciones emitidas por el Gobierno central chino tras las mismas, parece que algunas cuestiones planteadas en el Memorando pueden haberse malinterpretado, mientras que otras no parecen haber sido comprendidas por el Gobierno central de China.

El Gobierno central de China sostiene que el Memorando contraviene la Constitución de la RPC, así como los «tres compromisos».* Por su lado, la parte tibetana considera que las

---

* Los «tres compromisos», tal como los estipula el Gobierno central, son: (1) el liderazgo del Partido Comunista Chino; (2) el socialismo con características chinas, y (3) el sistema de autonomía nacional regional.

necesidades del pueblo tibetano, tal como se exponen en el Memorando, pueden verse satisfechas dentro del marco y el espíritu de la Constitución y sus principios sobre la autonomía, y que dichas propuestas no contravienen ni entran en conflicto con los «tres compromisos». Creemos que la presente nota ayudará a aclarar este punto.

Su santidad el dalái lama, ya en 1974, empezó a mantener diálogos para encontrar vías que permitieran resolver el estatus futuro del Tíbet mediante un acuerdo de autonomía, en lugar de buscar la independencia. En 1979, el líder chino Deng Xiaoping expresó su disposición a discutir y resolver todos los asuntos, excepto la independencia del Tíbet. Desde entonces, su santidad el dalái lama ha presentado numerosas iniciativas para conseguir una solución negociada y mutuamente aceptable a la cuestión tibetana. Al hacerlo, su santidad ha seguido de forma escrupulosa el enfoque del camino medio, lo que significa buscar una solución mutuamente aceptable y beneficiosa a través del diálogo, con un espíritu de reconciliación y compromiso. El Plan de Paz de Cinco Puntos y la Propuesta de Estrasburgo se presentaron siguiendo este mismo espíritu. Ante la falta de una respuesta positiva por parte del Gobierno central chino a estas iniciativas, junto con la imposición de la ley marcial en marzo de 1989 y el deterioro de la situación en el Tíbet, su santidad el dalái lama se sintió obligado a declarar, en 1991, que su Propuesta de Estrasburgo había quedado sin efecto. No obstante, su santidad mantuvo su compromiso con el enfoque del camino medio.

El restablecimiento del proceso de diálogo entre el Gobierno central de China y los representantes de su santidad el dalái lama en 2002 ofreció la oportunidad para que ambas partes explicaran sus posiciones y lograran entender mejor las preocupaciones, necesidades e intereses de la otra parte. Además, al tener en cuenta las verdaderas preocupaciones, necesidades e intereses del Gobierno central chino, su santidad el dalái lama ha reflexionado profunda y atentamente sobre la realidad de la situación. Esto refleja la flexibilidad, apertura y pragmatismo de su santidad, y, sobre todo, su sinceridad y determinación a la hora de buscar una solución mutuamente beneficiosa.

El Memorando se elaboró como respuesta a una sugerencia del Gobierno central de China presentada durante la séptima ronda de conversaciones, en julio de 2008. Sin embargo, las reacciones y principales críticas del Gobierno central chino al Memorando no parecen basarse en el contenido de esa propuesta presentada de forma oficial, sino en propuestas anteriores que fueron divulgadas públicamente, así como en otras declaraciones realizadas en distintos momentos y contextos.

El Memorando y la presente nota reafirman fehacientemente que su santidad el dalái lama no busca la independencia ni la separación, sino una solución dentro del marco de la Constitución y sus principios relativos a la autonomía, como se ha reiterado en numerosas ocasiones en el pasado.

La Reunión general especial de los tibetanos en la diáspora, celebrada en noviembre de 2008 en Dharamsala, ratificó —por ahora— el mandato para la continuación del proceso de diálogo con la RPC sobre la base del enfoque del camino medio. Asimismo, varios miembros de la comunidad internacional instaron a ambas partes a reanudar las conversaciones. Varios de ellos expresaron la opinión de que el Memorando puede constituir una base adecuada para el diálogo.

1. RESPETO A LA SOBERANÍA E INTEGRIDAD TERRITORIAL DE LA REPÚBLICA POPULAR CHINA

Su santidad el dalái lama ha declarado repetidamente que no busca la separación del Tíbet de la RPC ni está buscando la independencia del Tíbet. Lo que busca es una solución sostenible dentro de la RPC. Esta posición está expresada de manera inequívoca en el Memorando.

El Memorando aboga por el ejercicio de una autonomía genuina, no por la independencia, la «semiindependencia» ni la «independencia disfrazada». El contenido del Memorando, donde se explica qué se entiende por autonomía genuina, no deja lugar a duda. La forma y el grado de autonomía propuestos en el Memorando son coherentes con los principios sobre autonomía que recoge la Constitución de la RPC. Las regiones autónomas en distintas partes del mundo ejercen la forma de autogobierno que se propone en el Memorando, sin que esto suponga desafiar o amenazar la soberanía y la unidad del Estado del cual forman parte. Esto ocurre tanto en Estados unitarios como en aquellos con características federales. Observadores de la situación, incluidos líderes políticos imparciales y académicos de la comunidad internacional, también han reconocido que el Memorando es un llamamiento a la autonomía dentro de la RPC, y no a la independencia o separación de la RPC.

El punto de vista del Gobierno chino sobre la historia del Tíbet difiere del que sostienen los tibetanos, y su santidad el dalái lama es plenamente consciente de que los tibetanos no pueden aceptar dicha versión. La historia es un hecho del pasado y no puede ser alterado. No obstante, la posición de su santidad el dalái lama mira hacia el futuro; no se aferra al pasado. No desea que esta diferencia en cuanto a la historia se convierta en un obstáculo a la hora de buscar un futuro común y mutuamente beneficioso dentro de la RPC.

Las respuestas del Gobierno central de China al Memorando revelan una persistente sospecha de que las propuestas de su santidad son iniciativas tácticas para promover intenciones ocultas a fin de conseguir la independencia. Su santidad el dalái lama es consciente de las preocupaciones y sensibilidades de la RPC con respecto a la legitimidad de la situación actual en el Tíbet. Por esta razón, su santidad ha transmitido —a través de sus enviados y también públicamente— que está dispuesto a aportar su autoridad moral para dotar de legitimidad un acuerdo de autonomía, una vez alcanzado, a fin de obtener el apoyo del pueblo y garantizar su adecuada implementación.

2. RESPETO A LA CONSTITUCIÓN DE LA REPÚBLICA POPULAR CHINA

El Memorando establece explícitamente que la autonomía genuina que su santidad el dalái lama busca para el pueblo tibetano debe acogerse dentro del marco de la Constitución y sus principios sobre autonomía, y no fuera de este.

El principio fundamental que sustenta el concepto de autonomía nacional regional es preservar y proteger la identidad, el idioma, las costumbres, tradiciones y la cultura de una nacionalidad minoritaria en un Estado multinacional basado en la igualdad y la cooperación. La Constitución prevé el establecimiento de órganos de autogobierno en aquellas zonas donde las minorías nacionales viven en comunidades concentradas para que puedan ejercer el poder de autonomía. En conformidad con este principio, el *Libro blanco sobre la autonomía étnica regional en el Tíbet* (mayo de 2004) afirma que las nacionalidades minoritarias son «árbitros de su propio destino y dueñas de sus propios asuntos».

Dentro de los parámetros de sus principios fundamentales, una Constitución debe ser sensible a las necesidades de su tiempo y adaptarse tanto a circunstancias nuevas como cambiantes.

Los líderes de la RPC han demostrado la flexibilidad de la Constitución de la RPC en su interpretación y aplicación, y también han promulgado modificaciones y enmiendas en respuesta a los cambios de contexto.

Si esta flexibilidad también se diera en cuanto a la situación tibetana, tal como se indica en el Memorando, efectivamente permitiría satisfacer las necesidades del pueblo tibetano dentro del marco de la Constitución y sus principios sobre autonomía.

3. RESPETO A «LOS TRES COMPROMISOS»

La posición de su santidad el dalái lama, tal como se presenta en el Memorando, en ningún momento cuestiona ni pone en entredicho el liderazgo del Partido Comunista Chino en la RPC. Al mismo tiempo, es razonable esperar que, con el fin de promover la unidad, la estabilidad y una sociedad armoniosa, el partido deje de tratar la cultura, religión e identidad tibetanas como una amenaza.

El Memorando tampoco desafía el sistema socialista de la RPC. En ningún momento sugiere una demanda de cambio de dicho sistema ni su exclusión de las zonas tibetanas. En cuanto a las opiniones de su santidad el dalái lama sobre el socialismo, es bien sabido que siempre ha estado a favor de una economía y una ideología socialistas que promuevan la igualdad y beneficien a los sectores más pobres de la sociedad.

El llamamiento de su santidad el dalái lama a una autonomía genuina dentro de la RPC reconoce los principios de autonomía para las nacionalidades minoritarias recogidos en la Constitución de la RPC y está en consonancia con la intención declarada de dichos principios. No obstante, como se señala en el Memorando, la aplicación actual de las disposiciones sobre autonomía, en la práctica, da como resultado la negación de una autonomía genuina para los tibetanos y no permite que ejerzan su derecho a autogobernarse ni a ser «dueños de sus propios asuntos». Hoy en día, decisiones importantes relacionadas con el bienestar de los tibetanos no las están tomando los tibetanos. Implementar la autonomía genuina propuesta y explicada en el Memorando garantizaría que los tibetanos pudieran ejercer el derecho a una verdadera autonomía y, por lo tanto, convertirse en dueños de sus propios asuntos, conforme a los principios constitucionales relativos a la autonomía.

Por tanto, el Memorando sobre una autonomía genuina no se opone a «los tres compromisos».

4. RESPETO A LA JERARQUÍA Y AUTORIDAD DEL GOBIERNO CENTRAL CHINO

Las propuestas recogidas en el Memorando en ningún momento suponen negar la autoridad de la Asamblea Popular Nacional (APN) ni de otros órganos del Gobierno central de China. Como se indica en el Memorando, la propuesta respeta plenamente las diferencias jerárquicas entre el Gobierno central y sus órganos —incluida la APN— y el Gobierno autónomo del Tíbet.

Cualquier forma de autonomía genuina implica dividir y asignar poderes y responsabilidades, como el de elaborar leyes y reglamentos, entre el Gobierno central y el Gobierno local autónomo. Naturalmente, el poder para implementar leyes y reglamentos se limita a las áreas de competencia de la región autónoma. Esto es así tanto en Estados unitarios como en sistemas federales.

Este principio también está reconocido en la Constitución. El espíritu de las disposiciones constitucionales relativas a la autonomía es otorgar a las regiones autónomas la autoridad para tomar decisiones de forma más amplia que la que disfrutan las provincias ordinarias. Pero en la actualidad, el requisito de aprobación previa por parte del comité permanente de la APN para todas las leyes y reglamentos de las regiones autónomas (artículo 116 de la Constitución) se aplica de una manera que, en la práctica, deja a las regiones autónomas con mucha menos autoridad para tomar decisiones acordes a sus condiciones locales que a las provincias ordinarias (no autónomas) de China.

Siempre que exista una división y asignación de poderes de decisión entre distintos niveles de gobierno (entre el Gobierno central y el Gobierno autónomo), es importante contar con procesos de consulta y cooperación. Esto ayuda a mejorar la comprensión mutua y a garantizar que las contradicciones e inconsistencias en políticas, leyes y reglamentos se minimicen. A su vez, también reduce las posibilidades de que surjan disputas en relación con el ejercicio de los poderes asignados a estos distintos órganos de gobierno. Tales procesos y mecanismos no colocan al Gobierno central y al Gobierno autónomo en un plano de igualdad, ni implican el rechazo del liderazgo del Gobierno central.

La característica importante del afianzamiento de los acuerdos de autonomía en la Constitución o por otros medios apropiados tampoco implica igualdad de estatus entre el Gobierno central y el Gobierno local, ni restringe o debilita la autoridad del primero.

Esta medida tiene como finalidad brindar seguridad (jurídica) tanto al Gobierno autónomo como al Gobierno central al garantizar que ninguna de las partes pueda modificar unilateralmente las características fundamentales de la autonomía establecida, y que debe haber al menos un proceso de consulta para que puedan llevarse a cabo cambios sustanciales.

5. PREOCUPACIONES PLANTEADAS POR EL GOBIERNO CENTRAL CHINO SOBRE COMPETENCIAS ESPECÍFICAS MENCIONADAS EN EL MEMORANDO

a) Seguridad pública

Se ha expresado la preocupación por la inclusión de aspectos relacionados con la seguridad pública dentro del conjunto de competencias asignadas a la región autónoma en el Memorando, ya que, aparentemente, el Gobierno interpretó tal cosa como una referencia a cuestiones de defensa. La defensa nacional y la seguridad pública son asuntos distintos. Su santidad el dalái lama ha sido claro al afirmar que la responsabilidad de la defensa nacional de la RPC corresponde y debe seguir correspondiendo al Gobierno central. No se trata de una competencia que deba ejercer la región autónoma. De hecho, esto es así en la mayoría de los acuerdos de autonomía del mundo. El Memorando se refiere específicamente al «orden y seguridad públicos internos», y destaca un aspecto importante: que la mayoría del personal de seguridad debe ser tibetano, ya que comprende las costumbres y tradiciones locales. Esto también contribuye a prevenir incidentes locales que podrían generar desarmonía entre las nacionalidades. En este sentido, el Memorando es coherente con el principio enunciado en el artículo 120 de la Constitución (reflejado también en el artículo 24 de la LANR), que indica lo siguiente:

> Los órganos de autogobierno de las áreas autónomas nacionales pueden, de acuerdo con el sistema militar del Estado, las necesidades locales prácticas y con la aprobación del Consejo de Estado, organizar fuerzas locales de seguridad pública para el mantenimiento del orden público.

En este contexto, también debe destacarse que en ningún momento el Memorando propone la retirada del Ejército Popular de Liberación (EPL) de las zonas tibetanas.

b) Idioma

La protección, el uso y el desarrollo del idioma tibetano son cuestiones fundamentales para el ejercicio de una autonomía genuina por parte del pueblo tibetano. El énfasis en la necesidad de respetar el tibetano como idioma principal o predominante en las zonas tibetanas no es un tema controvertido, ya que una posición similar se expresa en el *Libro blanco del Gobierno central chino sobre la autonomía étnica regional en el Tíbet*, donde se establece que los reglamentos adoptados por el Gobierno regional del Tíbet disponen que «se preste igual atención a los idiomas tibetano y chino han en la Región Autónoma del Tíbet, *siendo el tibetano el principal*» (cursivas añadidas). Además, el uso mismo del término «idioma principal» en el Memorando también implica claramente el uso de otros idiomas.

La ausencia de una exigencia en el Memorando de que el chino también sea utilizado y enseñado no debe interpretarse como una «exclusión» de este idioma, el cual es la lengua principal y común en toda la RPC. En este contexto, también debe señalarse que, en el exilio, los líderes chinos han implementado medidas para alentar a los tibetanos exiliados a aprender chino.

Por lo tanto, la propuesta tibetana que enfatiza el estudio de la lengua propia del pueblo tibetano no debe interpretarse como una «visión separatista».

c) Regulación de la migración poblacional

El Memorando propone que el Gobierno local de la región autónoma tenga la competencia para regular la residencia, el asentamiento y las actividades laborales o económicas de las personas que deseen trasladarse a las zonas tibetanas desde otras partes del país. Esta es una característica común de los regímenes de autonomía y lo cierto es que no carece de precedentes en la RPC.

Varios países han establecido sistemas o adoptado leyes para proteger regiones vulnerables o a pueblos indígenas y minorías frente a una inmigración excesiva proveniente de otras zonas del país. El Memorando afirma explícitamente que no se propone la expulsión de los no tibetanos que han vivido durante años en las zonas tibetanas. Su santidad el dalái lama y el *kashag* [«gabinete»] también lo dejaron claro en declaraciones anteriores, al igual que los enviados en sus conversaciones con sus homólogos chinos. En un discurso ante el Parlamento Europeo el 4 de diciembre de 2008, su santidad el dalái lama reiteró que «nuestra intención no es expulsar a los no tibetanos. Lo que nos preocupa es el movimiento de masas inducido, principalmente de personas de nacionalidad han, pero también de otras nacionalidades, hacia muchas zonas tibetanas. Estos movimientos marginan a la población tibetana nativa, así como al frágil entorno del Tíbet». De esta manera, queda claro que su santidad no sugiere de ninguna forma que el Tíbet deba estar habitado solo por tibetanos ni que otras nacionalidades no puedan residir allí. Con esta declaración se refiere a una distribución de competencias adecuadas en cuanto a la regulación de trabajadores transitorios, estacionales y nuevos pobladores, con el fin de proteger a la población vulnerable originaria de las zonas tibetanas.

En su respuesta al Memorando, el Gobierno central chino rechazó la propuesta de que las autoridades autónomas regulen el ingreso y las actividades económicas de personas procedentes de otras partes de la RPC, en parte con el argumento de que «ni la Constitución ni la Ley de Autonomía Nacional Regional recogen disposiciones para restringir la población flotante». Sin embargo, la Ley de Autonomía Nacional Regional (LANR), en su artículo 43, aborda expresamente dicha posibilidad:

> De acuerdo con las disposiciones legales, los órganos de autogobierno de las áreas autónomas nacionales elaborarán medidas para el control de la población flotante.

Por lo tanto, en este sentido la propuesta tibetana recogida en el Memorando no es incompatible con la Constitución.

d) Religión

La idea planteada en el Memorando de que los tibetanos puedan practicar libremente su religión de acuerdo con sus propias creencias es coherente por completo con los principios de libertad religiosa contenidos en la Constitución de la RPC. También es coherente con el principio de separación entre religión y política adoptado en muchos países del mundo.

El artículo 36 de la Constitución garantiza que nadie puede «obligar a los ciudadanos a creer o no creer en ninguna religión». Respaldamos este principio, pero observamos que, en la actualidad, las autoridades gubernamentales interfieren de manera significativa en la capacidad de los tibetanos para practicar su religión.

La relación espiritual entre maestro y discípulo y la transmisión de enseñanzas religiosas, entre otras prácticas, son componentes esenciales de la práctica del *dharma*. Restringir estos aspectos constituye una violación a la libertad religiosa. De manera similar, la interferencia y participación directa del Estado y sus instituciones en asuntos como el reconocimiento de lamas reencarnados —según lo dispuesto en la normativa sobre la gestión de las reencarnaciones de lamas adoptada por el Estado el

18 de julio de 2007— representa una violación grave a la libertad de creencias religiosas recogida en la Constitución.

La práctica religiosa es algo generalizado y fundamental para el pueblo tibetano. En lugar de considerar la práctica budista como una amenaza, las autoridades competentes deberían respetarla. Tradicional e históricamente, el budismo siempre ha sido un factor importante de unión y una influencia positiva entre el pueblo tibetano y el pueblo chino.

e) Administración única

El deseo de los tibetanos de ser gobernados dentro de una sola región autónoma está plenamente en consonancia con los principios de autonomía establecidos en la Constitución. La razón que fundamenta la necesidad de respetar la integridad de la nación tibetana está claramente expuesta en el Memorando y no se refiere al «Gran Tíbet» ni al «pequeño Tíbet». De hecho, como se señala en el propio Memorando, la LANR permite este tipo de modificación de los límites administrativos si se siguen los procedimientos adecuados. Por lo tanto, la propuesta no viola la Constitución en ningún caso.

Como señalaron los enviados en rondas de conversaciones anteriores, muchos líderes chinos, incluidos el primer ministro Zhou Enlai, el vice primer ministro Chen Yi y el secretario del partido Hu Yaobang, apoyaron la idea de considerar la incorporación de todas las áreas tibetanas bajo una sola Administración. Algunos de los líderes tibetanos más destacados dentro de la RPC —incluidos el 10.° panchen lama, Ngabö Ngawang Jigme y Bapa Phuntsok Wangyal— también han hecho este llamamiento al afirmar que realizar esto estaría en conformidad con la Constitución y las leyes de la RPC. En 1956, el Gobierno central de China nombró un comité especial —que incluía al alto miembro del Partido Comunista Sangye Yeshi (Tian Bao)— con el fin de que elaborase un plan detallado para la integración de las zonas tibetanas en una única región autónoma, pero dicha tarea se detuvo debido a la influencia de elementos ultraizquierdistas.

El motivo principal que justifica la necesidad de integrar las zonas tibetanas bajo una sola región administrativa es atender el profundo deseo del pueblo tibetano de ejercer su autonomía como nacionalidad y proteger y desarrollar su cultura y valores espirituales en ese contexto. Este es también el fundamento y propósito esencial de los principios constitucionales sobre la autonomía nacional regional, tal como se reflejan en el artículo 4 de la Constitución. A los tibetanos les preocupa la integridad de su nación, la cual es respetada por esta propuesta, pero no por la continuación del sistema actual. Su herencia histórica común, su identidad espiritual y cultural, su idioma e incluso su particular conexión con el entorno distintivo de la meseta tibetana son los elementos que unen a los tibetanos como una sola nación. Dentro de la RPC, los tibetanos son reconocidos como una sola nacionalidad, no como varias. Aquellos tibetanos que actualmente viven en prefecturas y condados autónomos tibetanos incorporados a otras provincias también pertenecen a la misma nación tibetana. Los tibetanos —incluido su santidad el dalái lama— están principalmente preocupados por la protección y el desarrollo de la cultura tibetana, los valores espirituales, la identidad nacional y el medio ambiente. Los tibetanos no están pidiendo la expansión de las zonas autónomas tibetanas. Tan solo están exigiendo que las zonas que ya han sido reconocidas como áreas autónomas tibetanas sean reunidas bajo una única Administración, como ocurre en las demás regiones autónomas de la RPC. Mientras los tibetanos no tengan la oportunidad de gobernarse a sí mismos bajo una única Administración, la conservación de la cultura tibetana y su forma de vida no podrá ser efectiva. Hoy en día, más de la mitad de la población tibetana está supeditada, antes que nada, a las prioridades e intereses de diferentes Gobiernos provinciales en los que no desempeña un papel importante.

Como se ha explicado en el Memorando, el pueblo tibetano solo podrá ejercer de forma genuina la autonomía regional y nacional si pueden tener su propio Gobierno autónomo, gobernantes del pueblo y otros órganos de autogobierno con jurisdicción sobre la nacionalidad tibetana como un todo. Este principio se recoge en la Constitución, en la que se reconoce el derecho de las nacionalidades minoritarias a practicar la autonomía regional «en las zonas en las que viven en comunidades concentradas» y de «concretar órganos de autogobierno para el ejercicio del poder de la autonomía» (artículo 4). Si se interpreta que el «pleno respeto y garantía del Estado al derecho de las nacionalidades minoritarias a administrar sus asuntos internos», solemnemente estipulado en el preámbulo de la ley regional de autonomía nacional, no incluye el derecho a elegir formar una región autónoma que abarque a todas las personas de las zonas contiguas en las que sus miembros viven en comunidades concentradas, se menoscabarían los propios principios constitucionales sobre la autonomía.

Mantener a los tibetanos divididos y sujetos a diferentes leyes y regulaciones les niega el ejercicio de su autonomía genuina y hace que les sea difícil mantener su identidad cultural propia. No es imposible para el Gobierno central realizar los ajustes administrativos necesarios, como ya ha hecho en otras partes de la RPC en el caso de las regiones autónomas de Mongolia Interior, Ningxia y Guangxi.

f) Sistema político, social y económico

Su santidad el dalái lama ha repetido en sendas ocasiones y de forma consistente que nadie, y mucho menos él, tiene intención alguna de restaurar el antiguo sistema político, social y económico que existió en el Tíbet antes de 1959. La intención es tener un futuro Tíbet que siga mejorando la situación social, económica y política de los tibetanos, no volver al pasado. Es molesto y desconcertante que el Gobierno chino persista en acusar a su santidad el dalái lama y su Administración de tener intenciones de restaurar aquel antiguo sistema, a pesar de todas las pruebas que demuestran lo contrario.

En el pasado, todos los países y sociedades del mundo, incluso China, han tenido sistemas políticos que hoy serían totalmente inaceptables. El antiguo sistema tibetano no es una excepción. El mundo ha evolucionado social y políticamente a pasos agigantados en términos de reconocimiento de los derechos humanos y nivel de vida. Los tibetanos exiliados han desarrollado su propio sistema democrático moderno al igual que sistemas e instituciones educativas y de salud. Sin duda, los tibetanos en la RPC también han avanzado bajo el mandato chino y han mejorado su propia situación social, educativa, sanitaria y económica. No obstante, el nivel de vida del pueblo tibetano sigue estando muy atrás en la RPC y no se están respetando los derechos humanos de los tibetanos.

6. RECONOCER EL SISTEMA PRINCIPAL

Su santidad el dalái lama y otros miembros líderes exiliados no tienen ninguna petición personal que expresar. La preocupación de su santidad el dalái lama es el derecho y el bienestar del pueblo tibetano. Por lo tanto, el problema principal que hay que resolver es la implementación fehaciente de una autonomía genuina que permita que el pueblo tibetano se gobierne a sí mismo rigiéndose por sus propios intereses y necesidades.

Su santidad el dalái lama habla en nombre del pueblo tibetano, con el que tiene una relación profunda e histórica basada en la confianza plena. De hecho, en ningún otro tema están tan de acuerdo los tibetanos como en la petición de que su santidad el dalái lama vuelva al Tíbet. No se puede discutir que su santidad el dalái lama representa legítimamente al pueblo tibetano, y este lo percibe como su verdadero representante y portavoz. Lo cierto es que solo a través del diálogo con el dalái lama se podrá resolver el problema del Tíbet. Reconocer esta realidad es importante.

Lo anterior enfatiza lo que suele decir su santidad el dalái lama cuando sostiene que su compromiso con la causa del Tíbet no tiene el objetivo de reclamar ciertos derechos personales o una posición política para sí mismo, ni el de intentar hacer reivindicaciones para la Administración tibetana en el exilio. Cuando se haya llegado a un acuerdo, el Gobierno tibetano exiliado se disolverá, y los tibetanos que trabajan en el Tíbet deberían encargarse de la responsabilidad principal de administrar el Tíbet. Su santidad el dalái lama ha dejado claro en numerosas ocasiones que no ocupará ningún cargo político en el Tíbet.

7. LA COOPERACIÓN DE SU SANTIDAD EL DALÁI LAMA

Su santidad el dalái lama ha ofrecido —y sigue ofreciendo— hacer una declaración formal que sirva para disipar las dudas y preocupaciones del Gobierno central de China acerca de su posición e intenciones en las cuestiones que se han expuesto anteriormente.

La formulación de dicha declaración debe hacerse después de consultas amplias entre los representantes de su santidad del dalái lama y el Gobierno central chino, respectivamente, para asegurarse de que tal declaración satisfaga las necesidades fundamentales del Gobierno central chino al igual que las del pueblo tibetano.

Es importante que ambas partes aborden de forma directa cualquier preocupación entre ellas, y que no usen dichos problemas como herramientas para bloquear el proceso de diálogo, como ya ha ocurrido en el pasado.

Su santidad el dalái lama da este paso porque cree que es posible encontrar una base común con la RPC consistente con los principios de autonomía recogidos en la Constitución de la RPC y en línea con los intereses del pueblo tibetano. Partiendo de ese espíritu, su santidad el dalái lama desea y tiene la esperanza de que los representantes de la RPC aprovechen la oportunidad que representan el Memorando y esta nota para ahondar en las discusiones y hacer avances sustanciales a fin de desarrollar el entendimiento mutuo.

NOTAS

Introducción

p. 14 «El documento comenzaba con la afirmación»: *Tibet Since 1951: Liberation, Development and Prosperity* (The State Council Information Office of the People's Republic of China, 21 de mayo de 2021), 3-4. *https://english.www.gov.cn/archive/whitepaper/202105/21/content_WS60a724e7c6d0df57f98d9da2.html*.

p. 16 «Se ha aprobado una serie de resoluciones»: Sobre las resoluciones internacionales importantes aprobadas en el Tíbet, véase *https://tibet.net/international-resolutions-and-recognitions-on-tibet-1959-to-2021/*.

Capítulo 1. La invasión y nuestro nuevo jefe

p. 22 «Al secretario general»: Texto completo en Dalai Lama, *My Land and My People: The Original Autobiography of His Holiness the Dalai Lama of Tibet* (Nueva York: Grand Central Publishing, 1997), anexo II. Edición en español: *Mi tierra y mi pueblo* (Barcelona: Noguer y Caralt, 2002). En respuesta a la invasión china del Tíbet, el 7 de diciembre de 1950, el primer ministro Jawaharlal Nehru hizo una declaración ante el Parlamento indio en la que afirmó que, «dado que el Tíbet no es lo mismo que China, en última instancia son los deseos del pueblo del Tíbet los que deberían prevalecer».

p. 29 «Al referirse a la búsqueda de alimentos»: Esta declaración se recoge en: Edgar Snow, *Red Star Over China* (Nueva York: Random House, 1938), p. 193.

Capítulo 3. Una visita a la India

p. 43 «Todo budista devoto»: Dalai Lama, *My Land and My People* (Nueva York: Grand Central Publishing, 1997), p. 121.

p. 44 «Expresé mi profunda admiración»: El texto completo de la traducción inglesa del discurso del dalái lama está disponible en Tsepon W. D. Shakabpa, *Tibet: A Political History* (New Haven: Yale University Press, 1967), pp. 329-331.

p. 45 «bombardeo del monasterio»: Para una historia detallada sobre el bombardeo del monasterio de Litang de marzo de 1956 y la masacre de tibetanos en otras partes del Tíbet Oriental en esa época, véase Jianglin Li, *When the Iron Bird Flies: China's Secret War in Tibet* (California: Stanford University Press, 2022), especialmente, los capítulos 3-6.

p. 46 «El viaje a la India también fue»: Jianglin Li, *Tibet in Agony: Lhasa 1959*, traducción al inglés de Susan Wilf (Cambridge: Harvard University Press, 2016), cap. 2, ofrece un resumen detallado de las reuniones del dalái lama con Zhou y de las de este último con Nehru durante la visita del dalái lama a la India en 1956.

p. 48 «Zhou incluso le había insinuado»: Así se atestigua en Jawaharlal Nehru, *Selected Works of Jawaharlal Nehru*, serie 2, vol. 36 (Nueva Deli: Jawaharlal Nehru Memorial Fund, 2005), p. 600.

Capítulo 4. Huir de casa

p. 52 «Por supuesto, como estudiante de Buda»: La negativa del dalái lama se recoge en John Kenneth Knaus, *Orphans of the Cold War: America and the Tibetan Struggle for Survival* (Nueva York: Public Affairs, 1999), p. 141.

p. 59 «En el pasado, durante varios miles de años»: Una traducción al inglés de este pronunciamiento, así como una versión de transliteración

Wylie del texto tibetano, se puede encontrar en Melvyn C. Goldstein, *A History of Modern Tibet*, vol. 4, *In the Eye of the Storm: 1957-1959* (Berkeley: Universidad de California, 2019), p. 473, anexo B.

p. 59 «Como parte de la estrategia general del Gobierno estadounidense»: Más adelante, este movimiento de resistencia tibetana se reagrupó y llegó a tener su base en Mustang, Nepal. Finalmente, fue un mensaje grabado del propio dalái lama, que llevó una delegación de Dharamsala, encabezada por Phuntsok Tashi Takla, cuñado del dalái lama y jefe de seguridad, lo que persuadió a la resistencia tibetana. Para saber más sobre el apoyo de los Estados Unidos al Tíbet, sobre todo, el apoyo a los combatientes de la resistencia tibetana, véase Knaus, *Orphans of the Cold War* (Nueva York: Public Affairs, 1999).

Capítulo 5. Una reflexión geopolítica

p. 2 «Una crónica antigua relata que este rey»: *The Old Tibetan Chronicle*, Pelliot Tibétain 1286; traducción al inglés de los extractos de Matthew T. Kapstein, *The Tibetans* (Oxford: Blackwell, 2006), p. 35.

p. 67 «Ahora tengo casi cincuenta y ocho años»: Traducción al inglés de los extractos de Glenn H. Mullin, *The Fourteen Dalai Lamas: A Sacred Legacy of Reincarnation* (Santa Fe: Clear Light Publishers, 2001), pp. 437-439.

p. 71 «expansión de China casi hasta nuestras puertas»: El texto completo de la carta de Sardar Patel al primer ministro Jawaharlal Nehru puede consultarse en *Indian Leaders on Tibet*, pp. 5-11. *https://tibet.net/indian-leaders-on-Tibet/*.

p. 73 «Al final, un enfoque descuidado»: Sobre por qué es importante el Tíbet, especialmente desde una perspectiva ecológica. Para un relato de la destrucción de los ecosistemas del Tíbet por parte de la China comunista, véase Michael Buckley, *Meltdown in Tibet: China's Reckless Destruction of Ecosystems from the Highlands of Tibet to the Deltas of Asia* (Nueva York: Palgrave Macmillan, 2014).

p. 74 «un reconocido científico medioambiental chino»: Cita extraída de He Huaihong, *Social Ethics in a Changing China: Moral Decay or Ethical Awakening?* (Washington D. C.: Brookings Institution Press, 2015).

Capítulo 6. Devastación en casa y reconstrucción en el exilio

p. 78 «Concluí expresando mi ferviente esperanza»: El texto completo de esta primera declaración de prensa del dalái lama se puede encontrar en *Facts About the 17-Point «Agreement» Between Tibet and China* (Dharamsala: Department of Information and International Relations, 2022), pp. 110-113. *https://tibet.net/facts-about-17-point-agreement-between-tibet-and-china-2001/.*

p. 79 «Nadie espera que la India entre en guerra»: El texto completo de esta declaración se encuentra en *Indian Leaders on Tibet*, pp. 18-19. *https://tibet.net/indian-leaders-on-Tibet/.*

p. 80 «Si una de las partes viola un tratado»: El texto completo de esta declaración de prensa está disponible en *Facts About the 17-Point «Agreement»*, pp. 114-117. *https://tibet.net/facts-about-17-point-agreement-between-tibet-and-china-2001/.*

p. 80 «Todo lo que habíamos escuchado»: International Commission of Jurists, *The Question of Tibet and the Rule of Law* (Ginebra: International Commission of Jurists, 1959), pp. iv, 17, 18 y 68.

p. 81 «En un segundo informe»: International Commission of Jurists, *Tibet and the Chinese People's Republic: A Report to the International Commission of Jurists by its Legal Inquiry Committee on Tibet* (Ginebra: Comisión Internacional de Juristas, 1960), p. 13. *https://www.icj.org/resource/el-tibet-y-la-republica-popular-de-china-el/.*

p. 81 «en septiembre de 1959, estando yo en Deli»: El texto completo de esta carta al secretario general de la ONU se puede encontrar en Dalai Lama, *My Land and My People* (Nueva York: Grand Central Publishing, 1997), pp. 218-220.

p. 81 «El 21 de octubre de 1959, la Asamblea General»: El texto completo de esta y otras resoluciones posteriores de la ONU sobre el

Tíbet se encuentra en Central Tibetan Administration, *International Resolutions and Recognitions on Tibet (1959 to 2021)*, 6.ª ed. (Dharamsala: Department of Information and International Relations, 2021).

p. 82 «dos cartas del secretario de Estado de los Estados Unidos Christian A. Herter»: El texto completo de la carta de octubre de 1960 del secretario de Estado al dalái lama está disponible en *https://history. state.gov/historicaldocuments/frus1958-60v19/d402*.

p. 84 «En esta ceremonia, en representación del pueblo tibetano»: El texto original en tibetano y una traducción al inglés de este gran juramento se encuentran en Lodi Gyaltsen Gyari, *The Dalai Lama's Special Envoy: Memoirs of a Lifetime in Pursuit of a Reunited Tibet* (Nueva York: Columbia University Press, 2022), apéndice A.

p. 86 «El documento también incluye, en el artículo 36»: Una traducción al inglés del texto completo de la Constitución del Tíbet, promulgada el 10 de marzo de 1963, se puede consultar en *https://www. tibetjustice.org/materials/tibet/tibet2.html*.

p. 86 «A lo largo de los años, este documento»: Esta Constitución se ha revisado tras la semijubilación del dalái lama en 1991 y la completa devolución de la autoridad política a un liderazgo electo en 2011. El texto completo del documento revisado puede consultarse en *https://tibet.net/about-cta/constitution*.

p. 89 «Debido a muchos errores y equivocaciones»: The Tibet Information Network (TIN) en el Reino Unido logró obtener una copia de esta extensa petición, cuya traducción al inglés se publicó con el título de *A Poisoned Arrow: The Secret Report of the 10th Panchen Lama* [Una flecha envenenada: el informe secreto del décimo panchen lama] (Londres: Tibetan Information Network, 1997), pp. 113-114.

p. 91 «Cuando desaparecen el idioma, los trajes, las costumbres»: *Poisoned Arrow*, p. 69.

p. 91 «Antes de la reforma democrática, había más de dos mil quinientos»: *Poisoned Arrow*, p. 52.

p. 92 «en marzo de 1987, habló con franqueza»: El texto completo de la traducción al inglés del discurso del panchen lama ante el Comité Permanente de la Región Autónoma del Tíbet en Pekín, durante el Congreso Nacional del Pueblo de 1987, se encuentra en Central Tibetan Administration, *The Panchen Lama Speaks* (Dharamsala: Department of Information and International Relations, 1991).

p. 92 «Es innegable que tras la liberación»: Según consta en el *China Daily* del 25 de enero de 1989, y se cita en Isabel Hilton, *The Search for the Panchen Lama* (Londres: Viking, 1999).

p. 95 «Me contaron que describió la presencia de la China comunista»: Las declaraciones reales del secretario Schlesinger están citadas en Warren Smith, *Tibetan Nation: A History of Tibetan Nationalism and Sino-tibetan Relations* (Boulder: Westview Press, 1996), p. 560, n. 58.

Capítulo 7. Apertura al diálogo

p. 97 «Si los seis millones de tibetanos que hay en el Tíbet son más felices»: El texto completo de la declaración está disponible en: *https://www.dalailama.com/messages/tibet/10th-march-archive/1978*.

p. 98 «Menos la independencia»: El hermano del dalái lama ofrece un relato detallado de esta primera reunión con Deng Xiaoping en sus memorias: Gyalo Thondup y Anne F. Thurston, *The Noodle Maker of Kalimpong* (Nueva York: Public Affairs, 2015), pp. 258-262.

p. 105 «Si la identidad del pueblo tibetano se preserva»: El texto completo de la carta del dalái lama a Deng Xiaoping se puede encontrar en *https://tibet.net/important-issues/sino-tibetan-dialogue/important-statements-of-his-holiness-the-dalai-lama/his-holiness-letter-to-deng-xiaoping/*.

p. 106 «Para que aquello se cumpliera, dije que para ambas partes era importante»: El texto completo de la Declaración del 10 de marzo de 1981 se encuentra en: *https://www.dalailama.com/messages/tibet/10th-march-archive/1981*.

Capítulo 8. Llegar a nuestro cuarto refugio

p. 110 «La carta expresaba su apoyo al diálogo directo»: Punto 14 de la sec. 1243 de la Foreign Relations Authorization Act, años fiscales 1988 y 1989, H.R. 1777, 100.º Congreso (1987) (promulgada).

p. 111 «El mundo cada vez es más interdependiente»: El texto completo del Plan de Paz de Cinco Puntos presentado por el dalái lama en el United States Congressional Human Rights Caucus se encuentra en *https://www.dalailama.com/messages/tibet/five-point-peace-plan*.

p. 113 «La totalidad del Tíbet, conocida como Cholka-Sum»: El texto completo de la Propuesta de Estrasburgo se encuentra en *https:// www.dalailama.com/messages/tibet/strasbourg-proposal-1988*.

p. 118 «A pesar de mi anuncio público en el que explicité»: El texto de la declaración de prensa de la embajada china en Nueva Deli, tal como apareció en *News from China*, núm. 40 (28 de septiembre de 1990), está citado en Dawa Norbu, «China's Dialogue with the Dalai Lama 1978-90: Prenegotiation Stage or Dead End?», *Public Affairs* 64, núm. 3 (otoño de 1991), pp. 351-372.

p. 122 «Acepto este premio con profunda gratitud»: El texto completo del discurso de aceptación formal del dalái lama en la ceremonia del Premio Nobel de la Paz se encuentra en: *https://www.nobelprize. org/prizes/peace/1989/lama/acceptance-speech*.

Capítulo 9. Después de las secuelas de Tiananmén

p. 129 «Este congreso considera que el Tíbet»: El texto completo de la resolución está disponible en: *https://www.congress.gov/bill/ 102nd-congress/house-concurrent-resolution/145/text*.

p. 129 «He tenido el placer de reunirme con todos los titulares»: El 12 de julio de 2024, el presidente Joe Biden promulgó la promoción de una Resolución de la Ley sobre el Conflicto Tíbet-China, que establece «que las declaraciones y documentos del Gobierno de los Estados Unidos contrarresten, cuando corresponda, la desinformación sobre el Tíbet por parte del Gobierno de China y del Partido

Comunista Chino, incluyendo la desinformación sobre la historia e instituciones del Tíbet». El texto completo de la ley está disponible en *https://www.congress.gov/bill/118th-congress/senate-bill/138.*

p. 130 «En especial, me llamó la atención que esta asombrosa transición»: El texto completo de este discurso se puede encontrar en *https://tibet.net/important-issues/sino-tibetan-dialogue/important-statements-of-his-holiness-the-dalai-lama/embracing-the-enemy/.*

p. 133 «Si China quiere que el Tíbet permanezca con China»: El texto completo de esta nota detallada que acompaña la carta del dalái lama dirigida a Jiang Zemin está disponible en el anexo C y también puede consultarse en *https://tibet.net/important-issues/sino-tibetan-dialogue/important-statements-of-his-holiness-the-dalai-lama/note accompanying-his-holiness-letters-to-deng-xiaoping-and-jiang-zemin-dated-september-11-1992/.*

p. 134 «El documento presenta una serie de argumentos»: Disponible en *https://en.humanrights.cn/1992/09/30/9ed6ff95f0ce4c2099928 bafef562f98.html.*

p. 135 «Entre otras cosas, una de sus declaraciones oficiales»: Traducción al inglés citada en Robert Barnett, *Cutting Off the Serpent's Head: Tightening Control in Tibet, 1994-1995* (Londres: Human Rights Watch, Tibet Information Network, 1996), p. 32.

p. 135 «Ese mismo documento exhortaba a la comunidad monástica»: Barnett, *Cutting Off the Serpent's Head*, p. 33.

p. 135 «La educación étnica no puede considerarse exitosa»: Barnett, *Cutting Off the Serpent's Head*, p. 42.

Capítulo 10. Hábitos que me resultaron útiles de cara al sufrimiento

p. 138 «Creo firmemente que un movimiento basado en el odio»: El texto completo de esta declaración del 10 de marzo [de 1976] se encuentra en: *https://www.dalailama.com/messages/tibet/10th-march-archive/1976.*

Capítulo 11. El final del milenio

p. 152 «Sin buscar la independencia del Tíbet»: El texto completo de esta declaración se encuentra en: *https://tibet.net/important-issues/sino-tibetan-dialogue/the-middle-way-approach-a-framework-for-resolving-the-issue-of-tibet-2/*.

p. 153 «El documento concluía que "el dalái lama exiliado"»: *http://un.china-mission.gov.cn/eng/gyzg/bp/199802/t19980201_8410934.htm*.

p. 154 «En realidad, mientras el dalái lama»: El texto completo de esta conferencia de prensa está disponible en: *https://china.usc.edu/president-clinton-and-president-jiang-zemin-%E6%B1%9F%E6%B3%BD%E6%B0%91-news-conference-beijing-1998*.

Capítulo 12. Los últimos diálogos

p. 161 «El 18 de marzo de 2008, el líder del Partido Comunista en el Tíbet»: Esta información se extrajo de Christopher Bodeen, «Dalai Lama "Wolf in Monk's Robes": China», *Toronto Star*, 19 de marzo de 2008, y se citó en el periódico *Tibet Daily*.

p. 162 «me invitaron a hablar en la ceremonia de entrega de la Medalla de Oro del Congreso de los Estados Unidos»: El texto completo del discurso del dalái lama en la ceremonia de entrega de la Medalla de Oro del Congreso de los Estados Unidos se encuentra en: *https://www.dalailama.com/messages/acceptance-speeches/u-s-congressional-gold-medal/congressional-gold-medal*.

p. 163 «Hice hincapié en que el pueblo chino y el tibetano comparten una herencia espiritual común»: Los textos completos de estos llamamientos del dalái lama se pueden encontrar en: *https://www.dalailama.com/messages/tibet*.

p. 164 «Aunque nuestra posición había sido clara durante años»: El texto completo de este Memorando sobre la autonomía genuina para el pueblo tibetano se encuentra en el anexo D y también está disponible en *https://tibet.net/important-issues/sino-tibetan-dialogue/memorandum-on-geniune-autonomy-for-the-tibetan-people/*.

p. 166 «Este mismo tipo de críticas se repitió más tarde en el libro blanco de China»: El texto completo está disponible en *http://un.china -mission.gov.cn/eng/gyzg/xizang/200903/t20090303_8410897.htm.*

p. 167 «Ante respuestas tan irracionales y excesivamente negativas»: El texto completo del discurso del dalái lama ante la sesión plenaria del Parlamento Europeo se encuentra en: *https://tibet.net/address-to-the-plenary-session-of-the-european-parliament/.*

p. 167 «A pesar de su ataque inmediato y deliberado a nuestra propuesta»: El texto completo de esta nota sobre el Memorando se presenta en el anexo E y también está disponible en: *https://tibet.net/ important-issues/sino-tibetan-dialogue/note-on-the-memorandum-on -genuine-autonomy-for-the-tibetan-people/.*

p. 167 «El 19 de marzo de 2011, cuando tenía setenta y cinco años»: El texto completo de las declaraciones del dalái lama sobre su retiro se encuentra en: *https://www.dalailama.com/messages/retirement-and-reincarnation/retirement-remarks.*

Capítulo 13. Mirando atrás

p. 175 «Una respuesta explícita de Pekín»: *https://www.chinadai-ly.com.cn/kindle/2013-10/23/content_17052580.htm.*

Capítulo 14. Lo que me da esperanzas

p. 185 «Añadí que el Gobierno de Pekín insiste mucho en la estabilidad»: La traducción completa al inglés de esta sesión de preguntas y respuestas en directo por internet con el dalái lama puede consultarse en: *https://www.nybooks.com/online/2010/05/24/talking-about-tibet/?printpage=true.*

Capítulo 15. La situación actual y el camino a seguir

p. 189 «Según algunas fuentes»: Una de esas fuentes es *https:// www.ohchr.org/en/press-releases/2023/02/china-un-experts-alarmed -separation-1-million-tibetan-children-families-and.*

p. 194 «En concreto, en 2011, convoqué una reunión»: El texto completo de esta declaración (traducido al inglés) se encuentra en: *https:// www.dalailama.com/news/2011/statement-of-his-holiness-the-fourteenth -dalai-lama-tenzin-gyatso-on-the-issue-of-his-reincarnation.*

Capítulo 16. Apelaciones

p. 202 «Los sabios que han contemplado»: Estos versos son de Shantideva, *Bodhicāryāvatāra* (*Una guía al camino del bodhisattva*), 1.7-8, 3.17, 21-22 y 10.55. Traducidos al inglés por el editor de este libro en su versión inglesa.

Anexo A. El Tíbet: un recorrido histórico

p. 208 «Tanto el Tíbet como China deberán conservar el país»: Esta traducción al inglés se ha extraído de H. E. Richardson, «The Sino-Tibetan Treaty Inscription of A.D. 821/823 at Lhasa», *Journal of the Royal Asiatic Society of Great Britain and Ireland*, 2 (1978), pp. 153-154.

p. 213 «Me comentó que en ese momento estaba escribiendo un libro»: Hon-Shiang Lau fue profesor titular de la Universidad de la Ciudad de Hong Kong, y su libro en chino, *Tibet Was Never Part of China Since Antiquity*, se publicó en Taiwán en 2019.

Anexo D. Memorando sobre la autonomía genuina para el pueblo tibetano

p. 246 «Memorando sobre la autonomía genuina para el pueblo tibetano»: Presentado por la delegación del dalái lama a sus homólogos chinos el 31 de octubre de 2008, en la octava ronda de conversaciones del segundo ciclo de diálogos formales, 2002-2010. Traducción al inglés disponible en: *https://tibet.net/important-issues/sino-tibetan-dialogue/ memorandum-on-geniune-autonomy-for-the-tibetan-people/.*

Anexo E: Nota sobre el «Memorando sobre la autonomía genuina para el pueblo tibetano»

p. 267 «Nota sobre el Memorando sobre la autonomía genuina para el pueblo tibetano»: Esta nota la presentaron formalmente los enviados de su santidad el dalái lama a sus homólogos chinos durante la novena ronda de diálogos en Pekín. Traducción al inglés disponible en: *https://tibet.net/important-issues/sino-tibetan-dialogue/note-on-the-memorandum-on-genuine-autonomy-for-the-tibetan-people/*.

BIBLIOGRAFÍA SELECCIONADA

A Poisoned Arrow: The Secret Report of the 10th Panchen Lama. Londres: Tibetan Information Network, 1997.

Avedon, John F. *In Exile from the Land of Snows*. Nueva York: Vintage Books, 1986.

Barnett, Robert. *Cutting Off the Serpent's Head: Tightening Control in Tibet, 1994-1995*. Londres: Human Rights Watch, Tibet Information Network, 1996.

Barnett, Robert, y Shirin Akiner, eds. *Resistance and Reform in Tibet*. Londres: C. Hurst & Co., 1994.

Brook, Timothy, Michael van Walt van Praag y Miek Boltjes, eds. *Sacred Mandates: Asian International Relations Since Chinggis Khan*. Chicago: University of Chicago Press, 2018.

Buckley, Michael. *Meltdown in Tibet: China's Reckless Destruction of Ecosystems from the Highlands of Tibet to the Deltas of Asia*. Nueva York: Palgrave Macmillan, 2014.

Dalai Lama. *La libertad en el exilio: Autobiografía del Dalai Lama*. Trad. de Ignacio Hierro. Esplugues de Llobregat, Barcelona: Plaza & Janés, 1991.

Dalai Lama. *My Land and My People*. Nueva York: Grand Central Publishing, 1997; publicado por primera vez en 1962 por Weidenfeld & Nicolson.

Franke, Herbert. «Tibetans in Yuan China». En John D. Langlois, ed. *China Under Mongol Rule*. Princeton: Princeton University Press, 1981.

Goldstein, Melvyn C. *A History of Modern Tibet*. Vol. 1: *1913-1951: The Demise of the Lamaist State*. Berkeley: University of California Press, 1991.

Goldstein, Melvyn C. *A History of Modern Tibet*. Vol. 4: *In the Eye of the Storm: 1957-1959*. Berkeley: University of California Press, 2019.

Gyari, Lodi Gyaltsen. *The Dalai Lama's Special Envoy: Memoirs of a Lifetime in Pursuit of a Reunited Tibet*. Nueva York: Columbia University Press, 2022.

International Commission of Jurists. *The Question of Tibet and the Rule of Law*. Ginebra: International Commission of Jurists, 1959.

International Commission of Jurists. *Tibet and the Chinese People's Republic: A Report to the International Commission of Jurists by its Legal Inquiry Committee on Tibet*. Ginebra: International Commission of Jurists, 1960.

Knaus, John Kenneth. *Orphans of the Cold War: America and the Tibetan Struggle for Survival*. Nueva York: Public Affairs, 1999.

Laird, Thomas. *The Story of Tibet: Conversations with the Dalai Lama*. Nueva York: Atlantic Books, 2006.

Li, Jianglin. *Tibet in Agony: Lhasa 1959*. Trad. al inglés de Susan Wilf. Cambridge: Harvard University Press, 2016.

Li, Jianglin. *When the Iron Bird Flies: China's Secret War in Tibet*. Trad. de Stacy Masher. California: Stanford University Press, 2022.

McCorquodale, Robert, y Nicholas Orosz, eds. *Tibet: The Position in International Law. Report of the Conference of International Lawyers on Issues Relating to Self-Determination and Independence for Tibet*. Londres: Serindia, 1994.

Schwartz, Ronald D. *Circle of Protest: Political Ritual in the Tibetan Uprising, 1987-1992*. Nueva York: Columbia University Press, 1995.

Shakabpa, W. D. *Tibet: A Political History*. New Haven: Yale University Press, 1967; reeditado por Potala Publications en 1984.

Shakya, Tsering. *The Dragon in the Land of Snows: A History of Modern Tibet Since 1947*. Londres: Pimlico, 1999.

Smith, Warren. *Tibetan Nation: A History of Tibetan Nationalism and Sino-tibetan Relations*. Boulder: Westview Press, 1996.

Thondup, Gyalo, y Anne F. Thurston. *The Noodle Maker of Kalimpong*. Nueva York: Public Affairs, 2015.

Van Schaik, Sam. *Tibet: A History*. New Haven: Yale University Press, 2011.

Van Walt van Praag, Michael C. *The Status of Tibet: History, Rights, and Prospects in International Law*. Boulder: Westview Press, 1987.

Van Walt van Praag, Michael C., y Miek Boltjes. *Tibet Brief 20/20*. Parker, Colorado: Outskirts Press, 2020.

Woeser, Tsering. *Tibet on Fire: Self-Immolations Against Chinese Rule*. Trad. de Kevin Carrico. Nueva York: Verso, 2016.

ÍNDICE TEMÁTICO

El Salvador, 22, 82

Ejército Popular de Liberación (EPL), 11, 21, 25, 33, 41, 51, 121, 123, 128, 151, 188, 276,

Embajada de China en Nueva Deli, 118, 145, 148, 220, 241

enfoque del camino medio, 100, 114, 117-118, 126, 152, 166, 180, 187, 246, 268, 269

escuelas centrales para tibetanos (CST), 87

esterilización forzada, 51

estupa de Mahabodhi, 43, 82

Europa del Este, 64, 123

exilio a la India. *Veáse* exilio indio

exilio indio, 11, 15, 77-89, 199-200
  conferencia de prensa de 1959, 80
  discurso del 10 de marzo de 1961, 85
  establecimiento de instituciones religiosas y culturales, 87-88
  estado de jubilación, 157-158, 168-169
  garantía de asilo, 48, 60
  huida de 1959, 56-62, 77, 78, 80
  llegada a Dharamsala en 1960, 85
  Lopon-la, 103-104
  niños refugiados y educación, 84, 87, 88, 189
  prácticas y sufrimiento, 141-144
  reconocimiento formal por parte del Gobierno indio, 78-79
  telegrama de bienvenida de Nehru, 77
  viaje a Deli de 1959, 80-81

extracción de hierro, 73

extracción de zinc, 73

Fan Ming, 38, 41, 225

Fang Lizhi, 126

Fa-Tsun, 36

Federación Internacional de Sociedades de la Cruz Roja y de la Medialuna Roja (FICR), 164

Federación por una China Democrática (FDC), 125

Feinstein, Dianne, 154, 243n

felicidad, 103, 105, 106, 115, 139, 143, 198, 201-202, 215, 217, 218, 219, 230

festival Shotön, 63

Filipinas, 128

Francia, 88, 116

Franke, Herbert, 210n

Fuerza de Voluntarios para la Protección de la Fe, 52, 59

Fundación de Hogares Tibetanos, 89

fundación Gaden Phodrang, 194

gabinete tibetano (*kashag*), 22, 24, 58, 80, 101, 113, 277

Gandhi, Indira, 49, 89

Gandhi, Mahatma, 43, 52, 122, 198

daño medioambiental a, 71-74, 153, 254

declaración de la ley marcial, 112, 120-121, 124, 268

disturbios de 1987-1989, 112-113, 120-121

disturbios de 1993, 134-135

disturbios de 2008, 158-161

disturbios de 2009, 169-170

exilio a. *Véase* exilio a la India

geografía de, 61-63, 70-75

historia del origen del pueblo, 62

huida de 1959, 22, 24, 54-60

Invasión de China. *Véase* invasión china de 1950-1951

levantamiento de 1959. *Véase* levantamiento tibetano de 1959

migración china hacia. *Véase* migración china al Tíbet

misiones de investigación a, 100-101, 219-221, 231-232

movimiento de resistencia, 52, 59, 65, 191, 286n

plan de desmilitarización del, 71, 111, 237-238

recorrido histórico de, 61-70, 207-213

visita de Jiang Zemin de 1990, 128-129

visita de Schlesinger, 94-95

El Tíbet: Su soberanía y situación de los derechos humanos (libro blanco de 1992), 134

El Tíbet y la República Popular China (informe de 1960), 81

Tíbet desde 1951 (libro blanco, 2021), 14-15

Tian Bao, 175

tifón Morakot, 152

Timor Oriental, 116, 116n

totalitarismo, 17-18, 92, 122-123, 198

Tratado de amistad y alianza entre el Gobierno de Mongolia y el Tíbet, 65

Tratado de Changqing, 208, 214-216

Tratado sinotibetano de 821/823, 208, 214-216

«tres compromisos», 167, 267, 267n, 268, 272-273

Tres Joyas, 110, 209, 216

Tri Ralpachen, 208,

«triple representatividad», 17, 17n,

Trisong Detsen, 208

tsampa, 62, 197,

Tsering Dekyi, 25, 37

Tsering Penpa, 168,

Tsering Woeser, 184

Tsewang Norbu, 169

Tsongkapa, 35, 36, 93, 210n

tulkus, 86

Turquestán Oriental (Xinjiang), 30, 61, 61n, 91, 94, 127

Tuttle, Gray, 212n

«unidad de la humanidad», 201

«unión armoniosa», 180

Unión Europea, 116

Universidad de Columbia, 126

Sobre el autor

✳

Una de las figuras mundiales más conocidas, su santidad el dalái lama es el líder espiritual del budismo tibetano y un poderoso símbolo del Tíbet y su civilización única. Es una voz importante que aboga por la compasión. En reconocimiento por su defensa de la paz mundial y de los problemas medioambientales, se le otorgó el Premio Nobel de la Paz en 1989. Ha recibido otros numerosos galardones internacionales, incluida la más alta condecoración civil de los Estados Unidos, la Medalla de Oro del Congreso. Desde que fue llamado a asumir el liderazgo del Tíbet, ha trabajado de manera incansable por la libertad y la dignidad de su pueblo. Tras huir al exilio en 1959, el dalái lama ha vivido como tibetano apátrida en la India, país que considera su segundo hogar.